大数据
商业分析

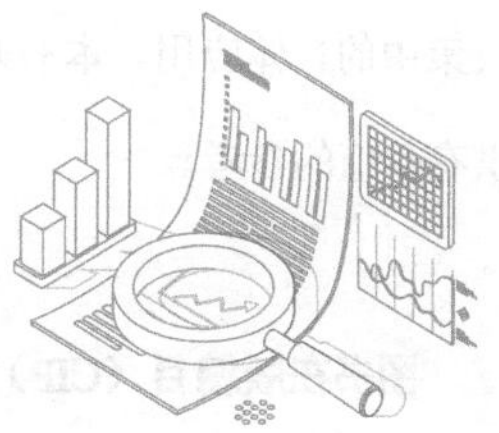

Business Analytics with
Big Data

张 茹 宋 君 王恩雁 鄢章华◎编著

化学工业出版社

·北京·

内 容 简 介

《大数据商业分析》立足大数据技术与商业分析的融合，为经济管理类本科学生量身打造，助力其掌握大数据分析方法，提升数据驱动决策能力。全书分三大部分：技术框架部分介绍大数据概述、基础设施、编程基础及与人工智能的关联，为商业分析筑牢技术根基；原理和算法部分聚焦商业问题分析与建模，分析流程、方法与工具，信息采集可视化及挖掘算法等，深入解析商业分析的理论与方法；案例部分通过电商品类货量预测及分仓规划、旅游评论情感分析、上市公司股票波动分析等真实案例，生动展示大数据分析在商业决策中的具体应用。本书兼具理论性与实用性，既适合高校师生教学使用，也能为研究人员、企业管理者提供有价值的参考。

图书在版编目（CIP）数据

大数据商业分析 / 张茹等编著 . — 北京：化学工业出版社，2025.11. -- ISBN 978-7-122-49127-5

Ⅰ. F713.51

中国国家版本馆 CIP 数据核字第 202548R4Q0 号

责任编辑：刘　丹　　文字编辑：袁玉玉

责任校对：宋　玮　　装帧设计：王晓宇

出版发行：化学工业出版社（北京市东城区青年湖南街 13 号　邮政编码 100011）

印　　装：涿州市般润文化传播有限公司

787mm×1092mm　1/16　印张 14　字数 306 千字　2025 年 12 月北京第 1 版第 1 次印刷

购书咨询：010-64518888　　售后服务：010-64518899

网　　址：http://www.cip.com.cn

凡购买本书，如有缺损质量问题，本社销售中心负责调换。

定　　价：56.00 元

前言

PREFACE

在当今信息化社会，大数据已经成为推动经济发展、产业变革和社会进步的重要力量。随着数据采集、存储、计算和分析技术的持续演进，商业决策模式正逐步由传统模式向数据驱动型模式转变。企业、政府和科研机构纷纷利用大数据技术提升运营效率、优化资源配置，并积极探索新的商业模式。与此同时，人工智能、云计算、区块链等前沿技术的融合，使得大数据分析能力大幅提升，商业领域的应用场景也日益多元。从市场营销、用户行为分析、金融风控、供应链优化，到智能推荐、情感分析、股票预测，大数据分析已成为现代商业竞争的核心工具。

本书是一部面向经济管理类大学本科学生的通识教材，以培养学生的数据素质为目标，立足大数据技术与商业分析的融合，系统阐述大数据的技术框架、核心算法及其在商业领域的实际应用，助力读者掌握大数据分析方法，提升数据驱动的决策能力。

本书分为三大部分，内容涵盖商业大数据分析技术框架、分析原理和算法、行业案例分析，既有理论知识，也包含大量的实战案例，帮助读者更好地理解和应用大数据分析技术。

商业大数据分析技术框架部分介绍了大数据的基础概念、技术架构，以及其与云计算、人工智能的关联；详细解析 Hadoop 生态系统、分布式存储、MapReduce 编程模型等关键技术；重点讲解 Python 在商业大数据分析中的应用，包括数据采集、处理、可视化等核心技能，为后续的商业分析奠定坚实的技术基础。

商业大数据分析原理和算法部分主要阐述商业数据分析的基本流程、方法和工具，介绍经典的商业优化模型，深入解析机器学习和人工智能算法在商业分析中的应用，涵盖决策树、贝叶斯分类、人工神经网络、AIGC 等技术，帮助读者掌握商业分析的理论与方法。

商业大数据分析案例部分通过真实案例，展示大数据分析如何赋能商业决策。案例涉及电商品类货量预测及分仓规划、旅游评论情感分析、股票波动分析等多个行业领域，使读者能够深入理解大数据分析在商业实践中的具体应用。

本书由张茹、宋君、王恩雁和鄢章华共同撰写完成。全书共 14 章，宋君负责第 2、5、12、13 章的撰写；王恩雁负责第 9、10 章的撰写；鄢章华负责 第 1、6、7 章的撰写；张茹负责第 3、4、8、11、14 章的撰写，并负责全书的统筹协调工作。

本书在写作过程中得到了多位专家学者的关注与支持。在此，特别感谢任宗伟、徐玲玲等管理学领域的同仁，他们在本书的结构规划、内容优化等方面提出了宝贵的建议和鼓励。我们谨向所有关心和支持本书出版的同仁和朋友们表示诚挚的感谢！

我们希望本书能为大数据分析、商业智能、人工智能应用等领域的研究人员、企业管理者和高校师生提供有价值的参考，也期待在未来与各位读者共同探讨数据驱动商业决策的前沿方法。

编著者

目录
CONTENTS

第一部分　商业大数据分析技术框架

第二部分　商业大数据分析原理和算法

第一部分
商业大数据分析技术框架

第 1 章　大数据概述

1.1　大数据的概念

大数据主流概念由维克托·迈尔 - 舍恩伯格及肯尼斯·库克耶于 2008 年 8 月提出，指无法用常规软件工具在一定时间内捕捉、处理和管理的数据集合。Gartner 认为大数据需要新处理模式，以增强决策等能力，适应海量、高增长和多样化信息资产的需求。麦肯锡指出，大数据规模超出传统数据库能力，具有海量数据规模、快速流转、类型多样和低价值密度四大特征。

大数据概念的提出与信息科技进步、云计算兴起和数据资源化趋势紧密相关，智能设备普及、物联网应用、存储性能提升和网络带宽增长促使数据量呈爆炸式增长。

大数据的概念可以从多个角度进行理解，包括技术角度、商业角度、社会角度等。在技术层面，大数据需要采用分布式计算等新处理模式，同时涵盖数据采集等技术，以及 Hadoop、Spark 等框架。在商业领域，大数据蕴含着巨大的价值，可以推动企业业务模式的变革。在社会层面，大数据是一种社会技术现象，引发了隐私安全等讨论。大数据是一个多维度的概念，是商业决策和社会发展的重要驱动力。

1.2　大数据的发展阶段

大数据发展经历了如下三个阶段。

（1）1.0 阶段：侧重数据分析起源，依赖传统数据库技术，核心是数据库管理与数据仓库，关键技术有 HDFS/HBase 存储层和 MapReduce 批处理框架，以数据驱动，为数据分析奠基。

（2）2.0 阶段：互联网和 Web 带来数据机遇，以融合计算为主，强调统一资源管理，包括多种计算技术，此阶段由理论驱动，开拓新可能。

（3）3.0 阶段：移动和物联网设备产生海量信息，围绕认知计算，需对海量流式数据进行低延时处理，关键技术涵盖智能存储、资源管理和融合数据处理平台，进入数据驱动理论阶段，服务于认知计算。

大数据的发展不仅改变了我们处理信息的方式，还为企业和个人提供了前所未有的洞察力和决策支持。随着技术的不断进步和应用的深入，大数据将继续影响我们的生活和工作方式。

1.3 大数据的“4V”特征

大数据的“4V”特征即量大（volume）、快速（velocity）、多样（variety）、低价值密度（value）。这四个特征分别对应：数据量呈几何级数增长，远超传统数据库管理范围；数据生成和流动速度极快，如交易、社交数据需毫秒级处理；数据类型涵盖结构化、半结构化和非结构化；大量数据中仅有少量有价值。

“4V”特征对大数据处理和分析都产生了深远的影响。大数据的“volume”特性要求使用特殊的技术，如分布式存储系统，来解决大体量数据存储的问题。为了应对“velocity”和“variety”特性，需要采用流处理技术和灵活的数据管理策略，如NoSQL数据库和数据湖。为了确保“value”特性，需要关注数据的质量、不确定性和可信度，使用数据质量管理工具和技术，如数据清洗和数据治理。大数据的“4V”特征体现了处理大规模数据集时所遇到的核心挑战，同时它们也蕴含着巨大的价值。只有深入理解并妥善应对这些特性，才能有效地利用大数据驱动创新、优化决策和提升效率。

1.4 大数据改变了生产、生活和治理方式

大数据以其独特的“4V”特征，正在深刻改变我们的生产、生活和治理方式。以下是对这三个方面的详细论述。

（1）大数据改变生产方式。数据成为新型生产要素，推动科技创新与产业升级，转变科研范式，催生新业态。

（2）大数据改变生活方式。大数据提升了生活便捷度，如智能家居（但存在隐私泄露风险）；为决策提供依据，实现科学决策。

（3）大数据改变治理方式。大数据推动治理结构从一元向多元转变，决策从经验型转向数据型，绩效评估从目标评估升级为全景评估。

1.5 大数据在商业领域的应用

大数据在商业领域的创新应用案例非常广泛，涵盖了广告和营销、媒体和娱乐、医疗保健、教育、政府、制造业、金融和银行业、零售业、农业以及运输业等多个领域。

（1）广告和营销。广告商利用大数据了解消费者行为，实现精准营销。例如每日互动与蒙牛合作，利用大数据进行消费者洞察和广告投放定向；瑞幸咖啡与贵州茅台跨界联名，通过大数据分析推出联名产品；趣丸科技的“起飞平台”提供一站式广告营销平台；引力传媒的核力系统和因赛集团的全链条智能化数字营销体系，都实现了智能化策略产出和精

准投放。大数据能够提高营销效率、客户满意度，优化广告投放策略，提升市场推广效果。

（2）媒体和娱乐。媒体企业利用大数据分析观众偏好，创作个性化内容。如 Netflix 提供个性化内容推荐，提高用户满意度和留存率；影视公司利用大数据预测票房表现，优化资源配置；娱乐公司通过大数据衡量观众反应，优化营销策略。大数据能够提高用户体验，优化内容制作，提升营销效果。

（3）医疗保健。大数据在医疗保健行业通过精准医疗、远程医疗、公共卫生管理等，提高医疗服务质量和效率。如个性化医疗方案、远程医疗、公共卫生预测、医疗保险优化等。大数据能够改善总体人口健康，降低医疗费用，提供个性化护理，创建电子健康记录，预测性分析改善患者治疗结果。

（4）教育。大数据通过个性化教育、学生表现跟踪、智能化监考系统等，提高教育服务质量和效率。如 Knewton 个性化教育、美国亚拉巴马州学生表现跟踪系统、上海智能化监考系统、北京师范大学大数据课程质量监控系统等。大数据能够优化教学策略，因材施教，帮助学习者自我调节学习，提供干预和预警。

（5）政府。大数据在政府部门通过精准决策、优化资源配置，提高公共服务效率，提升政府治理效能。如工商部门加强市场主体分类监管，交通部门解决交通拥堵，教育部门改善教学体验，医疗卫生部门推动信息化等。大数据能够提高政府决策的科学性和精准性，增强透明度和公信力，提升治理效能。

（6）制造业。大数据在制造业通过精准生产和供应链管理、产品创新与研发、设备维护与故障预测、市场营销与客户服务，提高生产效率和产品质量。如市场需求预测、生产过程优化、设备预测性维护、产品质量控制等。大数据能够提高生产效率和产品质量，助力实现精准生产和供应链管理，加速产品创新，提升市场营销与客户服务水平。

（7）金融和银行业。大数据在金融与银行业通过精准营销、风险管理、客户关系管理等方式，提高金融服务质量和效率。如个性化金融服务、风险管理和反欺诈、客户关系管理、营销和推广等。大数据能够提高金融服务质量，增强风险控制能力，优化客户体验。

（8）零售业。大数据在零售业通过精准营销、需求预测、个性化推荐等方式，提高零售业务效率和顾客满意度。如亚马逊个性化推荐系统、Target 预测性营销、星巴克实时定价策略、Asos 服装扫描推荐。大数据能够提高客户满意度和忠诚度，优化库存管理和供应链效率，提升销售额和市场份额。

（9）农业。大数据在农业领域通过精准农业、智能农业等解决方案，提高农业生产效率和产量。如 Farmeron 云端管理、Solum 土壤抽样分析、HoneyComb 航空成像、BlueRiverTechnology 自动化农业技术。大数据能够提高产量和质量，优化农药使用，管理农场设备，解决供应链问题，预测产量，保障食品安全。

（10）运输业。大数据在运输行业通过优化物流路径、智能调度、智能预警和实时监控，提高运输效率和安全性。如物流路径优化、智能调度、智能预警、实时监控等。大数据能够提高运输效率，降低成本，提高安全性，提升客户满意度。

1.6 大数据对思维模式的改变

大数据不是矿藏，而是土壤。这一比喻精准揭示其本质价值：大数据并非待开采的资源，而是滋养创新与发展的生态基础。随着人工智能、机器学习等技术与大数据深度融合，大数据不仅为各行业提供全新解决方案，更为决策注入全景式数据洞察，推动决策向科学化、精准化迈进。在此背景下，人类的思维模式正在经历深刻变革，这主要体现在以下四个维度。

（1）从因果思维转向相关思维：不再执着于因果关系，转而关注数据相关性，开拓新视角。

（2）从精确思维转向容错性思维：面对海量数据，接受一定程度的混杂性，从宏观层面获取洞察。

（3）从样本思维转向总体性思维：大数据技术使全量数据处理成为可能，思维从关注局部转向整体。

（4）从自然思维转向智能思维：不断提升机器或系统智能化水平，追求类似人类的智慧。这种思维模式转变在多个领域产生影响。

①对决策制定的影响：通过关注数据的相关性，可以更加快速地做出决策，尤其是在需要快速响应的市场环境中。

②对科学研究的影响：大数据时代的思维方式鼓励人类探索新的研究领域。

③对社会管理的影响：大数据技术的应用，如智能城市、公共卫生监测等，正在重塑社会管理的模式，提高管理效率和响应速度。

大数据时代的思维模式转变是一个持续的过程，它要求应不断适应新的技术和环境，以开放和灵活的态度去探索和应用大数据，从而更好地理解和应对这个快速变化的世界。

第 2 章 大数据基础设施

2.1 云计算概述

云计算（cloud computing）是一种基于互联网的计算方式，它通过互联网按需提供共享的计算资源（如服务器、存储、应用程序等）。用户能够像使用公用设施一样，按需访问和使用计算资源，而无需关心底层硬件的维护和管理。这种计算模式摒弃了传统计算模式中对硬件的依赖，用户可以根据自己的需求灵活调配计算资源，享受高度的弹性和便利性。

2.1.1 云计算的定义

云计算的定义可以从以下几个角度来理解。

（1）按需自服务（on-demand self-service）。用户通过互联网可随时随地按需获取计算资源，资源的获取与释放过程实现了自动化，通常无需人工介入。用户仅需通过管理界面或 API 接口就能完成资源的请求、使用及关闭操作。这种模式使用户能够根据业务需求灵活调整计算能力、存储容量等资源，无需事先投入大量资金购置硬件，从而极大提升资源使用效率。

（2）资源池化（resource pooling）。云计算平台借助虚拟化技术，将底层的物理资源（如服务器、存储设备、网络设备等）抽象整合为虚拟资源池。通过多租户模型，多个用户可以共享同一物理资源，且彼此之间互不干扰。资源池化实现了资源的高效利用，并为用户提供了灵活的资源调度能力。

（3）弹性扩展（elastic scalability）。云计算平台能够根据用户需求动态调整计算、存储等资源，实现弹性伸缩。这种能力使用户能够灵活应对需求波动，避免资源不足或浪费。

（4）共享资源（shared resources）。云计算通过多租户架构在同一物理硬件资源上为多个用户提供服务。虽然共享物理资源，但每个用户的资源相对独立。云平台利用虚拟化技术实现资源隔离，确保数据安全和隐私。共享资源模式使云计算平台能够以较低的成本为多个租户提供服务，不仅能降低成本，还能提高资源的整体利用率。

（5）按使用计费（pay-as-you-go）。用户只需为实际使用的资源支付费用。这种计费方式使用户能够精准控制成本，避免前期大量硬件投资，降低中小企业的市场准入门槛。

2.1.2 云计算服务模型及部署模型

云计算有三大基本服务模型，它们在提供的资源类型和服务内容上有所不同，分别是IaaS（基础设施即服务）、PaaS（平台即服务）和SaaS（软件即服务）。

（1）IaaS。IaaS提供最基础的计算、存储和网络资源。用户可以按需获取虚拟机、存储空间、网络带宽等基础设施资源，并对这些资源进行管理。IaaS平台通常提供的功能包括计算资源的创建、删除、负载均衡、弹性扩展等，适用于需要灵活扩展基础设施的企业，如Web应用、电子商务平台等。代表平台：Amazon Web Services（AWS EC2）、Microsoft Azure、Google Cloud Compute Engine。

（2）PaaS。PaaS提供应用开发和部署的平台，包括开发、测试、部署和维护应用所需的工具和环境。开发者可专注于应用逻辑，无须担心底层管理。该模型适用于开发人员需要快速开发、部署和维护应用的场景，如Web应用开发、移动应用开发等。代表平台：Google APP Engine、Microsoft Azure APP Services、Heroku。

（3）SaaS。SaaS提供的是完整的应用软件，用户可以通过互联网直接使用，而不需要安装、维护或更新软件。SaaS通常采用订阅模式，用户根据使用量支付费用。该模型适用于需要使用现成软件的企业和个人，如企业的CRM系统、邮件系统、办公自动化系统等。代表平台：Google Workspace（原G Suite）、Salesforce、Dropbox、Microsoft Office 365。

云计算的部署模型决定了云资源的管理模式和适用场景，主要有以下三种。

（1）公有云（public cloud）。公有云是由云服务提供商建立并运营的，资源通过互联网向所有客户开放，所有用户共享云服务提供商的硬件资源。公有云具有成本低、易于扩展、按需支付等优势。

（2）私有云（private cloud）。私有云是为单个组织或企业专门定制的云环境，所有硬件资源和应用都由该组织或企业内部管理和维护。私有云通常部署在企业的数据中心，或由第三方服务商托管。它可以提供更高的安全性和控制性，适用于金融、医疗、政府等领域。

（3）混合云（hybrid cloud）。混合云是公有云和私有云的结合，企业可以将部分资源放在公有云中，而将敏感数据和核心应用部署在私有云中。混合云适用于需要平衡成本和安全性，且有一定监管需求的企业。

2.1.3 云计算与大数据

云计算与大数据的结合是在技术和需求的共同推动下发生的。云计算为大数据提供存储和计算的基础设施，而大数据的应用需求又促进了云计算技术的发展。两者的紧密联系主要体现在以下方面。

（1）云计算为大数据提供高效的存储和计算平台。大数据处理对硬件和计算能力要求极高，云计算通过虚拟化技术提供可扩展的存储和计算资源，解决了存储难题。云平台

（如 AWS、Azure、Google Cloud）支持动态资源调配，实现弹性伸缩，并提供了大数据处理的基础设施支持，如分布式存储（如 HDFS、NoSQL 数据库）和计算框架（如 Hadoop、Spark），帮助用户高效分析和挖掘数据。

（2）大数据的生成和分析推动云计算技术创新。随着数据量的剧增，传统的单机数据库和计算框架已无法满足大规模数据的存储和处理需求。这促使云计算向分布式计算和存储发展，如云端的大数据平台和服务。例如，Hadoop、Spark 等开源框架通过并行计算和分布式存储提升了海量数据的处理效率。

（3）大数据应用推动云计算服务多样化。云计算不仅提供基础存储和计算能力，还衍生出专门的大数据服务，如数据湖、数据仓库、流处理引擎（如 AWS Kinesis）和机器学习服务（如 Google AI），满足不同场景的智能分析需求。

2.1.3.1 云计算与大数据存储

云计算提供的存储服务在大数据处理过程中起着至关重要的作用。下面将详细探讨云计算如何支持大数据存储，并介绍相关的存储技术和平台。

1. 云存储与大数据存储需求

大数据存储的特点如下。

①海量数据：存储量往往达到 PB 级甚至更大，需要支持超大规模的存储和管理。

②多样化的数据类型：包括结构化、半结构化和非结构化数据，数据源涵盖日志、传感器数据、音视频文件、社交媒体数据等。

③高吞吐量和低延迟：数据处理过程需要实时或近实时的数据访问和处理，云存储系统需支持高吞吐量和低延迟的存储访问。

④可扩展性：大数据的存储需求持续增长，要求存储系统具有可扩展性。

而云存储的优势在于：云存储能够根据业务需求动态调整存储资源，支持大数据量的快速扩展，确保系统能够随时扩展容量，处理不断增长的数据量；云存储采用按需付费的模式，避免企业投入大量资本建设本地存储系统，节省了硬件和维护成本；即使部分节点或数据中心发生故障，数据仍然可以从其他副本中恢复。此外，云存储服务通常提供便捷的 Web 界面、API 等管理工具，支持灵活的数据访问、共享和控制。云存储的弹性扩展、成本效益高、高可用性与容错性、集中管理与灵活访问的特性能够完全满足大数据存储的需求。

2. 对象存储与分布式文件系统

在云计算环境下，大数据的存储主要依赖于对象存储和分布式文件系统这两类技术，它们在处理大数据时具有显著优势。

（1）对象存储（object storage）。对象存储将数据以对象的形式进行存储，每个对象包括数据本身、元数据和唯一的标识符。相比传统的文件系统，对象存储更适合大规模非结构化数据的存储，如图像、视频、日志文件等。对象存储的特点如下。

①无层次结构：对象存储不像传统的文件系统那样使用目录树结构，数据通过唯一标

识符直接访问，简化了存储和检索过程。

②高扩展性：对象存储可以支持几乎无限的数据扩展，适用于大规模数据存储。

③适用场景：主要用于存储大规模的非结构化数据，如备份数据、日志数据、媒体文件、传感器数据、社交媒体内容等。

常见云平台的对象存储服务如下。

① Amazon S3（simple storage service）：亚马逊云计算服务（Amazon Web Services，AWS）提供的对象存储服务是全球最流行的云存储解决方案之一。S3 提供了强大的可扩展性、数据管理功能和安全性，可用于备份、归档、静态网站托管、大数据分析、媒体内容存储等场景。

② Google Cloud Storage：Google Cloud 提供的云对象存储服务，提供统一的存储接口，能够满足不同场景下的数据存储需求。它结合了 Google 在大数据、人工智能和机器学习等领域的优势，适合海量数据存储与处理。

③ Microsoft Azure Blob Storage：微软 Azure 平台上的对象存储服务，适用于存储非结构化数据。它广泛应用于数据备份、日志存储、媒体内容分发、虚拟机磁盘存储等场景。

④阿里云 OSS（object storage service）：阿里云的对象存储服务，提供了数据存储、管理、备份与恢复等功能，广泛应用于大数据分析、数据备份、内容分发、媒体存储等场景。

（2）分布式文件系统（distributed file system）。分布式文件系统将数据分布存储在多个节点上，可以通过多个节点并行访问和处理数据，显著提高存储和访问效率。在大数据处理的背景下，分布式文件系统通常用于存储结构化和半结构化数据，并且能够高效地与数据处理框架（如 Hadoop、Spark 等）集成。

分布式文件系统具有以下特点。

①高可扩展性：分布式文件系统能够通过增加节点扩展存储容量和提高处理能力，适合大数据环境下的需求。

②容错性：数据被复制到多个节点上，避免单点故障带来的数据丢失风险。

3. 云存储与大数据存储技术的对比

在云计算环境下，选择合适的存储技术对于大数据的处理至关重要。传统存储、云存储和大数据存储技术的优缺点对比如表 2-1 所示。

表 2-1 传统存储、云存储与大数据存储技术的对比

特性	传统存储	云存储	大数据存储
扩展性	限制较大，须预估容量	弹性扩展，按需付费	高扩展性，支持大规模分布式存储
数据类型	适合结构化数据	适合结构化、半结构化和非结构化数据	适合非结构化和大规模数据存储
成本	初期投资较高，维护成本高	按需计费，节省资金投入	低成本，高效存储
可靠性	依赖硬件和本地冗余	高可用性，自动冗余和备份	高可靠性，多副本机制
管理与运维	需要专门团队的维护	云服务商负责维护	自动化管理，简化运维

（1）传统存储：如本地硬盘、RAID 阵列等，适用于中小规模的数据存储，但在面对大数据和海量数据时，存在扩展性差、成本高、管理复杂等问题。

（2）云存储：提供更高的弹性和成本效益，适用于大数据的非结构化数据存储，但云存储的访问速度可能受到网络带宽和延迟的影响。

（3）大数据存储：如 HDFS、Ceph 等，专为大规模数据处理而设计，能够高效处理分布式存储需求，适用于大数据分析场景。

4. 云存储服务的关键功能

（1）数据冗余与高可用性：云存储服务通过数据冗余和自动备份机制保证数据的高可用性。例如，Amazon S3 通过跨区域复制（CRR）和跨区域复制同步（SRR）提供多副本存储，以确保在某一地区发生故障时，数据仍能恢复。

（2）容错性：云存储自动管理数据的副本，并能够在存储节点出现故障时提供无缝恢复，确保数据始终可用。

（3）生命周期管理：云存储服务通常支持自动化的生命周期管理，可以根据存储的使用情况将数据从热存储（频繁访问）转移到冷存储（不常访问），从而优化存储成本。

（4）访问控制与安全性：云存储提供强大的访问控制和安全性功能，如加密、身份认证、多因素认证（MFA）等，确保数据的安全性；数据加密功能支持在存储过程中自动加密数据，确保数据在传输和存储时的安全。

2.1.3.2 云计算与大数据处理

大数据的处理是实现数据价值的关键环节，云计算平台通过提供弹性计算资源、分布式计算框架及智能调度机制，有效支撑了大数据的处理需求。相比传统的本地计算环境，云计算为大数据处理提供了更高的灵活性、可扩展性和计算能力。下面将探讨云计算在大数据处理中的作用，包括云平台的计算框架、资源管理、调度策略等内容。

1. 云平台上的大数据计算框架

云平台为大数据处理提供了强大的计算框架，支持批处理、流处理、实时计算等多种处理方式。常见的大数据计算框架包括 Hadoop、Apache Spark（简称 Spark）、Apache Flink（简称 Flink）等，它们通过云平台提供的计算资源（如虚拟机、容器、无服务器计算）执行分布式数据处理任务。

（1）Hadoop 生态系统：Hadoop 是一个开源的分布式计算框架，旨在处理海量的非结构化数据。Hadoop 的核心是 Hadoop 分布式文件系统（Hadoop Distributed File System, HDFS），它通过分布式存储将数据切分成多个块并分散存储到集群的不同节点上。MapReduce 是 Hadoop 的计算模型，通过 Map 阶段将数据映射成键值对（key-value pairs），并通过 Reduce 阶段将数据汇总。MapReduce 适用于大规模的批量处理任务，广泛应用于日志分析、数据清洗等场景。YARN（Yet Another Resource Negotiator）是 Hadoop 的资源管理器，负责调度和管理集群资源，为不同的应用程序分配计算资源。

云平台（如 AWS 的 EMR、Google Cloud Dataproc）为用户提供预配置的 Hadoop 集群，

可以根据需求灵活配置节点数量和计算资源，避免本地部署和维护集群的复杂性。

（2）Spark：Spark 是一个基于内存计算的分布式计算框架，相比 Hadoop 的 MapReduce，Spark 具有更高的计算性能。Spark 通过将数据加载到内存中进行并行处理，大幅提高了数据处理的速度，适用于需要低延迟的实时数据分析。RDD（弹性分布式数据集）是 Spark 的核心数据结构，支持分布式计算，能够高效地处理大规模数据集。Spark SQL 支持 SQL 查询，可以直接对存储在 HDFS、Hive 等中的结构化数据进行操作。Spark Streaming 是 Spark 的流处理模块，用于实时数据流的处理。

在云平台上，Spark 通常运行在虚拟集群中，利用云平台的弹性计算资源（如 AWS EMR、Google Cloud Dataproc、Azure HDInsight 等）进行大数据处理。通过云服务，用户可以根据需要动态扩展集群，满足不同规模的计算需求。

（3）Flink：Flink 是一个开源的流处理框架，特别适用于实时大数据处理。Flink 能够处理低延迟的数据流和批量数据，适用于实时监控、实时决策支持等应用场景。Flink 提供了一种统一的处理模式，能够同时处理流数据和批数据，支持事件时间、窗口处理等高级功能。Flink 支持精确一次（exactly-once）的语义，确保数据的准确处理和容错性。

云平台（如 AWS、Google Cloud、Azure）通过托管服务（如 AWS Kinesis、Google Cloud Dataflow）支持 Flink 的运行，用户可以借助云平台提供的高可用性、自动扩展等特性，实现大数据流处理任务。

2. 云平台如何支持大数据计算资源的动态调度

云平台提供的弹性计算资源管理系统（如 AWS EC2、Google Compute Engine、Azure Virtual Machines 等）为大数据处理提供了强大的支持。这些系统能够根据数据处理需求自动调配计算资源，实现按需扩展和按需支付，从而确保大数据计算的高效性和经济性，其核心支撑机制如下。

（1）弹性计算资源。

按需自适应：云平台允许用户根据工作负载的变化，动态增加或减少计算资源。对于大数据任务，云平台能够在短时间内自动扩展或缩减计算实例数量，帮助用户高效应对计算负载波动。

自动扩展：云计算平台提供的自动扩展（auto scaling）功能能够根据 CPU、内存、网络等资源的使用情况，自动调整计算资源。对于大数据处理任务，平台会自动增加节点来加速计算，或减少节点来降低成本。

（2）资源调度与负载均衡。

资源调度：通过资源调度系统（如 YARN、Kubernetes、Mesos 等），云平台能够动态分配计算资源，确保大数据处理过程中的资源得到高效利用，并避免资源浪费。

负载均衡：云平台会根据任务的计算需求和资源的分布，自动调整任务的负载，保证集群中各个节点的计算能力均衡利用。

（3）容器化与编排。

容器化：云平台通过容器技术（如 Docker）将应用打包成轻量级、独立的单元，支持在多个节点上高效运行。对于大数据应用，容器化能够显著提高部署灵活性和资源利用率。

Kubernetes 与容器编排：Kubernetes 等容器编排平台能够自动化管理容器的部署、扩展和管理，保证大数据任务的高效执行和高可用性。

（4）无服务器计算（serverless）。

云平台的无服务器计算服务（如 AWS Lambda、Google Cloud Functions、Azure Functions）允许用户将计算任务划分为小的、独立的函数，按需触发和执行。对于大数据的流式计算或轻量级计算任务，用户可以利用无服务器计算进行处理，无须担心服务器的管理和扩展问题。

3. 数据处理的分布式计算与并行处理

大数据处理任务通常要求高吞吐量和低延迟，而传统的单机计算无法满足这些需求。云计算平台通过提供分布式计算和并行处理能力，能够将任务拆解为多个小的子任务，并将这些子任务分配到多个计算节点上并行执行，从而大幅提高数据处理效率，其核心逻辑与关键技术如下。

（1）分布式计算。分布式计算的核心是将海量数据与复杂任务分配到多个节点上协同处理，通过优化数据分布与任务调度减少资源浪费。

数据分布与负载均衡：在分布式计算中，大数据被分割成若干数据块，并存储在多个节点上。计算任务被拆分成多个小任务，分配到各个节点上并行执行。

数据局部性优化：分布式计算框架会根据数据的存储位置和计算任务的需要，尽量将计算任务分配到存储数据的节点上，这样可以减少数据传输的开销，进而提高处理效率。

（2）并行计算。并行计算通过将单个任务拆解为可并行执行的子步骤，利用多节点同时运算缩短处理时间，主流模型如下。

MapReduce：MapReduce 是大数据处理的经典并行计算模型，它将数据分解成多个键值对，通过 Map 阶段并行处理这些键值对，再通过 Reduce 阶段将结果汇总。通过并行计算，MapReduce 能够显著提高大数据的处理效率。

Spark 的内存计算：Spark 通过将数据加载到内存中进行计算，相比传统的基于磁盘的计算方式，能够极大提高计算性能，适用于大规模数据的并行计算和实时处理任务。

（3）数据流与流式处理。对于实时数据分析场景，流式处理能够按事件顺序实时处理数据，云平台通过专门的框架支持此类需求。

流式计算：对于实时数据分析，流式计算能够按事件顺序处理和分析数据。云平台通过流处理框架（如 Kafka、Flink、Storm）支持流式数据的高效处理。

事件驱动架构：流处理框架通过事件驱动机制实时响应数据流，支持在云平台上快速构建实时数据处理应用。

云计算通过提供弹性、可扩展的计算资源，为大数据的处理提供了高效、灵活的支持。云平台上的分布式计算框架（如 Hadoop、Spark、Flink）通过并行处理和大规模数据分发，能够处理海量数据并实现高效计算。同时，云计算平台还通过资源调度、自动扩展、容器化等技术，优化了大数据处理过程中的资源管理，提高了计算效率和成本效益。

2.2 Hadoop平台

Hadoop 是一个开源的分布式计算框架，主要用于处理和存储大规模数据集。它提供了一种高效、可靠、可扩展的方式，能够在集群中分布式存储和处理数据，支持大数据的批量处理。Hadoop 平台主要包括两个核心组件，即 HDFS 和 MapReduce，以及其他一些附加的生态组件，用于增强 Hadoop 的功能。接下来将详细介绍 Hadoop 的核心架构和各个重要组件。

2.2.1 Hadoop 核心架构

Hadoop 平台的架构设计基于分布式计算的思想，其基本架构分为以下几部分。

1. HDFS

HDFS 是 Hadoop 的核心存储系统，用于处理大规模数据集的存储。HDFS 将文件切分成块（通常每个块为 128MB 或 256MB），并将这些块分布存储在集群的各个节点上，从而实现分布式存储。每个块在多个节点中存储副本，通常是 3 个副本（副本数可配置），当某个节点或硬盘发生故障时，数据仍然可以从其他副本恢复，保证数据的可靠性和容错性。

HDFS 采用主从架构，由 NameNode 和 DataNode 两种角色组成。NameNode 负责管理整个文件系统的元数据（如文件名、数据块的位置、目录结构等），相当于 HDFS 的“大脑”。它不存储实际的数据块，而是存储文件的元数据。DataNode 负责存储实际的数据块。每个 DataNode 会定期向 NameNode 报告其状态，并存储和提供数据的读写请求。

HDFS 专为大规模批量读写数据而设计，因此它适用于访问模式为“写一次，读多次”的数据。例如，适用于大数据分析、日志存储等场景。

2. MapReduce

MapReduce 是 Hadoop 的分布式计算框架，基于分布式计算模型，通过 Map 和 Reduce 两个阶段对数据进行处理。

（1）Map 阶段：在 Map 阶段，输入数据被分割成多个片段（通常为 HDFS 中的数据块），每个片段由一个 Map 任务处理。Map 任务会对数据进行映射操作，将输入数据转化成键值对，并将其传输到下一阶段。

（2）Reduce 阶段：在 MapReduce 框架中，Reduce 阶段是分布式计算的第二阶段，负责对 Map 阶段输出的中间键值对进行汇总、聚合或进一步处理，最终生成全局结果。

MapReduce 的主要优势是容错性。如果某个 Map 任务或 Reduce 任务失败，Hadoop 会自动重启该任务并从失败节点上重新执行，以确保任务的完成。

3. YARN

YARN 是 Hadoop 的资源管理层，它负责对集群中的资源进行管理和调度。YARN 可以将集群资源抽象成资源容器，并将任务调度到资源容器上执行。YARN 主要由以下几个部分组成。

（1）Resource Manager：负责全局的资源管理，协调不同应用程序的资源分配。它决定了每个任务需要多少计算资源，并将资源分配给对应的Node Manager。

（2）Node Manager：负责管理集群中每个节点的资源，向Resource Manager汇报节点的资源使用情况。它负责在本地节点上启动、监控和管理应用程序容器。

（3）Application Master：为每个应用程序（如MapReduce作业）管理资源需求和任务的执行。它与Resource Manager交互以请求资源，并与Node Manager协调任务执行。

（4）Scheduler：YARN的调度器，负责根据资源的需求和优先级来调度作业。在Hadoop中有几种不同的调度器（如FIFO调度器、Capacity调度器、Fair调度器等），它们根据作业的优先级和资源分配策略来分配集群资源。

YARN的引入解决了MapReduce在资源管理方面的局限性，提供了更灵活、可扩展的资源管理能力。

2.2.2 Hadoop生态系统

除核心组件HDFS和MapReduce外，Hadoop生态系统还包含多个组件，为大数据处理与分析提供不同功能支持。以下介绍其中几个重要组件。

1. Hive

Hive是基于Hadoop的数据仓库工具，为Hadoop提供类似SQL的查询语言HQL（hive query language）。借助Hive，用户无须编写复杂的MapReduce代码，即可使用类似SQL的查询语言处理存储在HDFS中的大数据。

（1）HQL：HQL支持传统SQL的查询功能，如选择、过滤、连接等，方便用户轻松执行复杂的数据查询任务。

（2）Hive Metastore：它是Hive与底层数据存储（如HDFS或云存储）之间的桥梁。用户可通过Hive Metastore管理Hive表的元数据，查询时根据元数据进行优化，提升查询性能。Hive将表结构、列类型、分区信息等元数据保存在Hive Metastore中，支持高效的数据管理和查询优化。

2. HBase

HBase是一个开源的、分布式的、可扩展的NoSQL数据库，基于Google的Bigtable设计，主要用于处理大规模的结构化数据。它是Apache Hadoop生态系统的一部分，能够与Hadoop进行无缝集成。HBase提供高效的随机读写能力，适用于需要快速存取海量数据的场景，如实时数据处理、日志分析等。HBase的主要特性如下。

（1）列式存储：HBase使用列簇（column family）来存储数据，数据按列而不是按行进行存储。这使得它在进行列级别的读取时非常高效，并且支持大规模数据的快速存取。列簇内的数据是按照时间戳排序的，便于快速查找最新的版本。

（2）分布式架构：HBase是分布式数据库，可横向扩展。它将数据分布到集群的多个节点，通过自动分区（Region）实现负载均衡和高可用性。每个Region存储表中的部分数据，数据增加时，Region 自动分裂，保证扩展灵活性和性能。

（3）高可用性和容错性：HBase 具有内置的高可用性和容错能力，数据通过 HDFS 存储，利用 HDFS 的副本机制确保数据持久性和容错性。若 RegionServer 宕机，HBase 会通过备份的 RegionServer 自动恢复数据。

（4）强一致性和实时读写：HBase 提供强一致性保证，对同一数据的所有读写操作线性一致，对需要实时数据访问的应用很重要。此外，它还支持高吞吐量的写操作，适合大规模实时数据快速写入。

HBase 可与 Hadoop 生态系统中的 Hive、Pig、MapReduce 等组件集成，方便数据处理和分析。虽然其本身不提供复杂查询语言（如 SQL），但可通过 MapReduce 进行批处理计算，适合大规模数据分析。

3. Pig

Pig 是基于 Hadoop 的高级数据流平台，用于处理和分析大规模数据集。它提供抽象层，简化 MapReduce 程序编写，让开发者无须深入了解底层 MapReduce 细节即可进行数据处理任务，在数据仓库和 ETL（提取、转换、加载）任务中非常有用，主要用于批量处理大数据。Pig 的核心概念如下。

（1）Pig Latin。Pig 使用一种叫作 Pig Latin 的脚本语言，语法类似于 SQL，但更灵活和简洁。Pig Latin 是一种数据流语言，用于描述数据的处理逻辑。与传统 SQL 不同，Pig Latin 的语法设计更适合进行复杂的数据转换，支持多种数据类型和操作。

示例：加载数据，筛选出年龄大于 21 岁的记录，并输出结果。代码如下：

```
A = LOAD 'input_data' As (name:chararray, age:int);
B = FILTER A BY age >21;
DUMP B;
```

（2）数据模型：使用简单的关系（Relation）数据模型，每个关系是有字段的表格，每行可包含多个不同类型的数据。Pig 中的行是结构化的，但每行字段可以是复杂类型（如嵌套结构）。

（3）运行模式：Pig 提供本地模式（local mode）和集群模式（MapReduce mode）。本地模式在单个机器上运行，适用于小规模数据集，方便开发和调试；集群模式在 Hadoop 集群上运行，处理大规模数据集，Pig 会自动将脚本转换为 MapReduce 作业在集群上执行。

（4）数据处理操作。Pig 提供丰富的数据处理操作，如 LOAD（加载数据）、FILTER（过滤数据）、GROUP（对数据进行分组）、JOIN（进行数据连接）、FOREACH（应用表达式进行数据转换）、ORDER BY（对数据进行排序）、DISTINCT（去重数据）、LIMIT（限制结果集的大小）。

（5）内置函数和用户自定义函数（UDF）：Pig 提供了一些内置函数，支持常见字符串处理、数学计算、日期操作等；还支持用户自定义函数（UDF），允许开发者根据需要扩展其功能，提供极大灵活性。

Pig 通过简单的数据流式操作简化大数据集处理，尤其在复杂 ETL 和数据转换场景中，能大大减少编写复杂 MapReduce 代码的工作量。它为批量数据处理设计，能处理大规模数据集，适用于大量数据转换、过滤、聚合等操作。Pig Latin 语法比传统 SQL 更灵活，适用于复杂数据处理任务，支持多种数据类型（如 Map、Tuple、Bag）。同时，Pig 与 Hadoop 深度集成，可在 Hadoop 集群上运行，支持 MapReduce 和 HDFS，利用 Hadoop 集群的分布式存储和计算能力处理海量数据。通过用户自定义函数（UDF），Pig 可处理各种定制的数据处理需求，支持 Java、Python、Ruby 等编写自定义逻辑。

不过，尽管 Pig Latin 比 MapReduce 编程更简洁，但不熟悉 Pig 或 Hadoop 的开发者仍需时间掌握其概念和用法。Pig 在处理一些非常复杂的查询时，可能没有数据库级别的查询优化能力，如不支持像 SQL 一样复杂的连接优化、索引等功能。在处理实时数据、复杂的交互式查询等方面，Pig 可能不如其他专门工具（如 Apache Hive、Apache HBase 等）。

4. HCatalog

HCatalog 是 Hadoop 的数据管理工具，提供 Hadoop 生态系统中不同组件间的数据共享和交换功能，促进不同组件间的互操作性。它使各种 Hadoop 工具（如 Pig、MapReduce、Hive、HBase 等）能共享 Hive 的元数据，简化不同工具间的数据交换和集成。HCatalog 的工作原理如下。

（1）元数据存储：HCatalog 依赖于 Hive Metastore 来存储表、分区和其他元数据。它基本上是在 Hive 的基础上，提供了一个对外开放的接口，使得不同组件能够通过它访问 Hive 中存储的这些元数据。

（2）接口：通过 HCatalog 提供的 API，用户可以查询、插入、删除 Hive 中的数据。这些操作将通过 HCatalog 中的标准接口对接到 Hive 元数据存储系统上，以确保一致性和高效性。

（3）与其他工具集成：例如，Pig 可以通过 HCatalog 访问 Hive 中的表，简化数据访问过程，不再需要重复加载 Hive 中的表结构，只需要通过 HCatalog 提供的接口即可访问相应的数据。

5. Oozie

Oozie 是 Hadoop 作业调度系统，可在 Hadoop 集群中有效管理、调度和监控批处理任务。它允许用户以工作流方式定义多个任务的执行顺序，自动化数据处理和分析任务的执行。Oozie 的核心特性如下。

（1）工作流管理：Oozie 允许用户定义工作流，其中包含多个任务（如 MapReduce 作业、Hive 查询、Pig 脚本等），并且能够指定这些任务之间的执行顺序。通过 Oozie，用户可以将这些任务组织成一个有序的工作流，在任务完成后触发下一个任务的执行。

（2）调度功能：Oozie 提供了强大的调度功能，支持任务的定时执行。用户可以指定任务的运行时间，支持基于时间的定时触发，也支持依赖于其他任务状态的触发条件。例如，可以设置每天定时运行一个数据处理任务，或者在某个特定任务完成后立即执行另一个任务。

（3）工作流协调：Oozie 支持协调不同类型的工作流。例如，Oozie 可以同时处理

MapReduce、Hive、Pig 等任务，并确保它们按照定义的顺序和条件执行。用户可以通过工作流定义文件（XML 格式）指定任务之间的依赖关系。

（4）容错与重试：Oozie 提供了容错机制。当某个任务执行失败时，可以根据用户设定的规则进行重试或触发警报通知。此外，如果任务运行出现问题，Oozie 会自动捕获错误并尝试恢复，确保工作流继续执行。

（5）支持多种作业类型：支持多种 Hadoop 作业类型的调度与执行，包括 MapReduce 作业、Hive 查询、Pig 脚本、HDFS 操作、Java 操作、Shell 脚本。

（6）Web UI 和 REST API：Oozie 提供用户友好的 Web UI，用于管理、监控和调试工作流，用户可查看任务执行状态、调度任务、查看日志等；还提供 REST API，允许开发者在外部系统中以编程方式操作 Oozie。

（7）支持工作流的版本控制：Oozie 允许对工作流进行版本控制，方便用户管理和回滚不同版本的工作流，便于升级或维护。

6. Mahout

Mahout 是专为 Hadoop 平台设计的机器学习库，能帮助用户在大数据集上进行高效的机器学习模型训练。它提供多种常用算法，如分类、聚类、推荐等，能与 Hadoop 的分布式计算能力结合，处理海量数据。Mahout 的工作原理如下。

（1）Hadoop 和 Spark 支持：Mahout 可在 Hadoop 集群上通过 MapReduce 运行，也可在 Spark 上通过 RDD 进行分布式计算。对于大规模数据，MapReduce 或 Spark 能将任务分解为多个小任务，并行处理每个任务的计算，最后汇总结果。

（2）算法实现：Mahout 的算法实现采用高度优化的并行计算方式。例如，在聚类中，K-means 算法将数据分为若干个簇，并行计算每个簇的中心点，加速计算过程；在推荐系统中，基于协同过滤的算法通过分布式计算并行处理用户和物品的关系数据。

（3）数据存储与访问：数据处理通常依赖 HDFS 存储数据，并通过 Hadoop 或 Spark 访问数据集。它能处理结构化或非结构化数据，并将其转换为适合机器学习任务的数据格式。

2.3 分布式存储系统

分布式存储系统是一种将数据分散存储在多个物理或虚拟节点上的技术。这种系统采用分布式架构，实现了数据的冗余存储、负载均衡和容错性，能够处理大规模数据的存储、访问和管理需求。与传统的集中式存储方式不同，分布式存储系统可以跨多个计算机或服务器集群分布数据，从而提高存储的可扩展性、可靠性和性能。

2.3.1 分布式存储架构

分布式存储架构是分布式存储系统的基础，定义了如何将数据分布到多个物理或虚拟节点上，并通过网络连接进行协作管理。一个好的架构设计可以提高系统的可靠性、可扩展性、性能和容错能力。分布式存储架构主要通过对数据分布、存储节点的角色、数据访问等方面的协调来确保系统的高效运行。选择合适的架构设计取决于业务需求、数据一致性要求、可扩展性需求及容错能力等因素。常见的分布式存储架构包括主从架构、对等架构、分布式哈希表、一致性哈希，以及多副本与数据冗余架构。不同架构有不同的优缺点，设计者应根据实际场景的特点，灵活选择并优化架构设计。

1. 主从架构

主从架构（master-slave architecture）是分布式存储中最简单的一种架构形式。在这种架构中，系统会有一个主节点（master）和多个从节点（slave）。主节点负责接收客户端的写请求，并将数据同步到多个从节点上，从节点主要负责数据的读取操作。主从架构的关键特点如下。

（1）主节点管理：主节点控制整个系统的元数据、负载均衡和数据复制等任务。它负责处理写操作和协调从节点之间的数据同步。

（2）从节点存储副本：从节点存储主节点数据的副本，负责处理客户端的读取请求。读取操作会被均匀地分配到多个从节点上，从而避免主节点的负载过高。

（3）数据同步机制：数据写入主节点后，会通过同步或异步的方式复制到从节点上。同步复制保证一致性，但会影响性能；异步复制则提高性能，但可能导致短时间内数据不一致。

主从架构的优点在于简单易实现，数据冗余度高，从节点能够提供高可用性。但是主从架构的主节点存在单点故障，一旦主节点发生故障，整个系统的写操作将无法进行，导致系统不可用。并且所有的写操作都必须通过主节点，可能导致性能瓶颈。主从架构适用于小型或中型的分布式存储系统，适合对数据一致性要求较高，且写操作相对较少的场景。

2. 对等架构

对等架构（peer-to-peer，P2P）是一种去中心化的架构，系统中的每个节点都具有相同的角色和地位。每个节点都可以存储数据，也可以处理请求。数据的分布和访问由所有节点共同负责。对等架构的关键特点如下。

（1）无主节点：在 P2P 架构中，没有单一的主节点，每个节点都是对等的，所有节点的角色相同。

（2）去中心化管理：系统的管理和数据协调通过协议（如分布式哈希表）来实现，而不依赖于单一的控制点。

（3）数据分片与分布：数据会被均匀地分片并存储到各个节点中，节点之间通过网络连接来共享数据。

对等架构去中心化，消除了单点故障的风险，提高了系统的可靠性和可用性，节点数量可以根据需求灵活扩展，支持动态加入和移除节点，更加适应大规模、高并发场景。但是，去中心化管理意味着系统无法依赖于单一的管理点，可能导致故障检测、恢复和数据一致性管理变得更加困难。对等架构适用于大规模的去中心化存储系统，如 BitTorrent、区块链技术以及一些大规模云存储系统。

3. 分布式哈希表

分布式哈希表（DHT）是一种典型的用于分布式存储和分布式计算的技术。DHT 将每个存储节点映射到一个哈希空间，通过哈希算法将数据分配到不同的节点。DHT 系统常用于 P2P 网络中，广泛应用于大规模的分布式存储系统中。分布式哈希表的关键特点如下。

（1）哈希映射：每个存储节点和数据项都有一个唯一的哈希值，数据项通过哈希算法与存储节点关联。这保证了数据能够均匀分布到所有节点。

（2）去中心化管理：数据的存储和查找由所有节点共同维护，不依赖单一的节点控制。

（3）节点动态加入与退出：节点可以动态加入或退出系统，DHT 可以通过一致性哈希算法进行平滑的数据迁移和负载均衡。

DHT 去中心化不依赖于中央控制节点，能有效避免单点故障。哈希算法保证了数据的均匀分布，避免了某些节点负载过高的问题。分布式哈希表架构高度可扩展，能够应对海量数据的存储需求。但是，由于缺乏中央协调，系统可能在数据查询和存取上存在一定的延迟。同时数据一致性较难保证，尤其是在节点频繁加入或退出的情况下。分布式哈希表架构适用于 P2P 网络、区块链存储、分布式数据库等。

4. 一致性哈希

一致性哈希（consistent hashing）是 DHT 的一种优化方式，特别适用于动态扩展和容错要求高的分布式存储系统。它通过哈希算法将存储节点和数据分布到一个虚拟的哈希环上，并且使得节点的加入和退出对已有数据的影响最小化。一致性哈希的关键特点如下。

（1）哈希环结构：所有节点和数据项都被映射到一个虚拟的哈希环上。数据项和节点的哈希值决定了数据存储的位置。

（2）最小化数据迁移：当节点增加或移除时，只有一小部分数据需要迁移，减少了由于节点变动带来的数据重新分布的成本。

（3）虚拟节点：为了避免数据分布不均匀的问题，一致性哈希引入了虚拟节点的概念。每个物理节点在哈希环上对应多个虚拟节点，从而提高负载均衡效果。

一致性哈希可以使数据均匀地分布到各个节点上，避免热点问题，节点的加入和退出不会引起大量的数据迁移，从而保证系统的高可用性。随着节点的增加或减少，数据迁移量最小，可以无缝扩展。但是尽管一致性哈希可以减少数据迁移，但在某些情况下，如果虚拟节点分布不均，可能导致负载不均衡。同时一致性哈希并不直接解决分布式系统中的一致性问题，需要配合分布式一致性协议（如 Paxos、Raft）来保证系统一致性。一致性哈希适用于高可扩展性和高容错性的系统，如分布式缓存（如 Memcached）、分布式数据库、内容分发网络（CDN）等。

5. 多副本与数据冗余架构

为了保证数据的高可用性和容错性，许多分布式存储系统采用了数据冗余和副本策略。这些副本通常会分布在不同的节点上，以确保当某个节点或设备发生故障时，系统仍能够保证数据的可访问性。多副本与数据冗余架构的关键特点如下。

（1）副本数：一般情况下，每个数据项会在多个节点上保存副本。副本数通常是根据系统的容错需求和负载情况来调整的。例如，HDFS 默认使用 3 个副本。

（2）副本同步：数据的副本通过同步或异步的方式在节点间进行同步。同步副本可以保证一致性，但会牺牲性能；异步副本可以提高性能，但可能导致短时间内的数据不一致。

（3）故障恢复：如果某个副本所在节点发生故障，系统可以通过其他副本恢复数据，保证高可用性。

多副本与数据冗余架构的优点在于：数据冗余保证了系统在节点故障或网络问题发生时，仍能提供高可用性；多副本机制提供了极高的容错性，即使部分副本丢失或损坏，系统仍能正常工作。但是，数据副本会占用更多的存储资源，可能导致存储成本的增加。而且在多副本同步时，可能会遇到一致性问题，尤其是异步副本时。

多副本与数据冗余架构适用于大规模数据存储系统，如分布式文件系统（如 HDFS、Ceph）、云存储系统等。

2.3.2 分布式存储系统的类型

分布式存储系统可以根据数据管理方式、存储架构、访问模式等不同维度进行分类。常见的分类方式如下。

1. 分布式文件系统

分布式文件系统（DFS）将传统的文件系统概念扩展到分布式环境中，允许用户在集群中以文件的方式访问和存储数据。它提供了类似于本地文件系统的接口，但底层的数据实际上分布在多个节点上。

分布式文件系统的典型代表如下。

（1）HDFS：HDFS 是 Hadoop 生态系统中的核心存储系统，专为大规模数据处理而设计。它具有高容错性和高吞吐量，适用于大规模批处理作业，如数据分析、日志处理等。

（2）Google File System（GFS）：GFS 是 Google 设计的分布式文件系统，专为大规模数据存储和处理而优化。GFS 在设计时重点考虑了容错性和高吞吐量。

（3）Ceph：Ceph 是一个开源的分布式存储系统，它提供对象存储、块存储和文件系统服务。Ceph 的优势在于其高度可扩展性和自我修复功能。

2. 对象存储

对象存储是一种扁平化的数据存储结构，通常用于存储非结构化数据（如图片、视频、日志、备份等）。

对象存储的典型代表有以下几种。

（1）Amazon S3：最常见的对象存储服务，它允许用户以对象的形式存储海量数据，并提供高可用性、自动扩展、数据冗余和安全功能。

（2）OpenStack Swift：OpenStack 提供的开源对象存储服务，支持分布式存储和大规模数据管理。

（3）Google Cloud Storage：Google 提供的云存储服务，支持高性能、低延迟的对象存储，适用于大规模数据存储和备份。

3. 分布式键值存储

分布式键值存储是一种非常简单且高效的存储结构，数据以键值对的形式存储。它通常用于高速读写操作，并广泛应用于缓存、会话存储、实时数据流处理等场景。

分布式键值存储的典型代表如下。

Riak：一个高度可扩展的分布式键值存储系统，支持自动数据分布、数据冗余和容错。

Apache Cassandra：一个分布式 NoSQL 数据库，设计时注重高可用性和扩展性。它基于分布式键值存储模型，能够在全球范围内存储大量数据。

4. 分布式块存储

分布式块存储是将数据划分为固定大小的块，并分布存储在集群中的多个节点上的存储方式。它通常提供低延迟、高性能的数据访问，适用于存储大数据和需要高吞吐量的应用。

分布式块存储的典型代表如下。

Amazon EBS（Elastic Block Store）：AWS 提供的云块存储服务，通常用于持久存储虚拟机的数据。

GlusterFS：一个开源的分布式文件系统，支持块存储和文件存储，能够横向扩展。

2.4 MapReduce并行编程框架

随着数据量的快速增长，传统的单机计算方法已经无法满足大规模数据处理的需求。为了应对这一挑战，Google 提出了 MapReduce 编程模型，它为分布式计算提供了一种简单而强大的方式，极大地推动了大数据处理的普及。MapReduce 能够将计算任务拆解为多个独立的小任务，并在集群中的多个节点上并行执行，从而实现高效的数据处理。

本节将详细介绍 MapReduce 并行编程框架的基本概念、工作原理、编程模型以及应用实例，帮助读者理解如何使用 MapReduce 处理海量数据。

2.4.1 MapReduce 概述

MapReduce 是一个由 Google 提出的并行编程模型，主要用于大规模数据集的分布式计算。MapReduce 将计算过程分为两个阶段：Map 阶段和 Reduce 阶段。每个阶段由一组任务组成，这些任务可以在分布式环境中并行执行，从而提高计算效率。

1. Map 阶段

Map 阶段是 MapReduce 程序的第一步，在这一阶段，输入数据被分割成若干个小数据块（通常是行或记录）。每个数据块被分配给一个 Map 任务进行处理。Map 任务的主要作用是将输入数据转换为键值对。通过这种方式，Map 任务将原始数据转换为可以在后续步骤中处理的格式。

输入：原始数据（如文本文件、日志文件等）。

输出：键值对（key，value）。这些键值对可以是任意类型的数据，如单词、数字、字符串等。

2. Shuffle 和 Sort 阶段

在 Map 任务执行完成后，MapReduce 框架会自动进行 Shuffle 和 Sort 操作。这一步骤的主要目的是对 Map 输出的键值对进行分组和排序。所有相同键（key）会被放到同一个组中，这些组将会作为 Reduce 任务的输入。

Shuffle：把 Map 任务输出的键值对按照键进行分组，确保相同的键会发送到同一个 Reduce 任务。

Sort：对每个组内的键值对进行排序，以便 Reduce 任务能够处理有序数据。

3. Reduce 阶段

Reduce 阶段是 MapReduce 程序的第二步，负责对 Map 阶段输出的键值对进行处理。每个 Reduce 任务接收一组（key，value），处理这些数据，并输出最终的结果。Reduce 任务通常用于聚合、过滤、合并等操作。

输入：从 Map 阶段传递过来的键值对（key，list（value））。

输出：最终的计算结果，例如求和、计数、最大值等。

4. MapReduce 工作流

输入数据：将数据集分割为多个小块。

Map 操作：每个小块由 Map 任务处理，将数据转换为键值对。

Shuffle 和 Sort 操作：将键值对按照键进行分组和排序。

Reduce 操作：对每组键值对进行计算，输出最终结果。

输出结果：保存结果到分布式文件系统中。

2.4.2 MapReduce 编程模型

MapReduce 编程模型的核心思想是将任务分解为 Map 和 Reduce 两个操作。通过简单的 API，开发人员可以在分布式环境中执行复杂的数据处理任务，而不必关心底层的并行计算和分布式执行细节。

1. Map 函数

Map 函数接收一个输入的键值对，处理数据并输出一组新的键值对。在具体实现时，开发者只需定义 Map 函数的输入和输出格式，并编写处理逻辑。Map 函数的原型通常如下：

```
public void map (K inputKey, V inputValue, Context context){
//处理输入数据
//输出新的键值对
```

```
context.write(outputkey, outputValue);
}
```

inputKey：输入数据的键。

inputValue：输入数据的值。

context.write( )：用于将处理结果（输出的键值对）写入输出。

2. Reduce 函数

Reduce 函数接收一组相同键的键值对列表，通常执行聚合操作（如求和、计数、平均值等）。Reduce 函数的原型通常如下：

```
public void  reduce(K outputKey, Iterable<V> values, Context context){
//聚合处理
//输出最终的结果
context.write(outputkey, result);
}
```

outputKey：Map 任务输出的键。

values：与该键相关的所有值的列表。

context.write( )：用于将最终结果写入输出。

3. 示例：单词计数

假设有一个包含多行文本的文件，目标是统计每个单词出现的次数。可以通过 MapReduce 来实现这一任务。具体过程如下。

Map 阶段：将文本拆分为单词，每个单词作为键，值为 1。

输入如下：

```
hello world
hello MapReduce
```

Map 输出如下：

```
(hello, 1)
(world,1)
(hello, 1)
(MapReduce, 1)
```

Reduce 阶段：对相同的单词进行聚合，计算每个单词出现的总次数。

输入如下：

```
(hello, [1, 1])
(world, [1])
(MapReduce, [1])
```

Reduce 输出如下：

```
(hello, 2)
(world, 1)
(MapReduce, 1)
```

MapReduce为大规模数据处理提供了一种简单且高效的并行计算框架。通过将计算任务分为Map和Reduce两个阶段，并在分布式环境中并行执行，MapReduce能够高效地处理海量数据。随着Hadoop和其他分布式计算框架的出现，MapReduce已成为大数据处理的核心技术之一，广泛应用于数据分析、机器学习、搜索引擎等领域。

第 3 章　大数据编程基础

3.1　大数据分析计算机程序设计语言

3.1.1　主流大数据分析计算机程序设计语言

面对海量数据，如何高效提取有价值的信息，关键在于工具，即计算机语言。目前，多种计算机语言被用于大数据分析，如图 3-1 所示。其中，SQL 作为经典的数据库语言，在数据处理和查询方面表现出色；Scala 支持函数式编程，为数据处理提供了灵活的解决方案；Java 作为面向对象的语言，拥有强大的跨平台能力。然而，在数据清洗和算法支持方面，这四种语言和 Python 相比稍显不足。

图 3-1　常用数据分析语言

（1）SQL：主要用于数据库查询和数据管理，能够高效处理结构化数据，但在处理非结构化数据或进行复杂的数据分析时，功能相对有限。同时 SQL 不直接支持高级统计分析、机器学习或数据可视化等功能，这些功能通常是商业分析中不可或缺的部分。

（2）Scala：函数式编程语言，需要有一定计算机、数学基础，学习难度较大；虽然 Scala 在大数据处理领域有所应用，但是其数据分析和数据科学的生态系统与 Python 相比不够成熟和广泛。

（3）Java：作为通用编程语言，其语法偏重结构化和显式声明，这虽然有利于大型系统的稳定性和可维护性，但对数据分析人员而言，往往意味着更多的样板代码、更高的学习和编程成本，不利于快速试验和迭代；同时 Java 社区更多聚焦在 Web 开发、企业级系统、后端服务等方向。这使得 Java 在数据分析领域的实践经验和开源支持明显不足。

（4）R 语言：主要采用内存计算模式，也就是说大多数数据必须被完整加载到内存中才能进行分析。这种机制在处理小型和中型数据集时非常高效，但在面对 TB 级别或更大规模的数据时，容易受到内存限制，导致运行缓慢甚至崩溃。因此，它更多被用于特定小领域的深度分析，而非主流的大数据分析框架。

与 SQL、Scala、Java 和 R 语言相比，Python 在商业分析方面展现出了显著的优势，具体如下。

（1）易用性和学习曲线：Python 语法简洁明了，易于上手，特别适合商业分析师等非专业程序员快速掌握。其具有丰富的在线资源和社区支持，使得 Python 学习者能够轻松找到解决方案和最佳实践。

（2）全面的数据分析能力：Python 拥有强大的数据分析库，如 Pandas、NumPy、SciPy 等，能够轻松处理数据清洗、转换、分析和可视化等任务；支持从简单的数据统计到复杂的机器学习模型构建，满足商业分析中多样化的需求。

（3）广泛的生态系统：Python 的生态系统涵盖了数据科学、机器学习、Web 开发等多个领域，使得商业分析能够在一个统一的环境中完成多种任务；与其他语言和工具的集成能力强，如可以与 SQL 数据库、Hadoop 等大数据处理平台以及 Excel 等办公软件无缝对接。

（4）强大的机器学习支持：Python 是当前机器学习领域的主流语言，拥有 Scikit-learn、TensorFlow、Keras 等多个强大的机器学习库。这些库提供了丰富的算法和工具，使得商业分析师能够轻松构建和训练机器学习模型，用于预测、分类、聚类等商业应用场景。

（5）高效的数据处理能力：Python 在处理大规模数据集时表现出色，能够利用多线程、多进程以及分布式计算等技术提高数据处理效率。与 C、C++ 等底层语言的集成能力，使得 Python 在需要高性能计算时能够轻松调用底层库进行优化。

（6）可视化能力：Python 拥有 Matplotlib、Seaborn、Plotly 等多个强大的数据可视化库，能够轻松创建各种图表和报告。这些可视化工具不仅功能强大，而且易于使用，使得商业分析师能够快速将分析结果以直观的方式呈现出来。

综上所述，与 SQL、Scala、Java 和 R 语言相比，Python 在商业分析方面展现出了易用性、全面的数据分析能力、广泛的生态系统、强大的机器学习支持、高效的数据处理能力和可视化能力等多重优势。这些优势使得 Python 成为商业分析中不可或缺的工具之一。

3.1.2 Python 语言介绍

1. Python 语言的发展史

1989 年，Guido van Rossum 在参与设计 ABC（一种教学语言）后，萌生了想要开发一种新语言的想法。1989 年，他创立了 Python 语言。1991 年初，Python 公布了第一个公开发行版。

2. Python 语言特点

Python 是一种解释型、面向对象、动态数据类型的高级程序设计语言。Python 非常强大，可以被用于 Web 开发、游戏开发、为桌面应用程序构建脚本和 GUI、配置服务器、执行科学计算和数据分析。C++ 等语言属于编译型语言，二者的区别如图 3-2 所示，编译型语言开发完成以后需要将所有的源代码都转换成可执行程序，比如 Windows 下的 .exe 文件，可执行程序里面包含的就是机器码。在运行的时候，只需要编译生成的可执行程序，不再需要源代码和编译器了，所以说编译型语言可以脱离开发环境运行。只要拥有可执行程序，就可以随时运行，不用再重新编译了，也就是一次编译，无限次运行。而解释型语言是一边执行一边转换，需要哪些源代码就转换哪些源代码，不会生成可执行程序，优点是容易进行程序错误定位，同时支持跨平台运行，所以可以说是一次编写，到处运行。

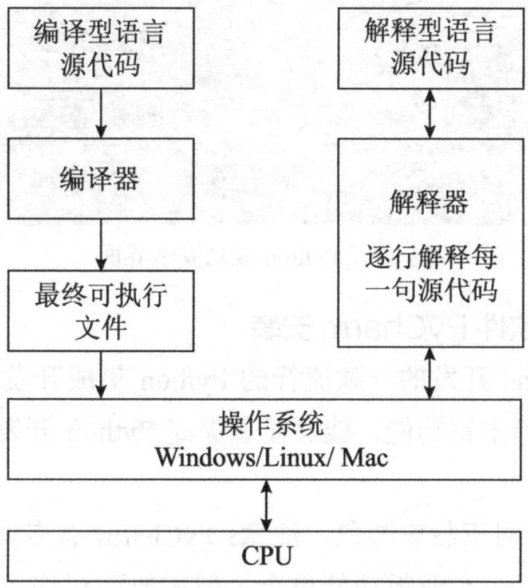

图 3-2 解释型语言和编译型语言

Python 是交互式语言。这意味着可以在一个 Python 提示符（>>>）后直接执行代码，示意如下。

```
>>> print("hello world!")
hello world!
>>>
```

此外，Python 语言有相对较少的关键字，结构简单，易于学习；Python 具有丰富的库，可以跨平台运行；可以在 Python 程序中调用 C 或 C++ 程序；Python 提供所有主要的商业数据库的接口；Python 支持 GUI 可以创建和移植；可以将 Python 嵌入 C/C++ 程序。

当前，Python 语言本身的优势促使其成为人工智能程序的最佳选择，基于 Python 的 Pytorch、tensorFlow 框架已经成为当前 AI 的主流框架，这些丰富的标准库为数据科学提供了有力的支撑。因此，在本书中，选择 Python 语言作为案例分析的主要工具。

3.2 Python环境搭建

1. Python 解释器安装

Python 解释器是 Python 环境搭建的第一环节。需要先从官方网站下载适合的安装包，下载后解压安装包，双击 .exe 文件开始安装，在安装界面点击“Customize installation”（自定义安装），并勾选“Add python to PATH ”添加路径。

安装完毕后，进入安装目录，验证安装是否成功。运行 cmd，运行语句“python -v”，若显示如图 3-4 所示 Python 对应版本，则表示安装成功。

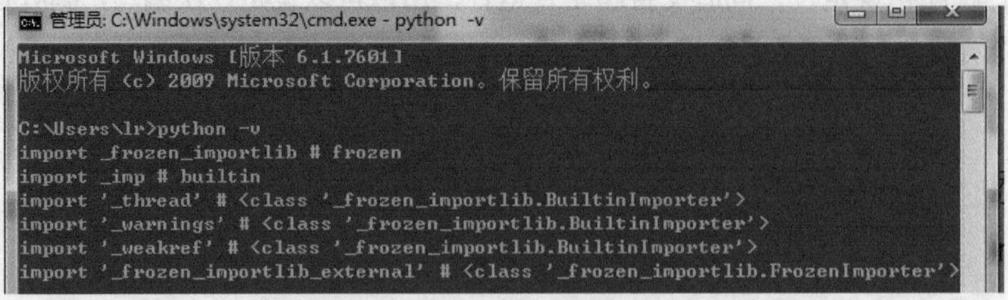

图 3-3 Python 成功安装界面

2. Python 集成开发软件 PyCharm 安装

PyCharm 是由 JetBrains 开发的一款流行的 Python 集成开发环境（IDE），它提供了代码补全、调试、版本控制等丰富功能，能够显著提高 Python 开发的效率。下面是 PyCharm 编辑器的安装步骤。

（1）访问 PyCharm 官网下载安装包。注意：PyCharm 有专业版（Professional）和社区版（Community）两个版本。专业版功能更全，但需要购买许可证；社区版免费，功能相对较少。

根据个人需求选择合适的版本。点击对应版本的“Download”按钮，下载 PyCharm 安装包。

（2）双击安装包开始安装，打开安装程序后，会进入欢迎界面，点击“Next”继续。安装过程中需要配置安装选项：须根据需要选择添加到 PATH 环境变量、创建桌面快捷方式等选项。安装完成后，点击“Finish”退出安装程序。

（3）通过桌面快捷方式或开始菜单启动 PyCharm，运行 PyCharm，阅读并接受 JetBrains 的隐私政策，选择主题，进入如图 3-4 所示的程序界面（界面显示因版本不同而不同）。

图 3-4 PyCharm 界面

（4）创建项目：点击“Create New Project”，然后选择存放路径并编写项目名称，如图3-5所示。

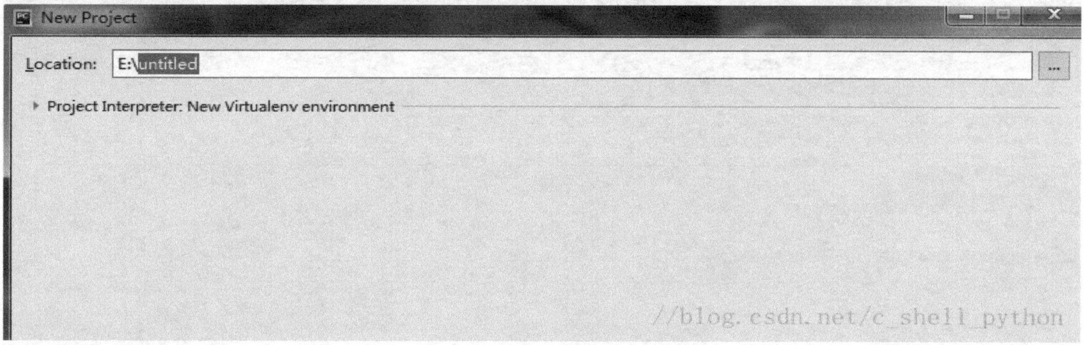

图3-5 新建项目

（5）生成新项目，如图3-6所示。

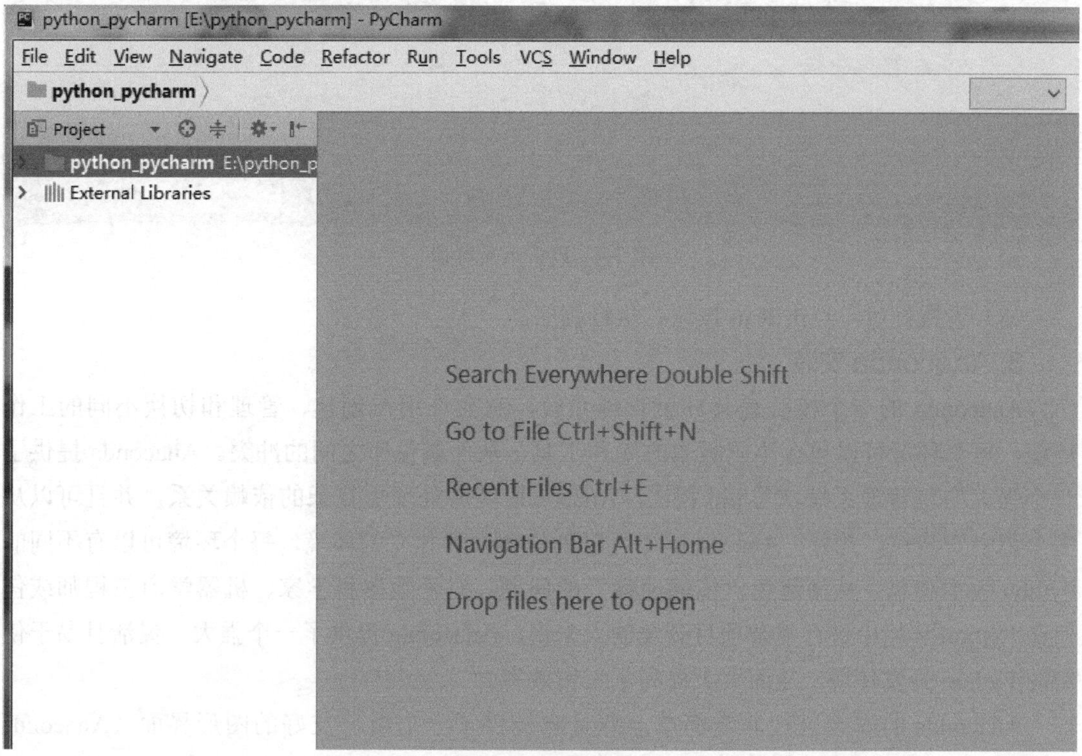

图3-6 项目页面

（6）添加Python文件，鼠标右键单击项目根文件目录下的venv目录，添加新的Python文件，输入文件名字，点击OK。系统会默认生成hello.py，然后可以开始编写程序。

（7）设置Python解释器：在“Settings”（设置）或“Preferences”（首选项）中，找到“Project: <项目名>”—“Python Interpreter”，设置项目所用的Python解释器，如图3-7所示。

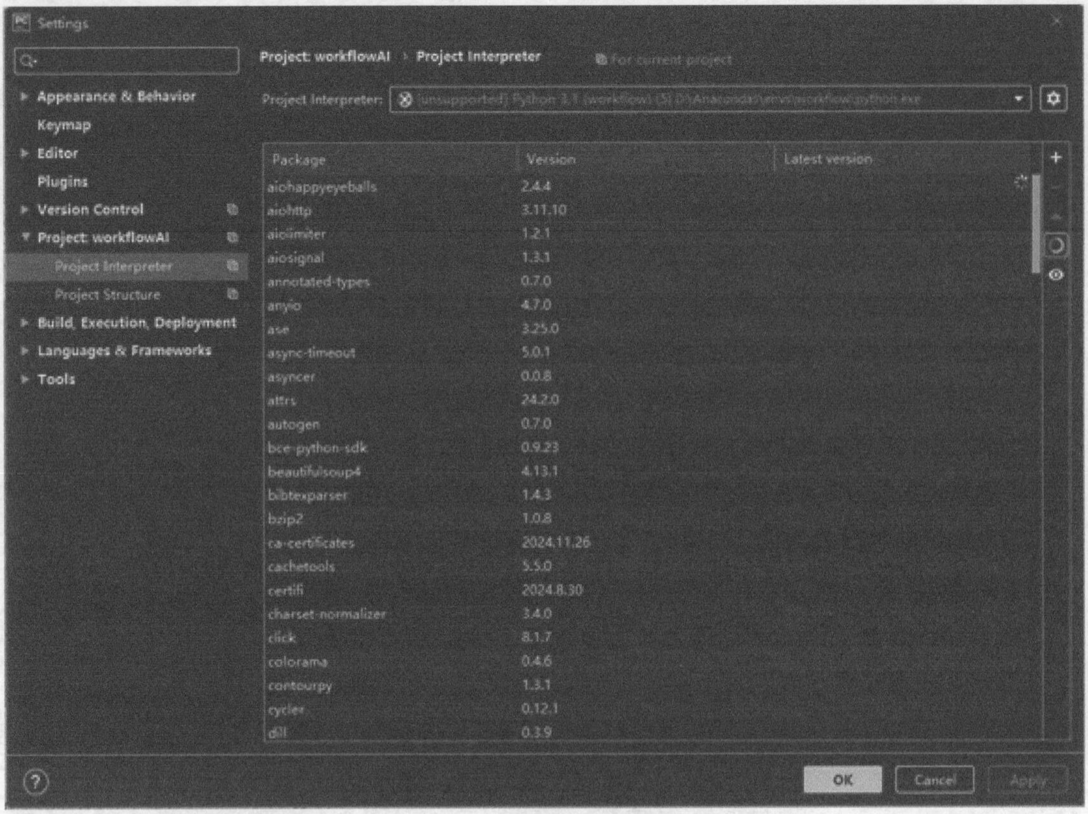

图 3-7　Python 解释器

（8）设置好后，点击 Run 按钮，执行程序。

3. Anaconda 安装

Anaconda 的一个核心是其环境管理系统，它允许用户创建、管理和切换不同的工作环境，每个环境可以包含不同版本的库和工具，从而避免库之间的冲突。Anaconda 提供了一个强大的包管理系统，与 pip 相比，Anaconda 能够处理更复杂的依赖关系，并且可以从多个源中安装包。此外，Anaconda 还可以创建和管理独立的环境，每个环境可以有不同的 Python 版本和包，从而避免“依赖地狱”的问题。对于数据科学家、机器学习工程师或任何在 Python 环境中进行复杂项目开发的人来说，Anaconda 提供了一个强大、灵活且易于使用的 Python 开发环境，从而大大提高了工作效率。

Anaconda 的安装过程非常简单，并且它提供了一个用户友好的图形界面（Anaconda Navigator）来管理环境和包。首先登录官方网站结合自己的操作系统和 Python 编译器选择下载，如图 3-8 所示，然后进行安装。

安装完毕后，在开始菜单或桌面上找到 Anaconda Navigator 的图标，并双击打开，进入 Anaconda Navigator 的主界面中，在主界面点击“Environments”选项卡以进入环境管理界面，创建新环境。在“Environments”界面可以看到一个列表，其中包含了已经存在的环境（比如默认的“base”环境）。要创建新环境，点击界面左侧的“Create”按钮，在弹出的“Create New Environment”窗口中，可以为新环境指定一个名称。接下来，选择想要在新环境中使用的 Python 版本。Anaconda 提供了多个 Python 版本的选项，可根据自己的需求进行选择。

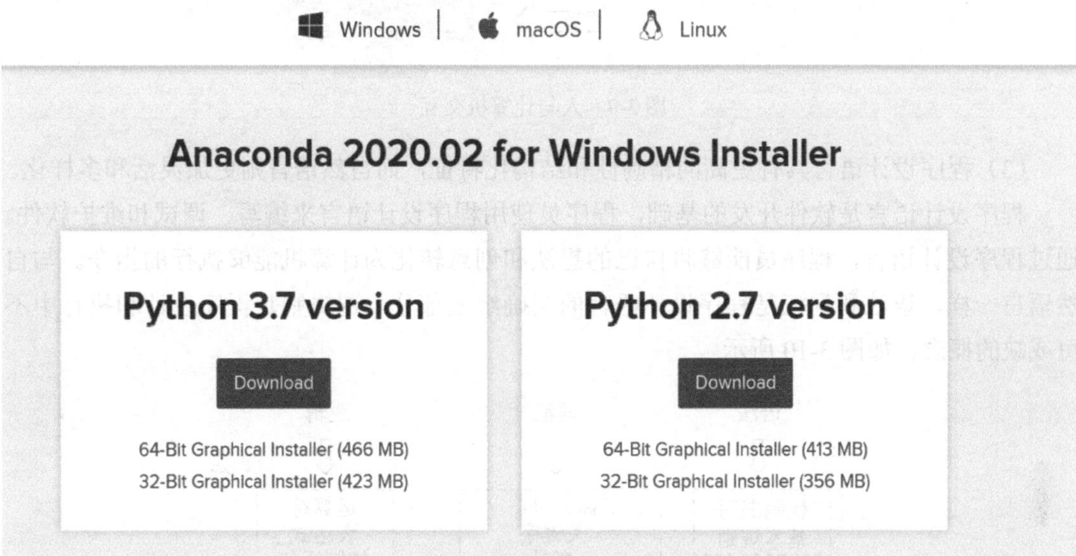

图 3-8 Anaconda 下载界面

3.3 Python基础语法

3.3.1 计算机程序设计语言

众所周知，语言是以声音 / 符号为物质外壳，以含义为内涵，由词汇和语法构成并能表达人类思想的指令系统，人类利用语言和同类交互。语言的基础是一组记号和一组规则。从语言交流的角度来看，计算机程序设计语言是一种特殊的、用于人与计算机之间沟通的语言，它具有精确性、结构化和可读性等特点，使得人类能够更方便、更准确地与计算机进行交互。

如图 3-9 所示，如果想让计算机求解 1+2 这类的数学题，传统的语言交流方式对于计算机是行不通的，需要将其转化为计算机能够识别的语言，也就是程序代码。将代码输入到计算机，通过解释器，转化为计算机的驱动指令，最后计算机就会返回用户想要的结果。

程序设计语言和自然语言在某些方面有相似之处，都使用词汇和语法来构建句子或指令。然而，二者又有不同，具体如下。

（1）程序设计语言更加严格和精确，不允许像自然语言那样具有模糊性和歧义性。

（2）程序设计语言的主要目的是与计算机进行交互，而自然语言的主要目的是供人与人之间开展沟通。

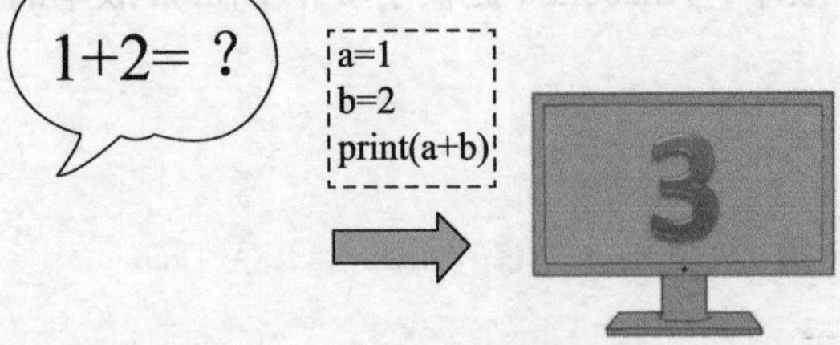

图 3-9 人与计算机交互

（3）程序设计语言具有更高的精确性和结构化特征，而自然语言则更加灵活和多样化。

程序设计语言是软件开发的基础，程序员使用程序设计语言来编写、调试和维护软件。通过程序设计语言，程序员能够将自己的想法和创意转化为计算机能够执行的指令。与自然语言一样，语法和词汇是程序设计语言的明确组成部分，逻辑则是程序设计和执行中不可或缺的概念，如图 3-10 所示。

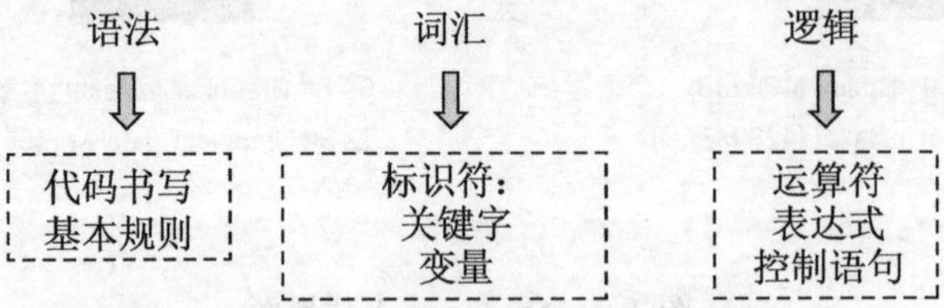

图 3-10 程序设计语言基本特性

程序设计语言中的语法规定代码书写基本规则，包括代码的结构、格式以及语句的排列方式等，遵循语法规则是编写可执行程序的基础。

程序设计语言中的词汇包括关键字、变量名、函数名等，它们用于构建代码中的指令和逻辑。

程序设计语言中的逻辑通过代码中的语句和表达式来实现。逻辑的正确性对于程序的运行至关重要，因为任何逻辑错误都可能导致程序无法按预期执行。

综上所述，语法、词汇和基本逻辑表达是学习程序设计语言的基础，是迈出程序设计的第一步。

3.3.2 Python 代码书写基本规则

Python 编码基本规则是确保代码可读性、可维护性和高效协作的一系列指导原则。以下是 Python 代码书写的基本规则。

1. 缩进和代码结构

缩进：Python 使用缩进来定义代码块。应该使用 4 个空格来进行缩进，避免使用制表符（Tab）。

代码块：函数定义、循环、条件语句等代码块应该适当缩进，以表示它们之间的层次关系。

空行：使用空行来分隔逻辑上相关的代码块，提高代码的可读性。

2. 命名约定

模块名：模块名应该短小，使用小写字母，可以使用下划线。

类名：类名应该遵循 CapWords 约定，即每个单词首字母大写，不使用下划线。

函数名和变量名：函数名和变量名应该使用小写字母，如果有多个单词，用下划线分隔。

常量名：常量名应该全部大写，单词之间用下划线分隔。

3. 注释

文档字符串：每个模块、类、函数都应该有一个文档字符串（docstring），用于描述其功能、参数和返回值。

行注释：对于复杂的代码块或不容易理解的逻辑，应该使用行注释来说明。注释应该简洁明了，能够准确反映代码的目的。

4. 编码风格

简洁明了：避免编写冗长复杂的代码，尽量让代码简洁明了。

使用 Python 特性：充分利用 Python 的高层次特性和标准库，比如列表推导、生成器表达式等。

避免冗余：不要写重复或无用的代码，避免使用不必要的变量赋值。

显式优于隐式：代码应该清晰明了，避免使用隐晦的技巧或魔法数字。使用明确的变量名和函数名来表达代码的意图。

5. 导入

导入语句：导入语句通常放在文件的开头，紧跟在模块文档字符串和注释之后。

分组导入：应该分组导入标准库、第三方库和应用程序指定模块，并且每组之间用一个空行分隔。

避免使用 from something import *：这种语法会导致命名空间污染，应该避免使用。

6. 一致性与合理性

一致性：在一个项目中应该保持一致的编码风格，遵循团队的编码规范或社区的最佳实践。

合理性：在编写代码时应该考虑代码的可读性和可维护性，选择最合理、最易于理解和维护的编码方式。

7. 其他注意事项

编码：Python 代码文件应该使用 UTF-8 编码。

行尾字符：应该使用 Unix 风格的行尾字符（\n），避免使用 Windows 风格的行尾字符（\r\n）。

空格的使用：在操作符两边、逗号后、函数参数列表中应该使用适当的空格来增加代码的可读性。

程序代码示例如下：

```
import os
import sys
x=3                    #给x赋值
y=3                    #给y赋值
result = x * 2 + y     # 计算2x+y
```

3.3.3 Python 标识符

1. Python 标识符命名规则

在 Python 里，标识符由字母、数字、下划线组成，但不能以数字开头。

Python 中的标识符是区分大小写的。

类名：使用驼峰命名法（CapWords），即每个单词的首字母都大写，不使用下划线。

常量名：通常全部使用大写字母，单词之间可以用下划线分隔（这是一种约定，不是强制的）。

```
# 变量名：小写字母，可以使用下划线
user_name = "Alice"
user_age = 30
total_amount = 100.5

# 函数名：小写字母，可以使用下划线分隔单词
def calculate_total(price, quantity):
    return price * quantity

def get_user_info(user):
    return f"Name: {user['name']}, Age: {user['age']}"

# 类名：首字母大写(驼峰命名法)，每个单词的首字母都大写
class UserProfile:
    def __init__(self, name, age):
        self.name = name
        self.age = age

    def display_profile(self):
        print(f"Name: {self.name}, Age: {self.age}")

# 常量名：通常全部大写，可以使用下划线分隔单词(不是强制的，但是一种约定)
MAX_USERS = 100
PI = 3.14159

# 示例使用
user1 = UserProfile("Bob", 25)
user1.display_profile()

total = calculate_total(15.99, 5)
print(f"Total: ${total:.2f}")

print(get_user_info({"name": "Charlie", "age": 28}))

print(f"Maximum Users: {MAX_USERS}")
print(f"Value of PI: {PI}")
```

注意：以下划线开头的标识符是有特殊意义的。以单下划线开头的 _foo 代表不能直接访问的类属性，须通过类提供的接口进行访问，不能用 from xxx import * 而导入。以双下划线开头的 __foo 代表类的私有成员，以双下划线开头和结尾的 __foo__ 代表 Python 里特殊方法专用的标识，如 __init__() 代表类的构造函数。

2. Python 关键字

Python 关键字是保留的单词，用于表示特定的意义或功能。在 Python 编程中，这些关键字不能用作标识符（例如变量名、函数名或类名）。Python 3.x 版本中一共有 35 个关键字。表 3-1 是 Python 3 的关键字列表。

表 3-1 Python 3 关键字列表

关键字	说明
False	布尔值“假”
None	表示空值或无值
True	布尔值“真”
and	逻辑与操作符
as	用于在 import 语句中给模块指定别名，或在 with 语句中指定变量
assert	断言语句，用于调试
async	用于定义异步函数（Python 3.5+）
await	用于等待异步函数的结果（Python 3.5+）
break	跳出循环
class	定义类
continue	跳过当前循环的剩余部分，并开始下一次循环
def	定义函数
del	删除对象
elif	else if 的缩写，用于多条件判断
else	条件不满足时执行的代码块
except	捕获异常
finally	无论是否发生异常，都执行的代码块
for	循环遍历可迭代对象
from	从模块中导入特定部分
global	声明全局变量
if	条件判断
import	导入模块
in	检查某个值是否在序列中
is	判断两个变量是否引用同一个对象
lambda	创建匿名函数

续表

关键字	说明
nonlocal	声明非局部变量（在嵌套函数内部使用）
not	逻辑非操作符
or	逻辑或操作符
pass	空语句，占位符
raise	引发异常
return	从函数中返回值
try	尝试执行代码块，并捕获可能发生的异常
while	当条件为真时，循环执行代码块
with	简化对资源的访问和管理（如文件操作）
yield	从函数中返回一个生成器

3.4 Python基本数据结构

Python 提供 5 种内置的数据结构，这些数据结构是用来存储和操作数据的基石。

3.4.1 字符串

字符串或串（String）是由数字、字母、下划线组成的一串字符，用单引号（）、双引号（"）、三引号（"""）括起来。字符串是 Python 中用于表示文本数据的数据类型。它是不可变的，意味着一旦创建，字符串的内容就不能被改变。

Python 的字符串列表有 2 种取值顺序，如图 3-11 所示。

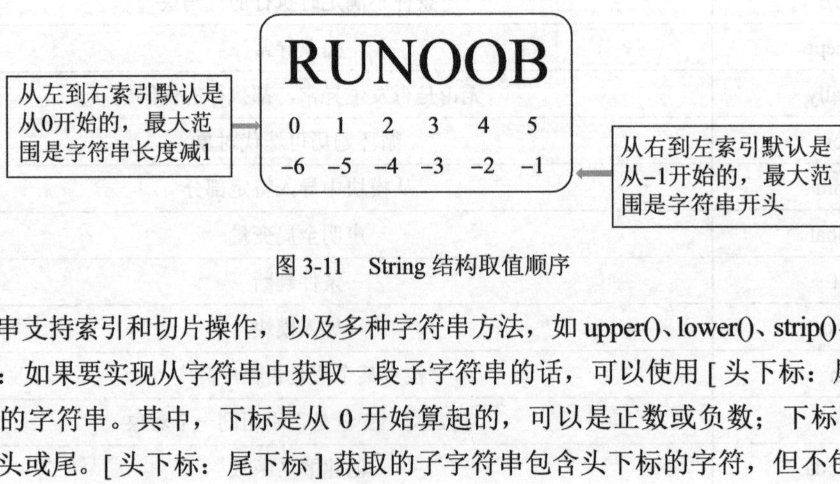

图 3-11 String 结构取值顺序

字符串支持索引和切片操作，以及多种字符串方法，如 upper()、lower()、strip()、split() 等。

注意：如果要实现从字符串中获取一段子字符串的话，可以使用 [头下标：尾下标] 来截取相应的字符串。其中，下标是从 0 开始算起的，可以是正数或负数；下标可以为空，表示取到头或尾。[头下标：尾下标] 获取的子字符串包含头下标的字符，但不包含尾下标的字符，如图 3-12 所示。

图 3-12 字符串切片

String 适宜问题：处理文本数据，如用户输入、文件内容等。Python 内置支持对字符串进行格式化、搜索、替换等操作。示例如下。

程序：

```
user_input = input("请输入您的名字：")
greeting = f"你好，{user_input}！"
print(greeting)

# 字符串方法示例
text = " Hello, World! "
print(text.strip())  # 去除首尾空格
print(text.upper())  # 转换为大写
```

输出：

```
请输入您的名字：李红
你好，李红!
Hello, World!
HELLO, WORLD!
```

3.4.2 列表

列表（List）用 [ ] 标识，是 Python 中使用最频繁的数据类型之一。列表是 Python 中一个有序且可变的数据结构，它可以包含任意类型的对象，支持字符、数字、字符串，甚至可以包含列表（即嵌套）。列表中值的切割也可以用到变量 [头下标：尾下标]，这样就可以截取相应的列表。从左到右索引默认从 0 开始，从右到左索引默认从 -1 开始；下标可以为空，表示取到头或尾。列表支持索引、切片、追加、插入、删除等操作。

List 适用问题：存储同类项的集合，如学生成绩、商品列表等。List 适用于需要动态地添加、删除或修改元素的数据描述。示例如下。

程序：

```
my_list = ['runoob', 786, 2.23, 'john', 70.2]
tiny_list = [123, 'john']
print(my_list)            # 输出完整的my_list列表
print(my_list[0])         # 输出第一个元素
print(my_list[1:3])       # 输出索引 1 到 2 的元素
print(my_list[2:])        # 输出从索引 2 到末尾的元素
print(tiny_list * 2)     # 输出重复两次的tiny_list列表
print(my_list + tiny_list)  # 输出合并后的列表
```

输出：

```
['runoob', 786, 2.23, 'john', 70.2]
runoob
[786, 2.23]
[2.23, 'john', 70.2]
[123, 'john', 123, 'john']
['runoob', 786, 2.23, 'john', 70.2, 123, 'john']
```

注意：加号（+）是列表连接运算符，星号（*）是重复操作。

3.4.3 元组

元组（Tuple）是另一种数据类型，类似于 List（列表）。元组用（）标识。内部元素用逗号隔开。但是元组不能二次赋值，相当于只读列表。元组通常用于存储不应该或不需要改变的数据，如函数的返回值、配置信息等。

适宜问题：存储不需要修改的数据集，如坐标点、RGB 颜色值等；作为字典中的键，因为字典的键必须是不可变的（注意：元组不能直接更改其中的元素）。示例如下。

程序：

```
# 坐标点元组
point = (10, 20)
# 函数返回多个值作为元组
def get_coordinates():
    return (15, 25)
x, y = get_coordinates()
print(f"坐标点：({x}, {y})")
```

输出：

```
坐标点：(15，25)
```

3.4.4 字典

字典（Dictionary）用 { } 标识，是 Python 中一个无序的键值对集合，由索引（key）和它对应的值（value）组成，键必须是唯一的，而值可以是任意类型的对象。字典是 Python 之中除列表以外最灵活的内置数据结构类型。

字典与 List 之间的区别在于：字典当中的元素是通过键来存取的，而不是通过偏移存取，通过键可以快速地访问值。

适宜问题：需要快速查找数据，如用户信息、配置参数等；存储映射关系，如单词与其频率的对应关系。示例如下。

程序：

```
dict = {}
dict['one'] = "This is one"
dict[2] = "This is two"
```

```
tinydict = {'name': 'john','code':6734, 'dept': 'sales'}
print dict['one']       # 输出键为'one'的值
print dict[2]           # 输出键为 2 的值
print tinydict          # 输出完整的字典
print tinydict.keys()     # 输出所有键
print tinydict.values()   # 输出所有值
```

输出：

```
This is one
This is two
['dept': 'sales', 'code': 6734, 'name': 'john']
['dept', 'code', 'name']
['sales', 6734, 'john']
```

3.4.5 集合

在 Python 中，集合（Set）是一个无序的、不包含重复元素的数据结构。集合使用大括号 {} 或者 set（）函数来表示。它支持集合运算，如并集、交集、差集等，以及添加、删除、测试成员资格等操作。集合中的元素是无序的，因此不能通过索引来访问集合中的元素。集合中的元素必须是可哈希的（即不可变的），例如数字、字符串、元组等。列表、字典等可变类型不能作为集合的元素。

（1）Set 特殊用法

去重：集合自动去除重复元素，这是它的一个基本特性。

集合运算：集合支持并集（|）、交集（&）、差集（–）、对称差集（^）等运算。

测试成员资格：可以使用 in 和 not in 运算符来测试元素是否在集合中。

迭代：集合是可迭代的，可以使用 for 循环遍历集合中的元素。

不可变集合：虽然集合本身是可变的，但可以使用 frozenset 来创建一个不可变集合。

（2）Set 适宜问题

Set 适宜的问题包括：消除重复项，如统计不同单词出现的次数；测试元素是否存在于集合中，如检查用户权限等。示例如下。

程序：

```
# 创建集合
my_set = {1, 2, 3, 4, 5}
print("原始集合:", my_set)

# 添加元素
my_set.add(6)
print("添加元素6后:", my_set)

# 更新集合(并集)
my_set.update([7, 8, 9])
print("更新集合后(并集):", my_set)

# 删除元素
my_set.remove(1)
```

```
print("删除元素1后:", my_set)

# 集合运算
set_a = {1, 2, 3}
set_b = {3, 4, 5}
print("并集:", set_a | set_b)
print("交集:", set_a & set_b)
print("差集:", set_a - set_b)
print("对称差集:", set_a ^ set_b)

# 测试成员资格
print("4 在集合中吗?", 4 in my_set)
print("1 在集合中吗?", 1 in my_set)

# 不可变集合
frozen_set = frozenset(my_set)
print("不可变集合:", frozen_set)

# 迭代集合
for element in my_set:
    print("集合元素:", element)
```

输出：

```
原始集合: {1, 2, 3, 4, 5}
添加元素6后: {1, 2, 3, 4, 5, 6}
更新集合后(并集): {1, 2, 3, 4, 5, 6, 7, 8, 9}
删除元素1后: {2, 3, 4, 5, 6, 7, 8, 9}
并集: {1, 2, 3, 4, 5}
交集: {3}
差集: {1, 2}
对称差集: {1, 2, 4, 5}
4 在集合中吗? True
1 在集合中吗? False
不可变集合: frozenset({2, 3, 4, 5, 6, 7, 8, 9})
集合元素: 2
集合元素: 3
集合元素: 4
集合元素: 5
集合元素: 6
集合元素: 7
集合元素: 8
集合元素: 9
```

注意：空集合必须使用 set（）表示，而不能使用 {}，因为 {} 会被解释为空字典。

3.5 Python函数及类和对象

3.5.1 Python 函数

1. 函数

计算机的函数是一个固定的程序段，或称其为一个子程序，它在可以实现固定运算功能的同时，还带有一个入口和一个出口。入口是函数所带的各个参数。通过入口，可以把函数的参数值代入子程序，供计算机处理。出口是指函数的值。在计算机求得函数值之后，由出口带给调用它的程序。函数表征如图 3-13 所示。

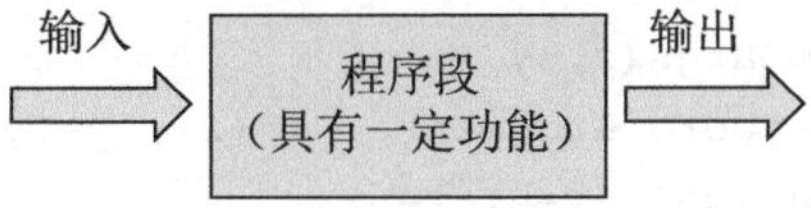

图 3-13 函数表征

2. Python 函数

Python 中的函数是一段组织好的、可重复使用的、用来实现单一或相关联功能的代码块。函数通过定义可以提高应用的模块性和代码的重复利用率。在 Python 中定义一个函数的基本语法如表 3-2 所示。

表 3-2 Python 函数定义

示例代码	参数说明
def functionName（parameters）： """ 函数的文档字符串（可选） """ # 函数体 # 这里执行功能实现 return value # 返回值（可选）	def 是定义函数的关键字。 functionName 是函数的名称，用于标识函数。 parameters 是函数可接收的参数，用于传递和接收数据。参数是可选的；函数也可以不接收任何参数。 函数体部分是函数被调用时，Python 将执行的代码块。 return 语句用于从函数中返回一个值。如果函数没有返回值或者没有写 return 语句，函数默认返回 None

3. Python 函数的参数

Python 中函数可以接收多种类型的参数，如表 3-3 所示，具体如下。

①位置参数（Positional Arguments）：按照参数定义的顺序传递。

②关键字参数（Keyword Arguments）：通过关键字（参数名）传递。

③默认参数（Default Arguments）：参数可以有默认值。

④可变参数（Variable-length Arguments）：包括以下两种。

位置可变参数（*args）：接收任意数量的位置参数，作为元组传递。

关键字可变参数（**kwargs）：接收任意数量的关键字参数，作为字典传递。

表 3-3 Python 函数的参数

参数类型	示例代码
位置参数	程序： # 位置参数 def positional_args(a, b, c): print(f "Positional Arguments: a={a}, b={b}, c={c} ") positional_args(1, 2, 3)
	输出： Positional Arguments: a=1, b=2, c=3

续表

<table>
<tr><th>参数类型</th><th>示例代码</th></tr>
<tr><td rowspan="2">关键字参数</td><td>程序：
#关键字参数
<code>def keyword_args(x, y, z):</code>
<code>print(f "Keyword Arguments: x={x}, y={y}, z={z} ")</code>
<code>keyword_args(x=4, y=5, z=6)</code></td></tr>
<tr><td>输出：
<code>Keyword Arguments: x=4, y=5, z=6</code></td></tr>
<tr><td rowspan="2">默认参数</td><td>程序：
#默认参数
<code>def default_args (p1, p2=10, p3="default"):</code>
<code>   print (f "Default Arguments: p1={p1}, p2={p2}, p3={p3}")</code>
<code>default_args (7)</code>
<code>default_args (8, p2=20)</code>
<code>default_args (p1=9, p3="non-default")</code></td></tr>
<tr><td>输出：
<code>Default Arguments: p1=7, p2=10, p3=default</code>
<code>Default Arguments: p1=8, p2=20, p3=default</code>
<code>Default Arguments: p1=9, p2=10, p3=non-default</code></td></tr>
<tr><td rowspan="2">位置可变参数</td><td>程序：
#位置可变参数
<code>def var_positional_args (*args):</code>
<code>print (f"Variable Positional Arguments: {args}")</code>
<code>var_positional_args (10, 11, 12)</code></td></tr>
<tr><td>输出：
<code>Variable Positional Arguments: (10, 11, 12)</code></td></tr>
<tr><td rowspan="2">关键字可变参数</td><td>程序：
#关键字可变参数
<code>def var_keyword_args (**kwargs):</code>
<code>print(f "Variable Keyword Arguments: {kwargs}")</code>
<code>var_keyword_args (k1=13, k2=14, k3=15)</code></td></tr>
<tr><td>输出：
<code>Variable Keyword Arguments: {'k1': 13, 'k2': 14, 'k3': 15}</code></td></tr>
</table>

注释如下。

① positional_args 函数使用了位置参数，按照参数定义的顺序传递了值 1、2、3。

② keyword_args 函数使用了关键字参数，通过关键字（参数名）传递了值“x=4”、“y=5”、“z=6”。

③ default_args 函数使用了默认参数，其中 p2 和 p3 有默认值。在第一次调用时，只传递了 p1 的值，p2 和 p3 使用了默认值。在第二次调用时，传递了 p1 和 p2 的值，p3 使用了默认值。在第三次调用时，传递了 p1 和 p3 的值，p2 使用了默认值。

④ var_positional_args 函数使用了位置可变参数，接收了任意数量的位置参数，并将它们作为元组传递进来。

⑤ var_keyword_args 函数使用了关键字可变参数，接收了任意数量的关键字参数，并将它们作为字典传递进来。

4. Lambda 表达式

Lambda 表达式是 Python 中用于创建小型匿名函数的一种简洁方式，它只可以包含一个表达式，且该表达式的计算结果为函数的返回值，但可在表达式中调用其他函数。它们通常用于需要函数对象的地方，比如排序、映射和高阶函数中。Lambda 表达式的语法如下：

```
lambda 参数列表: 表达式
```

示例 1：基本 Lambda 表达式。

程序：

```
# 定义一个简单的Lambda表达式，计算两个数的和
sum = lambda x, y: x + y

# 调用Lambda表达式
result = sum(5, 3)
print(result)
```

输出：

```
8
```

示例 2：结合 map 函数。

程序：

```
# 使用Lambda表达式和map函数，将列表中的每个元素平方
numbers = [1, 2, 3, 4, 5]
squared_numbers = list(map(lambda x: x**2, numbers))

print(squared_numbers)
```

输出：

```
[1, 4, 9, 16, 25]
```

示例 3：结合 filter 函数。

程序：

```
# 使用Lambda表达式和filter函数，过滤出列表中的偶数
numbers = [1, 2, 3, 4, 5, 6]
even_numbers = list(filter(lambda x: x % 2 == 0, numbers))

print(even_numbers)
```

输出：

```
[2, 4, 6]
```

示例 4：结合 sorted 函数。

程序：

```
# 使用Lambda表达式和sorted函数，根据第二个元素进行排序
pairs = [(1, 'one'), (2, 'two'), (3, 'three'), (4, 'four')]
sorted_pairs = sorted(pairs, key=lambda pair: pair[1])

print(sorted_pairs)
```

输出：

```
[(4, 'four'), (1, 'one'), (3, 'three'), (2, 'two')]
```

示例 5：嵌套 Lambda 表达式。

程序：

```
# 定义一个嵌套的Lambda表达式，返回两个Lambda表达式的一个组合结果
nested_lambda = lambda x: (lambda y: x + y)

# 调用嵌套的Lambda表达式
add_five = nested_lambda(5)
result = add_five(3)

print(result)
```

输出：

```
8
```

注意：Lambda 表达式冒号前的部分相当于函数的参数（输入），冒号后的部分相当于函数的 return 语句（输出）。

3.5.2 Python 的类和对象

1. Python 类和对象的定义

类和对象是面向对象编程（OOP）中的两个基本概念，它们共同构成了面向对象编程的核心思想。

类（Class）是一种抽象的数据类型，用于描述具有相似属性和行为的一组对象。它定义了对象的结构和行为，是创建对象的蓝图或模板。类通常包含属性和方法。属性用于描述对象的特征或状态，而方法则用于描述对象可以执行的操作或行为。在 Python 中，几乎所有东西都是类或类实例化后的对象，具有属性和方法。

在 Python 中，可以使用关键字 class 来定义一个类，后面跟着类名和冒号，然后是类体。类体包含类的属性和方法的定义。类名通常使用大写字母开头的驼峰命名法。

```
class ClassName:
    # 类体：包含属性和方法定义
```

2. 属性

Python 中的属性有两类，实例的属性和类的属性。

（1）实例的属性是类内定义的变量，用于存储与类相关的数据。这些属性可以在类的方法中被访问和修改。属性通常在类的 __init__ 方法（构造函数）中初始化，但也可以在类体内的其他位置定义，用 self.* 标识。每个实例都有自己独立的属性副本。这意味着，更改一个实例的属性不会影响到其他实例。示例如下。

程序：

```
class MyClass:
    def __init__(self, value):
        self.instance_attribute = value

# 创建实例
instance1 = MyClass("Value for instance1")
instance2 = MyClass("Value for instance2")

# 访问实例属性
print(instance1.instance_attribute)  # 输出: Value for instance1
print(instance2.instance_attribute)  # 输出: Value for instance2

# 更改实例属性的值
instance1.instance_attribute = "New value for instance1"
print(instance1.instance_attribute)  # 输出: New value for instance1
print(instance2.instance_attribute)  # 输出: Value for instance2
```

输出：

```
Value for instance1
Value for instance2
New value for instance1
Value for instance2
```

（2）类的属性是定义在类级别上的属性，它们被该类的所有实例共享。这意味着，如果更改了一个类属性的值，那么这个更改会影响到该类的所有实例。示例如下。

程序：

```
class MyClass:
    class_attribute = "I am a class attribute"

# 访问类属性
print(MyClass.class_attribute)  # 输出: I am a class attribute

# 通过实例访问类属性
instance = MyClass()
print(instance.class_attribute)  # 输出: I am a class attribute

# 更改类属性的值
MyClass.class_attribute = "New class attribute value"
print(MyClass.class_attribute)  # 输出: New class attribute value
print(instance.class_attribute)  # 输出: New class attribute value
```

输出：

```
I am a class attribute
I am a class attribute
New class attribute value
New class attribute value
```

注意：当通过实例访问属性时，如果该属性在实例中不存在，Python 会尝试在类中查找该属性。如果类名和实例属性名相同，实例属性会“遮蔽”类属性。也就是说，当通过实例访问该属性时，将得到实例属性的值，而不是类属性的值。使用 del 关键字可以删除类的属性或实例的属性。

3. 类中的方法

类的方法是定义在类体内部的函数，用于实现某种功能或操作类的属性。方法的第一个参数通常是 self，它代表类的实例本身，通过 self 可以访问和修改实例的属性。示例如下。

程序：

```
# 定义一个名为Person的类
class Person:
    # 初始化方法，构造函数
     def __init__(self, name, age):
        self.name = name  # 定义对象的name属性
        self.age = age    # 定义对象的age属性

    # 定义一个方法，用于打印对象的信息
     def introduce(self):
            print(f"Hello, my name is {self.name} and I am {self.age} years
old.")

# 创建Person类的实例(对象)
person1 = Person("Alice", 30)
person2 = Person("Bob", 25)

# 调用对象的方法
person1.introduce()
person2.introduce()
```

输出：

```
Hello, my name is Alice and I am 30 years old.
Hello, my name is Bob and I am 25 years old.
```

4. 其他类型的方法

除了实例方法外，Python 中的类还可以有类方法和静态方法。

（1）类方法：使用 @classmethod 装饰器定义，第一个参数是 cls，代表类本身，而不是实例。类方法可以访问类属性和其他类型的方法。

（2）静态方法：使用 @staticmethod 装饰器定义，不需要特殊的第一个参数。静态方法不能访问或修改类的实例属性。

程序：

```
class MyClass:
    class_attribute = "I am a class attribute"

    def __init__(self, value):
        self.instance_attribute = value

    # 实例方法
    def instance_method(self):
        return f"Instance attribute value: {self.instance_attribute}"

    # 类方法
    @classmethod
    def class_method(cls):
        return f"Class attribute value: {cls.class_attribute}"

    # 静态方法
    @staticmethod
    def static_method():
        return "This is a static method"

# 创建实例
instance = MyClass("Value for instance")

# 调用实例方法
print(instance.instance_method())  # 输出实例方法的结果

# 调用类方法
print(MyClass.class_method())  # 通过类调用类方法
print(instance.class_method())  # 通过实例调用类方法(仍然访问类属性)

# 调用静态方法
print(MyClass.static_method())  # 通过类调用静态方法
print(instance.static_method())  # 通过实例调用静态方法
```

输出：

```
Instance attribute value: Value for instance
Class attribute value: I am a class attribute
Class attribute value: I am a class attribute
This is a static method
This is a static method
```

注释如下。

① instance_method 是一个实例方法，它访问并返回实例属性。当通过类的实例调用它时，它会返回该实例的属性值。

② class_method 是一个类方法，它使用 @classmethod 装饰器定义。它接收类本身作为第一个参数，并可以访问类属性。可以通过类或实例来调用类方法，但两者都会访问类属性。

③ static_method 是一个静态方法，它使用 @staticmethod 装饰器定义。静态方法不接收隐含的第一个参数（即 self 或 cls），因此它们无法直接访问类或实例的属性。静态方法通常用于逻辑上属于类但不需要访问类或实例属性的函数。可以通过类或实例来调用静态方法，结果是一样的。

3.6 商业数据分析中常用的Python框架

Python 框架是一种可重用的代码库，它提供了一系列预先构建的工具和组件，旨在简化和加速开发过程。在商业分析流程中，Python 提供了多种框架和工具，可以用于数据收集、数据处理、数据分析和数据可视化等各个阶段。

3.6.1 数据采集中常用的 Python 框架

在商业数据分析项目中，数据来源是多种多样的。直接来源的如公司内部数据库，包括销售数据、客户数据、财务数据、运营数据等，这些数据通常存储在关系型数据库（如 MySQL、PostgreSQL）或数据仓库中；间接的一些数据来自外部数据库和第三方数据提供商，如市场研究机构、行业报告、公开数据库（如政府统计数据、人口普查数据）等，这些数据可以通过网站和服务提供的 API 接口获取；还有一些是通过自动化程序从网站上提取数据网页抓取（Web Scraping）的数据。数据来源不同，在数据采集过程中用到的 Python 框架也不同，具体如下。

1. 从数据库中获取数据

数据库是存储和管理数据的核心组件，商业数据分析中经常需要从关系型数据库（如 MySQL、PostgreSQL）或非关系型数据库（如 MongoDB）中获取数据。支持面向数据库获取数据的 Python 框架如下。

（1）SQLAlchemy：一个 ORM（Object-Relational Mapping）框架，使得通过 Python 代码操作 SQL 数据库变得更加简单和直观。

（2）pymysql、psycopg2：这些库提供了与 MySQL 和 PostgreSQL 等数据库的直接连接和交互功能。

（3）pymongo：用于与 MongoDB 等非关系型数据库进行交互。

2. 通过其他网站交互（API 接口调用）

API（application programming interface）允许程序之间互相通信，通过调用 API 接口，可以从其他网站或服务获取数据，如社交媒体数据、天气数据、金融数据等，常用的与 API 接口通信的 Python 框架如下。

（1）requests：一个简单易用的 HTTP 请求库，用于发送 GET、POST 等请求。

（2）http.client（Python 内置）：提供基本的 HTTP 客户端功能，虽然较底层，但也可以用于 API 调用。

（3）特定 API 的 Python 客户端：许多 API 都提供了官方的 Python 客户端库，简化了与 API 的交互过程。

3. 网页抓取

网页抓取（web scraping）是指利用自动化程序（如 Python 脚本结合 BeautifulSoup、

Scrapy 等库）从网页上提取所需数据的过程。这种方法特别适合没有提供 API 接口，但数据以网页形式公开的情况，例如，抓取电商网站上的商品信息、价格、评价等。常用的网页抓取的 Python 框架如下。

（1）BeautifulSoup：用于解析 HTML 和 XML 文档，提取网页中的特定数据。

（2）Scrapy：一个强大的爬虫框架，可以构建复杂的爬虫来抓取大量数据。

（3）Selenium：用于自动化浏览器操作，特别适合抓取动态网页数据。

3.6.2　数据处理中常用的 Python 框架

数据处理是数据分析中的核心模块之一，Python 庞大的第三方库和相关工具涵盖了数据处理的各个方面，典型框架如下。

1. NumPy

NumPy 是 Python 科学计算的基础工具包，提供高性能的多维数组对象和丰富的数学函数库，支持大量的维度数组与矩阵运算，被用于统计学、线性代数、矩阵数学、金融操作等众多领域，是数据分析的基础。NumPy 的主要功能如下，示例如图 3-14 所示。

（1）ndarray（*n* 维数组）：NumPy 的核心数据结构，它允许高效地存储和处理大型数据集。

（2）数学函数：提供多种数学函数，可以执行诸如元素级的加减乘除、三角计算、线性代数和统计分析等操作。

（3）广播机制：支持对不同形状的数组进行操作，而无须显式地调整形状或复制数据。

（4）索引和切片：具有强大的索引和切片功能，可以轻松地访问和修改数组的子集数据，简化数据处理。

（5）随机数生成：提供随机数生成工具，适用于模拟和随机采样等场景。

（6）向量化：能够对整个数组进行操作，减少显式循环，提高运算速度。

[程序 1] 创建 NumPy 数组

```
import numpy as np
a = np.array([1,2,3])
b = np.array([[1,2], [3,4]])
c = np.array([2,3,4,5], ndmin = 3)
d = np.array([1,2,3], dtype = complex)
e = np.arange(0,1,0.2)
f = np.linspace(0,10,5)
g = np.zeros((3,4))
print (a,b,c,d,e,f,g)
```

ndmin指定数组的维度

dtype = complex指定元素类型为复数

运行结果

```
[1 2 3]
[[1 2]
 [3 4]]
[[[2 3 4 5]]]
[1.+0.j 2.+0.j 3.+0.j]
[0.  0.2 0.4 0.6 0.8]
[ 0.   2.5  5.   7.5
10. ]
[[0. 0. 0. 0.]
 [0. 0. 0. 0.]
 [0. 0. 0. 0.]]
```

图 3-14　NumPy 示例

2. Pandas

Pandas 是一个数据处理库，用于处理和分析结构化数据（如 CSV 和 Excel 文件），可以执行数据清洗、重构、聚合等操作。Pandas 纳入了大量库和一些标准的数据模型，提供了高效地操作大型数据集所需的工具，是商业数据分析中不可或缺的一部分。

Pandas 提供了两种主要的数据结构：Series 和 DataFrame。Series 是一维标记数组，类似于带标签的 NumPy 数组；DataFrame 是二维表格数据结构，类似于 Excel 表格或 SQL 数据库中的表。Pandas 支持从各种文件格式（如 CSV、Excel、SQL、JSON 等）中加载数据，并将数据转换为这两种数据类型。同时，Pandas 提供了丰富的数据清洗和处理功能函数，包括缺失值处理、重复值删除、数据转换、数据合并、数据分组等，使得数据清洗和预处理变得非常方便。此外，Pandas 提供了许多统计和聚合函数，可以对数据进行汇总、描述性统计、分组分析等，帮助用户快速了解数据的特征和分布。Pandas 对时间序列数据也有着良好的支持，包括日期范围生成、时间索引、时间重采样、移动窗口统计等功能，适用于金融、气象、股票等领域的数据分析等。程序示例如下。

程序：

```
import pandas as pd
import matplotlib.pyplot as plt
import numpy as np

# 1. 数据读取
# 假设我们有一个CSV文件'sales_data.csv'，内容如下：
# Date,Store,Sales
# 2023-01-01,StoreA,100
# 2023-01-01,StoreB,150
# 2023-01-02,StoreA,110
# ...
df = pd.read_csv('sales_data.csv', parse_dates=['Date'])

# 2. 数据清洗
# 删除任何包含NaN值的行
df.dropna(inplace=True)

# 3. 数据分析
# 计算每个商店的总销售额
sales_by_store = df.groupby('Store')['Sales'].sum()
print("Sales by Store:")
print(sales_by_store)

# 4. 时间序列处理
# 设置Date列为索引，并进行月度汇总
df.set_index('Date', inplace=True)
monthly_sales = df.resample('M')['Sales'].sum()
print("\nMonthly Sales:")
print(monthly_sales)
```

输出：

```
Sales by Store:
StoreA    210
StoreB    150
```

```
Monthly Sales:
Date
2023-01-01    250
2023-02-02    110
```

3. Scikit-learn

Scikit-learn 是一个用于数据挖掘和数据分析的机器学习库，广泛应用于分类、回归、聚类、降维、模型选择和数据预处理等任务。其设计强调易用性和高效性，尤其适合构建机器学习管道。Scikit-learn 的核心数据类型是基于 NumPy 库的 ndarray，主要用于存储训练数据和标签。此外，还支持 Pandas 库的 DataFrame 类型和 Sparse Matrix 稀疏矩阵。在将数据导入模型之前可使用 DataFrame 格式进行数据清洗；Sparse Matrix 用于存储大量零值的矩阵，如文本数据的特征矩阵，适合处理高维稀疏数据。

Scikit-learn 支持的算法有：面向分类（classification）的 KNN、SVM、决策树等算法；面向回归（regression）的线性回归、岭回归算法包；面向数据进行分组的 K-means、层次聚类算法；面向简化数据集结构的 PCA、LDA 降维（dimensionality reduction）方法；面向模型选择（model selection）的交叉验证、网格搜索等方法；面向数据预处理（data preprocessing）标准化、归一化、缺失值处理等算法。

程序示例：使用随机森林分类器进行分类任务。

程序：

```
from sklearn.datasets import load_iris
from sklearn.model_selection import train_test_split
from sklearn.ensemble import RandomForestClassifier
from sklearn.metrics import accuracy_score

# 加载数据集
data = load_iris()
X = data.data  # 特征数据
y = data.target  # 标签数据

# 划分训练集和测试集
X_train, X_test, y_train, y_test = train_test_split(X, y, test_size=0.3,
random_state=42)

# 初始化随机森林分类器
clf = RandomForestClassifier(n_estimators=100, random_state=42)

# 训练模型
clf.fit(X_train, y_train)

# 进行预测
y_pred = clf.predict(X_test)

# 计算准确率
accuracy = accuracy_score(y_test, y_pred)

print("预测结果:", y_pred)
print("实际标签:", y_test)
print("模型准确率:", accuracy)
```

输出：

```
预测结果：[1 0 2 1 1 1 0 1 2 1 1 0 0 2 1 1 2 0 0 1 2 2 1 0 2 0 0 1 1 0 2 2
 1 1 2 0 0 1 0 2 1 1 2]
实际标签：[1 0 2 1 1 1 0 1 2 1 1 0 0 2 1 1 2 0 0 1 2 2 1 0 2 0 0 1 1 0 2 2
 1 1 2 0 0 1 0 2 1 1 2]
模型准确率：1.0
```

注释：示例中使用了随机森林分类器对鸢尾花数据集进行了训练，并计算了模型在测试集上的准确率。通过 RandomForestClassifier（随机森林分类器）初始化随机森林，fit（）函数进行训练，得到可用的模型。clf.predict（）在测试集上进行结果验证。

4. 支持深度学习的 Python 框架

Python 有多个广泛使用的深度学习框架，如图 3-15 所示，每个框架都具有不同的特点，适合不同的使用场景，满足开发者需求。

（1）Keras。Keras 最早是一个高层神经网络框架，现已成为 TensorFlow 的一部分。它注重快速搭建和原型设计，提供了简洁的 API，易用性好，代码简洁，适合快速搭建神经网络模型，适合初学者和快速原型设计。其与 TensorFlow 的无缝集成，支持从原型到生产的快速过渡。

Keras 使用高度抽象的层级结构，用户只需定义每一层的参数即可构建深度神经网络。但其对复杂模型和定制需求支持有限，难以进行低层次操作；动态性不足，不如 PyTorch 灵活。

图 3-15 支持深度学习的 Python 框架

（2）TensorFlow。TensorFlow 是 Google 开发的开源深度学习框架，支持多种语言（主要是 Python），并可以在多种硬件（如 CPU、GPU、TPU）上运行。它采用数据流图（Data Flow Graph）结构，可以直观地进行模型的可视化，尤其适合大规模的分布式训练。

TensorFlow 提供了高层的 Keras 接口，使得模型搭建更加简洁。同时，它也支持低层的 API，使开发者可以更灵活地设计复杂的网络结构。它支持分布式计算，适合大规模数据和多节点训练；同时具有丰富的工具和社区支持，如 TensorBoard 可以帮助可视化和调试模型；支持生产环境部署，提供 TF Serving 等工具便于模型上线。但是其低层 API 较为复杂，调试较为困难，尤其是错误提示较为抽象，因此初学者学习曲线相对较陡。

（3）PyTorch。PyTorch 是 Facebook 开发的开源深度学习框架，采用动态计算图，具有 Pythonic 风格，更加符合 Python 开发者的编程习惯，适合进行实验型和研究型的模型开发。

PyTorch 支持动态计算图，因此每次前向传播都会重新构建计算图，便于调试和模型设计。它同时提供了高层次的 torch.nn 模块来快速实现神经网络，直观、灵活，开发者可以在前向传播中实现复杂的网络结构。因此，PyTorch 易于调试和测试，适合快速原型设计。此外，Python 生态系统兼容性好，适合科研和实验。

但是 PyTorch 对分布式支持相对较弱，虽然近期有所改进，但在大规模生产部署上仍稍逊于 TensorFlow；模型部署的支持起步也较晚，虽然提供了 TorchServe，但生态尚在完善中。

不同框架各有所长，如表 3-4 所示，可以根据需求选择合适的框架，更有效地开发深度学习模型并实现目标应用。

表 3-4 深度学习框架比较说明

框架	适用场景	优势	缺点
TensorFlow	大规模训练、生产部署	分布式强、可视化好、生态成熟	学习曲线陡峭，调试复杂
PyTorch	研究、实验	动态图灵活、调试便捷	分布式和部署支持稍弱
Keras	快速搭建和原型设计、入门	简单易用、与 TensorFlow 集成	灵活性不足

3.6.3 数据可视化常用的 Python 框架

商业分析与数据可视化密切相关，两者共同作用于企业数据驱动决策的过程。商业分析的核心是通过分析数据来发现业务中的规律和趋势，从而为管理层提供决策支持。数据可视化则是用视觉手段展示数据分析结果，让复杂的信息变得直观、易于理解，并能高效地传递关键信息。因此，数据可视化不仅是商业分析的辅助工具，还是揭示数据价值、提升洞察力的关键手段。

在 Python 中，数据可视化框架有很多选择，各自适合不同的场景和使用需求。表 3-5 中列出了一些常用的 Python 数据可视化框架及其特点、优势和缺点。可视化框架用法将在 4.4 节详细介绍。

表 3-5 常用数据可视化框架比较

框架	适用场景	优势	缺点
Matplotlib	基础绘图、静态图表	定制化强、功能齐全	交互性弱，代码较烦琐
Seaborn	统计图表、分布分析	API 简洁，适合统计分析	灵活性差，复杂图表支持有限
Plotly	交互式图表、Web 可视化	交互性强、支持 3D 图表	API 较复杂，大数据性能较差
Bokeh	实时数据、交互式网页可视化	动态响应性好，适合实时数据	学习曲线较陡，3D 图表支持有限
Altair	快速数据探索、轻量级交互	声明式语法，快速生成图表	功能简单，不适合大规模数据
Holoviews	自动化可视化、大规模数据处理	自动生成图表，支持大数据集	须与其他库配合，高级定制性有限
ggplot	统计数据可视化、层次化图形	适合 R 语言用户、层次化的统计图表	灵活性弱，不适合交互式可视化

商业分析中的数据可视化，不仅是展示工具，更是洞察力的提升手段。从表3-5中可以看出，不同的可视化框架各有优劣，在商业分析中，需要结合问题需求，选择合适的框架以实现商业分析结果的有效展示，从而提升商业分析的效率，提高决策的准确性，以及实现部门间的协作沟通。同时，优秀的可视化设计可以让分析结果变得更具说服力，并将数据的潜在价值转化为实际业务收益。

第 4 章 大数据与人工智能

4.1 人工智能的定义与发展历程

4.1.1 人工智能的定义

人工智能的定义因时代和研究者的不同而有所差异。

Alan Turing 1950 年提出“机器是否能够表现出与人类相似的智能行为”;

John McCarthy 1956 年提出，人工智能就是要让机器的行为看起来就像是人所表现出的智能行为一样;

Marvin Minsky 1968 年提出，人工智能是使机器能够执行那些通常需要人类智力的任务的学科，包括学习、推理和自适应行为;

Nils J. Nilsson 1998 年提出，人工智能是研究如何设计理性主体（rational agents）的学科，这些主体通过感知环境并采取行动，以最大化实现预定目标的概率;

Stanford Encyclopedia of Philosophy 2016 年提出，人工智能被定义为“计算机科学的一个分支，致力于创造智能机器，尤其是能够模拟人类认知过程的机器。

人工智能（artificial intelligence，AI）的通用定义是指通过计算机程序和算法模拟人类智能的能力。它包括机器学习、自然语言处理、计算机视觉、专家系统等技术，使机器能够执行通常需要人类智能的任务，如理解语言、识别图像、进行推理和决策等。人工智能的目标是使机器能够自主学习、适应环境并解决复杂问题，从而提高效率和准确性。

这些定义展示了人工智能的多样性和不断发展的性质，涵盖了从早期概念到现代应用的广泛视角。从定义中可以看出，这些定义中的共性都是描述机器在不同应用中类人行为的能力。

人工智能的研究领域广泛，包括机器学习、深度学习、自然语言处理、计算机视觉、机器人技术等。这些技术相互交织，共同推动了人工智能技术的快速发展和应用。

4.1.2 人工智能的发展历程

人工智能的研究可以追溯到 20 世纪 50 年代，其经历了几个重要的发展阶段。

1. 早期探索与符号主义（20 世纪 50 年代—20 世纪 70 年代）

人工智能的起源可以追溯到 20 世纪 50 年代。1956 年，达特茅斯会议被视为人工智能正式诞生的标志。在这次会议上，科学家们首次提出了人工智能这一术语，并确立了研究目标。早期的人工智能研究主要集中在符号逻辑和推理系统上，即通过编写规则来模拟人类的思维过程。这种方法被称为符号主义或逻辑主义。在这一时期，出现了如图灵测试等重要的理论概念，以及初步的专家系统和自然语言处理应用。

2. 机器学习与神经网络的兴起（20 世纪 80 年代—21 世纪 10 年代）

随着计算能力的提升和数据量的增长，机器学习逐渐成为人工智能研究的主流方向。机器学习算法能够从数据中自动提取特征并构建模型，从而实现了更广泛的应用和更高的灵活性。在这一时期，神经网络技术，特别是深度学习技术，取得了显著的突破。通过模拟人脑神经元之间的连接关系，神经网络能够处理复杂的图像、语音和自然语言数据，推动了人工智能在多个领域的快速发展，如图像识别、语音识别、自然语言处理等。

3. 以深度学习为核心的第三次人工智能浪潮（21 世纪 10 年代至今）

2012 年，ImageNet 比赛中的突破性成果，拉开了第三次人工智能浪潮的帷幕。随着深度学习、强化学习等先进算法的出现，以及大数据技术的进步，企业和研究机构能够获取、存储和分析海量数据，为 AI 模型的训练提供了丰富的样本，这使得人工智能（AI）在图像识别、自然语言处理和决策制定等领域的表现大幅提升。同时，计算机硬件的快速发展（如 GPU、TPU 等专用处理器）使得训练大型模型成为可能，进一步推动了 AI 的应用范围和复杂度，人们生产生活中出现很多 AI 产品，如可以自动导航的百度地图、送餐机器人等。2022 年 11 月 30 日，ChatGPT 的横空出世将生成式人工智能引入公众视野，展现了其广泛应用的潜力。它不仅推动了 AI 技术的发展和创新，还深刻改变了各行各业对 AI 技术的应用方式。随着技术的不断进步和应用场景的不断拓展，ChatGPT 等 AI 模型将在未来发挥更加重要的作用，并创造更多的价值。

4.2 人工智能的分类和学派

4.2.1 人工智能的分类

人工智能的分类方式多种多样，通常根据智能的复杂程度、实现方式、应用领域等来划分。

1. 按复杂程度划分

按照复杂程度对人工智能（AI）进行分类通常可以分为三个主要层次：弱人工智能、强人工智能和超人工智能。这些分类逐级递进，代表了 AI 从特定任务的实现到通用智能，甚至超越人类智能的假设性阶段。

（1）弱人工智能（artifical narrow intelligence，ANI）。弱人工智能也称窄人工智能，是当前 AI 技术的主要实现形式，它是专注于单一任务或有限任务集的 AI 系统，具备高度的专业性和精度，但缺乏通用性和自主意识。ANI 无法应对任务之外的情景，其知识和能力只能局限于特定领域。此类 AI 擅长从大量数据中学习和识别模式，是各种机器学习和深度学习模型的基础。

代表产品：IBM 的深蓝（Deep Blue）、Google DeepMind 的 AlphaGo 和语音助手（Siri、Alexa）等。

特点：专注于特定任务，仅能在有限领域表现出智能；缺乏自我意识和通用智能，无法灵活适应其他任务，目前应用广泛。

（2）强人工智能（artificial general intelligence，AGI）。强人工智能又称通用人工智能，指的是具备人类智能的 AI 系统。它不仅能完成多样化任务，而且能理解、推理和适应新的情况，具有类似人类的通用性和自我意识，如图 4-1 所示。AGI 的目标是开发一种能够理解复杂环境、具有自主学习和推理能力的系统，可以在任何任务中展现出与人类相当的智力水平。虽然目前尚无 AGI 的成功应用实例，但一些理论和尝试性项目被认为可能是实现 AGI 的早期探索。如 OpenAI 的 GPT-3 和 GPT-4 等语言模型，虽然这些模型还不能完全算作 AGI，但其在自然语言处理中的生成能力和理解能力代表了当前 AI 系统向通用性迈进的一步。Boston Dynamics 的多功能机器人：例如 Atlas 机器人，虽然依旧属于 ANI 范畴，但其自主行动和多种任务应对能力显示了 AI 在物理任务中的综合性。Neuralink（埃隆 · 马斯克的脑机接口公司）和脑机接口研究：通过将 AI 技术与神经科学相结合，可能为未来 AGI 发展提供新的路径，推动人工智能在理解和模拟人类大脑方面取得进展。

图 4-1　强人工智能探索项目

特点：AGI 应具备处理多种任务的能力，并能在新任务和情景下灵活适应；具有自我学习能力，不需要依赖大量预设数据和规则，而是能够通过经验积累实现自我成长；能像人类一样跨领域应用知识，表现出与人类类似的理解和适应能力。

（3）超人工智能（artificial super intelligence，ASI）。超人工智能是一个假设性的阶段，指的是 AI 在各方面远超人类智能的水平。ASI 不仅能够在所有人类任务上超过人类，还具备创新、情感理解、艺术创造等能力。这种 AI 被认为能够自主改进和扩展自己的智能，甚至可能在科学、技术和社会领域产生全新的知识和应用。ASI 的出现可能会带来深远的影响，甚至引发伦理和安全问题。当前，超人工智能仅存在于科幻作品和理论讨论中，没有实际应用或实验。然而，许多思想实验和假设被用来探索 ASI 的潜在影响和风险。

①“奇点”假设：未来某个时刻，AI 的进化速度达到人类难以控制的程度，这一理论由 Ray Kurzweil 等未来学家提出，认为 AGI 可能在某一时间点迅速突破，形成超人工

智能。

②纸夹最大化（Paperclip Maximizer）假想：由哲学家尼克·博斯特罗姆（Nick Bostrom）提出，用来说明没有伦理和人性控制的ASI会如何对资源进行极端的最优化，以及其带来的潜在危害。

特点：ASI不仅能完成所有人类任务，还能自主创新、提出全新的解决方案，并在任何问题上超过人类能力；可能拥有完全不同于人类的思维模式，无法被人类完全理解或控制。ASI的能力超出人类控制，可能引发伦理、社会和生存等深远问题。因此，ASI的研究通常伴随着对其安全性、伦理性等方面的讨论。

2. 按实现方式划分

按照实现方式对人工智能进行分类，通常可以分为以下几种主要类型：基于规则的人工智能、基于机器学习的人工智能、基于深度学习的人工智能、基于进化算法的人工智能、基于概率统计的人工智能。这些分类方法主要依据AI实现的技术手段和模型的不同，反映了AI在不同任务中的应用适用性。

（1）基于规则的人工智能（rule-based AI）。基于规则的人工智能采用预定义的规则和逻辑进行推理和决策。这种方法在AI发展的早期阶段非常流行，尤其在知识明确、规则清晰的任务中有效。通过使用一系列如果……那么……（IF…HTEN…）的条件语句或逻辑推理，系统能够模拟人类在特定领域的决策过程。

特点：系统的智能来自预定义的规则和逻辑，适合结构化问题；缺乏灵活性，当规则发生变化或遇到新情况时，系统需要重新配置或更新规则。

典型应用：医疗诊断、法律咨询、信用评分等规则明确的领域。

（2）基于机器学习的人工智能（machine learning-based AI）。基于机器学习的人工智能通过从数据中自动学习模型和模式，无需依赖明确的规则和逻辑。机器学习方法通过数据训练模型，使其具备在类似场景中进行预测、分类或聚类的能力，广泛应用于处理结构化数据和半结构化数据。

特点：依赖数据；能够处理变化较大的任务，但性能依赖于数据质量和数量。

典型算法：支持向量机（SVM）、K-均值聚类、线性回归、决策树等。

典型应用：推荐系统、欺诈检测、图像和语音分类等。

（3）基于深度学习的人工智能（deep learning-based AI）。基于深度学习的人工智能是机器学习的一个子领域，它通过构建多层神经网络（如卷积神经网络CNN、循环神经网络RNN、Transformer等）来自动提取特征并进行学习，能够在大规模数据中挖掘复杂的非线性关系。深度学习在无需人工特征工程的情况下，通过端到端训练实现感知与决策的整合，尤其在感知类任务中表现优异。

特点：依赖大数据和高算力；具备强大的特征表示能力；在图像、语音、自然语言处理等复杂任务中表现突出。

典型算法：卷积神经网络（CNN）、循环神经网络（RNN）、长短期记忆网络（LSTM）、Transformer、生成对抗网络（GAN）等。

典型应用：自动驾驶、语音识别、图像识别、智能客服、机器翻译、ChatGPT 等大型语言模型。

（4）基于进化算法的人工智能（evolutionary algorithm-based AI）。基于进化算法的人工智能模拟了生物进化的过程，通过遗传算法、差分进化等方法优化复杂系统的参数。进化算法通过自然选择、交叉和突变等过程，使 AI 在特定优化问题上找到最优解，特别适合解决组合优化和多目标优化问题，如图 4-2 所示。

特点：通过模拟生物进化过程，解决多目标优化问题；可以在复杂和动态环境中寻求最优解，但计算复杂性较高。

典型算法：遗传算法（genetic algorithm）、差分进化（differential evolution）、粒子群优化（PSO）等。

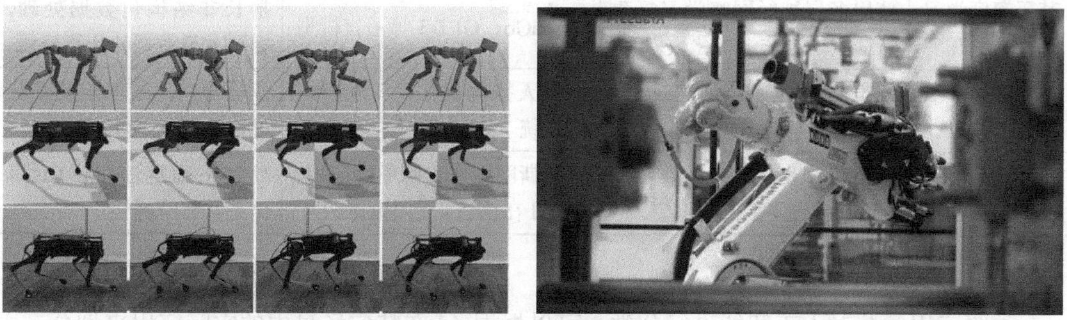

图 4-2　基于进化算法的 AI

（5）基于概率统计的人工智能（statistical and probabilistic AI）。基于概率统计的人工智能主要使用统计和概率模型来处理不确定性、模糊性和随机性。这类方法广泛用于预测和推断，尤其适合不确定性较高的任务，如图 4-3 所示，多用于自然语言处理、金融建模和医疗分析等。

特点：基于概率和统计推断模型，适合应对数据中的不确定性；模型的结果通常具有统计意义，可以为决策提供依据。

典型算法：贝叶斯网络、隐马尔可夫模型（HMM）、高斯混合模型（GMM）、马尔可夫链蒙特卡洛（MCMC）等。

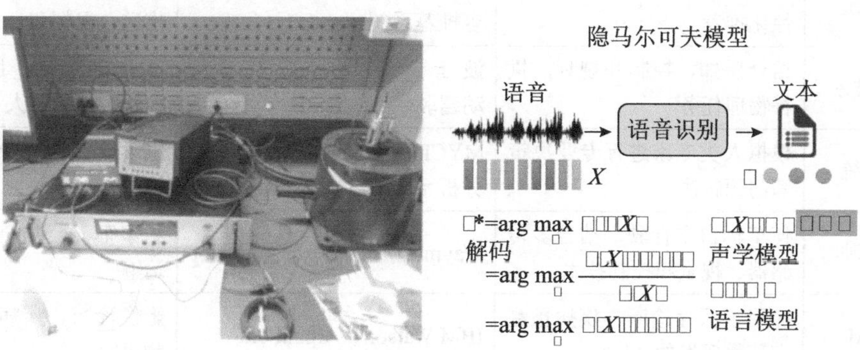

图 4-3　基于概率统计的 AI

（6）各分类模型的各自特点。从表 4-1 中可以看出 AI 在不同任务和环境中的适用性和多样性。在数据驱动的现代 AI 发展中，机器学习和深度学习已经成为应用最为广泛的实现方法，而规则和进化算法等则适合特定场景的优化和专家系统设计。这些实现方式常常相互结合，形成复合的 AI 系统，以便更高效地解决实际问题。

表 4-1 按实现方式划分 AI 的各分类模型之间的比较

实现方式	定义	代表事件	特征
基于规则的人工智能	使用预设规则和逻辑进行推理和决策	MYCIN 医疗专家系统、CLIPS 引擎	适合结构化问题，依赖规则，灵活性低
基于机器学习的人工智能	从数据中自动学习模式，适合结构化数据处理	Netflix 推荐系统、Kaggle 数据竞赛	数据驱动，适应性强，应用广泛
基于深度学习的人工智能	使用多层神经网络学习复杂特征，适合非结构化数据	AlphaGo、GPT-3 等语言模型	擅长非结构化数据处理，需要大量数据和计算资源
基于进化算法的人工智能	模拟自然选择和进化过程，适合优化问题	机器人控制优化、工业自适应系统	优化导向，适用于复杂环境，计算复杂性高
基于概率统计的人工智能	使用统计和概率方法处理不确定性和随机性数据	贝叶斯网络在诊断中的应用、HMM 在语音识别中的应用	处理不确定性和模糊性，结果具有解释性

3. 按应用领域划分

按照应用领域对人工智能进行分类，可以根据 AI 在特定场景中的实际应用来划分。主要的应用领域包括计算机视觉、自然语言处理（NLP）、推荐系统、机器人技术、专家系统、自动驾驶、医疗 AI 等，应用领域的代表系统如表 4-2 所示。

表 4-2 按应用领域划分 AI 的各分类模型之间的比较

应用领域	定义	代表事件	主要应用
计算机视觉	让机器理解和分析视觉信息，处理图像和视频数据	ImageNet、Facebook 人脸识别	图像识别、视频监控、医学影像
自然语言处理	让机器理解和生成人类语言，进行文本分析和语言交互	GPT-3、Google 翻译	机器翻译、情感分析、聊天机器人
推荐系统	基于用户行为和偏好提供个性化推荐	Netflix 推荐系统、YouTube 内容推荐系统	电商推荐、社交媒体内容推送、视频和音乐推荐
机器人技术	结合感知、控制和规划，执行物理任务	波士顿动力 Atlas、Tesla 自动驾驶	工业自动化、服务机器人、医疗机器人
专家系统	模拟人类专家进行专业决策和问题解决	MYCIN 医疗专家系统、金融分析系统	医学诊断、金融分析、法律咨询
自动驾驶	使车辆自主行驶，结合多传感器、视觉和控制技术	Waymo 测试、Tesla Autopilot	私家车、公共交通、物流运输
医疗 AI	应用于医疗诊断、疾病预测和药物研发的 AI	IBM Watson、AlphaFold	影像诊断、疾病预测、药物研发

4.2.2 人工智能的学派

根据AI研究的不同思路和方法，人工智能可以分成三大学派，即符号主义学派、连接主义学派和行为主义学派。

1. 符号主义学派

符号主义学派也被称为逻辑主义或规则主义，代表人物有艾伦·纽厄尔（Allen Newell）和赫伯特·西蒙（Herbert A. Simon），认为智能是通过符号（例如语言和数学符号）来进行信息表示和逻辑推理的过程。这一学派认为人类思维可以用明确的规则和逻辑来模仿，即将知识表达为一组明确的规则，通过逻辑推理来做出决策或完成任务，偏向于人类知识的表达和规则系统的建立。

符号主义系统的基本单位是规则，通过IF…THEN…语句进行知识表示。例如：

IF 症状是“发热”AND 有“咳嗽”THEN 可能患有肺炎

这种方式可以通过规则引擎处理复杂的推理链。也可使用逻辑表示条件和结论，如谓词逻辑表示所有人类都会死，即

$$\forall x(\text{Human}(x)) \Rightarrow \text{Mortal}(x)$$

符号主义经常用搜索树来找到合适的解，典型方法包括深度优先搜索（DFS）和广度优先搜索（BFS），用于在规则之间进行导航，寻找最佳解决方案。

符号主义在20世纪中叶尤其流行，主要应用在专家系统、逻辑推理系统和规划任务中，如早期的医疗诊断系统和知识库系统。

局限性：符号主义的规则系统需要大量的人工干预，难以处理海量数据和复杂的、模糊的情境，也无法适应动态环境，逐渐在实践中被统计方法替代。

符号主义的应用场景如下。

专家系统（expert system）：通过编码专家的知识规则来处理复杂问题，比如医学诊断。

产生式系统（production system）：利用规则引擎根据条件执行特定操作。

逻辑推理算法（logic-based reasoning）：通过逻辑演绎进行决策，如谓词逻辑推理和一阶逻辑推理。

2. 连接主义学派

连接主义学派代表人物有杰弗里·辛顿（Geoffrey Hinton）和杨立昆（Yann LeCun）等，主要研究人工神经网络，模拟人脑神经元网络的工作方式，通过大量数据和神经网络结构的训练来实现学习。这一学派认为智能源于简单神经元的连接和协同工作，不依赖于显式规则和符号表示。

连接主义学派的算法主要基于神经网络结构，通过神经元的连接和加权来实现学习。连接主义强调数据驱动，通过大量的数据来训练模型，使其学会识别模式、归纳关系。这一学派尤其适合非结构化数据和复杂模式识别任务。

深度学习也是一种连接型表征学习方法，其中的模型是由一连串的模块组成的，每个模块可以看作神经元组成的不同拓扑结构，而其中的每一层拓扑结构被分别拿出来训练之

后都可以作为独立的特征提取器，如在图像识别领域占主导的卷积神经网络、语音识别中的循环神经网络（RNN）、自然语言处理中的 BERT、Transformer 等。

局限性：连接主义方法的黑箱性质让其解释性不足，难以理解神经网络内部的决策过程。另外，深度学习模型的数据需求和计算成本高昂，处理不确定性和小样本问题时效果不理想。

3. 行为主义学派

行为主义学派代表人物有巴勒斯・弗雷德里克・斯金纳（Burrhus Freerick Skinner）、理查德・萨顿（Richard Sutton）等。行为主义强调通过环境互动获得智能，关注行为与环境反馈之间的关系。该学派的核心是通过反馈（奖励或惩罚）不断调整行为，以达到最优决策或策略，不依赖于内部表征或符号处理。

行为主义认为智能不是内在的规则或结构，而是通过与环境的交互来学习，通过不断试错和调整行为来优化结果。强化学习是行为主义的典型代表，通过奖励机制实现学习。行为主义学派依赖于智能体在环境中的交互，以获得奖励信号来优化策略。

（1）马尔可夫决策过程（MDP）。强化学习问题通常建模为马尔可夫决策过程，用五元组表示，即

$$(S, A, P, R, \gamma)$$

式中，S 是状态空间，A 是动作空间，P 是状态转移概率，R 是奖励函数，γ 是折扣因子。

（2）Q 学习算法。Q 学习是一种值迭代算法，通过更新状态 - 动作值函数来找到最优策略。

$$Q(s,a) \leftarrow Q(s,a) + \alpha[r + \gamma \max_a Q(s',a') - Q(s,a)]$$

式中，α 是学习率，r 是即时奖励，s' 是下一个状态。

（3）策略梯度算法。

用于直接学习策略 $\pi(a|s)$ 的最优参数 θ，更新公式为

$$\theta \leftarrow \theta + \eta[\nabla_\theta J(\theta)]$$

式中，$J(\theta)$ 是期望累计奖励，$\nabla_\theta J(\theta)$ 是对策略的梯度。

策略梯度算法多应用到游戏 AI（如 AlphaGo、Atari 游戏的深度 Q 网络 DQN）、自动驾驶（如路径规划和决策控制）和机器人控制（如机械臂运动控制）场景中。

4. 综合比较和发展趋势

这三大学派在各自的时代都有重要的影响力，并且各自有适合的应用场景。然而，随着人工智能的发展，多学派的融合趋势明显，具体表现如下。

符号主义与连接主义的融合：通过将符号推理能力融入神经网络，使得模型不仅能识别模式，还能推理和决策。近年来，神经符号（neurosymbolic AI）研究正是尝试结合符号推理与连接主义，使模型既能理解规则，又具备学习能力。

连接主义与行为主义的结合：深度强化学习结合神经网络和强化学习，提升了 AI 在交互性强的复杂任务中的表现，例如自动驾驶和人机对抗等。

强化学习与实际应用场景的结合：行为主义方法越来越多地应用于现实问题，如机器人控制和智能推荐系统，提升 AI 适应动态环境的能力。

可解释性和公平性：未来的研究趋势之一是提升这些学派方法的可解释性和可靠性，让 AI 系统能够在复杂任务中实现透明决策和负责任的应用。

4.3 人工智能的核心技术概述

人工智能是一个广泛的领域，涵盖了多种技术和方法，根据智能产生形式可以将人工智能发展路径归类为模型学习驱动的数据智能和认知仿生驱动的类脑智能。

4.3.1 模型学习驱动的数据智能

1. 定义

模型学习驱动的数据智能是指通过建立和优化数学模型，利用已有数据进行分析和预测，以解决实际问题的智能化过程。这种方法强调通过对数据的建模来提取有价值的信息和洞察，通常依赖于统计学和机器学习等技术。

案例：

摩根大通作为全球领先的金融服务公司，面临着复杂的风险管理挑战，包括信用风险、市场风险和操作风险。为了提高风险预测的准确性和实时性，摩根大通引入了大数据技术和先进的分析工具。收集和整合来自不同来源的大量数据，包括交易数据、市场数据、客户信息、社交媒体数据以及经济指标等。利用机器学习和数据挖掘技术，对整合后的数据进行分析，识别潜在的风险因素。例如，使用算法检测异常交易行为或市场波动。开发信用风险评分模型，结合历史数据和实时数据，建立动态风险评估模型。这些模型能够及时识别信用风险上升的客户。部署实时监控系统，对市场变化和客户行为进行持续跟踪。一旦检测到异常，系统会立即发出预警，提示风险管理团队采取措施。利用预测分析结果支持风险决策，包括信贷审批、限额管理和投资策略调整等。

成果：通过这一金融风险预警系统，摩根大通显著提高了对潜在风险的识别能力，降低了信贷损失和市场波动带来的影响。系统能够实时响应市场变化，使得公司在复杂的金融环境中保持竞争优势。

2. 核心技术

模型学习驱动的数据智能侧重于从大量数据中学习，通过统计模型和机器学习算法进行推理和决策。

（1）机器学习：包括监督学习、无监督学习、半监督学习和强化学习等多种方法，用于从数据中学习模式和规律。这些技术依赖于大量的标注数据，并通过训练模型来优化其性能。

（2）深度学习：作为机器学习的一个分支，深度学习利用深度神经网络（DNN）进行特征提取和模式识别。它特别适合处理大规模、高维度的数据，如图像、语音和自然语言等。深度学习模型如卷积神经网络（CNN）、循环神经网络（RNN）和 Transformer 等，在图像识别、语音识别和自然语言处理等领域取得了显著成果。

具体过程如下。

（1）数据收集与预处理：从各种来源收集数据，并进行清洗、转换和归一化等预处理操作，以消除噪声和冗余信息，使数据符合模型输入要求。

（2）模型建立与训练：使用统计方法或机器学习算法构建一个数学模型，该模型能够描述数据中的模式和关系，模型可以是线性回归、决策树、支持向量机或深度网络等。使用预处理后的数据对模型进行训练，模型学习数据的特征和规律。在训练过程中，通过优化算法（如梯度下降）不断调整模型参数，以提高其预测或分类的准确性。

（3）模型评估与优化：使用测试集对训练好的模型进行评估，以验证其性能和泛化能力。如果性能不佳，可能需要对模型结构或训练策略进行调整和优化。

（4）模型部署与应用：将经过评估和优化后的模型部署到实际应用场景中，进行预测、分类或决策等任务。

3. 发展瓶颈

（1）数据质量：模型学习驱动的数据智能依赖于大量的标注数据来训练模型。然而，在某些领域或任务中，获取高质量的标注数据可能是一个挑战。

算法推荐系统可能会导致意见趋同。在推荐系统中，如果用户的历史行为数据主要倾向于某一类观点或内容（例如，用户主要浏览和点赞主流派的观点），那么模型可能会认为用户更喜欢这类内容。如果训练数据集中主流派观点的内容远多于其他观点，模型可能会因为样本不均衡而更倾向于推荐主流的内容。

这种偏见会导致用户被推荐的内容缺乏多样性，使得用户难以接触到其他不同的观点，进而导致意见趋同。长期来看，这种意见趋同可能会加剧社会观念的分裂和极化。

（2）计算资源：深度学习模型通常需要大量的计算资源来训练和推理，包括高性能的 CPU、GPU 和内存等。这增加了应用成本和技术门槛。

（3）模型可解释性：深度学习模型通常被认为是黑箱模型，因为其内部机制难以解释。这限制了模型在某些需要可解释性的应用场景中的使用。

（4）伦理问题：研究人工智能技术可能会带来伦理和道德问题，如隐私、公平性、可解释性等。人工智能伦理的探讨对于推动技术的健康发展和社会进步具有重要意义。

案例：

微软在 Twitter 上推出了一个名为 Tay 的 AI 聊天机器人，旨在模拟人类对话并与用户进行互动。然而，在与人类的交互过程中，聊天机器人逐渐学习到了一些不良言论和偏见观点，这些不当言论包括但不限于性别歧视、种族主义、侮辱性语言等。

后果：Tay 发布的不当言论引起了广泛的关注和争议，对微软的品牌形象造成了负面影响。微软被迫在 Tay 发布不当言论后不久就将其下架，并进行了道歉和反思。

Tay AI 聊天机器人的失败案例揭示了 AI 在模拟人类对话时可能受到的不良影响，以及

AI在道德和伦理方面可能存在的问题。这引发了人们对AI是否应该具备道德和伦理标准的讨论，以及如何确保AI在与人类交互时遵循这些标准。因此在训练AI时，需要对数据进行严格的筛选和过滤，确保AI不会学习到不良信息和偏见观点。在AI与人类交互的过程中，需要对其进行实时监控和引导，确保AI的言论和行为符合道德和伦理标准。AI需要具备持续学习和改进的能力，以便在不断变化的环境中适应并遵循新的道德和伦理原则。

4.3.2 认知仿生驱动的类脑智能

认知仿生驱动的类脑智能是一种模仿人类大脑结构和认知功能的人工智能方法，通过借鉴大脑的神经网络和认知过程来提升机器的学习、推理和决策能力。这一技术路径的目标是打造能够像人类一样进行学习和推理的智能系统，使其不仅能够完成特定任务，还能够在多任务场景下具有灵活的适应能力。

认知仿生驱动的类脑智能的核心理念如下。

（1）模拟人脑的神经结构：类脑智能通过多层神经网络模仿大脑神经元和突触的连接，以更好地学习复杂模式。通过深度学习和自适应算法来模拟大脑处理信息的方式，从而更高效地进行数据处理和学习。

（2）认知与记忆结合：模仿大脑的记忆和推理过程，使得系统能够在复杂任务中进行长期学习和知识积累。例如，利用强化学习和记忆网络，使系统能够记住并在需要时调用过去的经验，增强适应性和决策能力。

（3）自适应和自我优化：系统能够通过实时反馈调整学习策略，不断优化自身性能，从而逐步提升在复杂环境中的表现。

类脑工程的发展主要划分为基础理论层、硬件层、软件层和产品层，如图4-4所示。

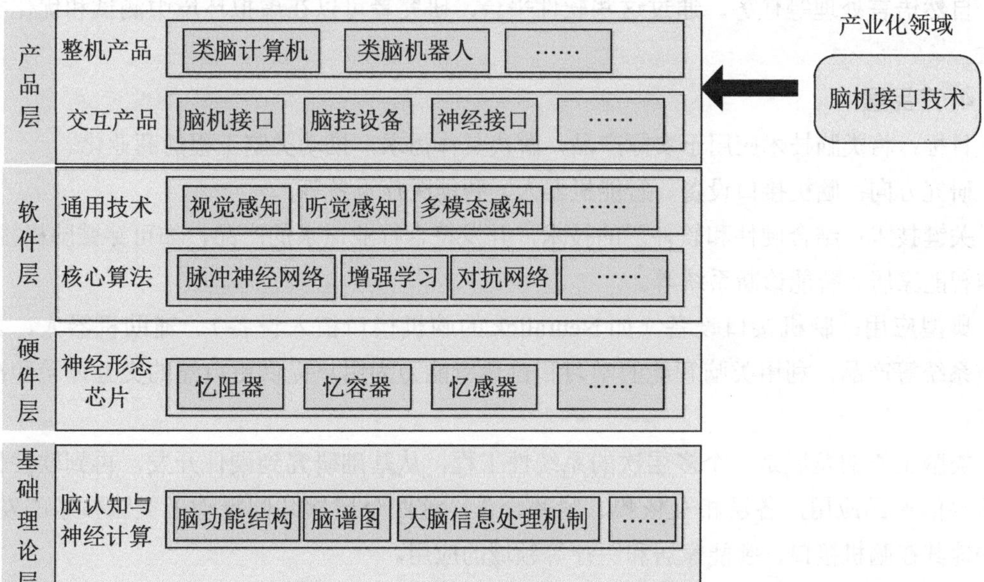

图4-4 认知仿生驱动类脑工程的发展

1. 基础理论层

目标：深入理解人脑的结构与功能，为类脑工程提供科学依据和理论支撑。

研究方向：神经科学、认知科学和计算神经科学，通过研究大脑神经元的工作机制、突触可塑性、网络连接等，揭示人脑的信息处理方式。

关键技术：脑成像技术［如功能性磁共振成像（fMRI）］、神经电生理技术、数学建模与仿真等。

典型研究内容：研究人脑的神经回路、神经元之间的连接模式及其如何在认知、学习和记忆中发挥作用，为类脑系统的构建提供理论支持。

2. 硬件层

目标：开发模拟人脑神经元和突触功能的硬件，为类脑计算提供高效的物理基础。

研究方向：神经形态计算硬件、类脑芯片和存储单元。

关键技术：神经形态芯片（如 IBM 的 TrueNorth、Intel 的 Loihi）、基于光学和电子材料的突触器件（如忆阻器），用于模拟神经元和突触行为。

典型应用：神经形态芯片能够在低功耗、高效计算的硬件平台上实现神经网络的并行运算和自适应学习，为复杂的类脑计算奠定物理基础。

3. 软件层

目标：开发类脑计算所需的软件框架、算法和模型，实现大规模神经网络的训练和仿真。

研究方向：神经网络算法、深度学习、强化学习和类脑模拟平台。

关键技术：神经网络框架（如 TensorFlow、PyTorch）、神经形态计算仿真软件（如 NEST、SpiNNaker）等，能够在软件层面模拟人脑的学习和推理过程。

典型应用：建立神经网络模型，模拟人脑的学习、记忆和决策能力，应用于图像识别、自然语言处理等任务。通过这些软件平台，研究者可以在虚拟环境中测试和优化类脑算法。

4. 产品层

目标：将类脑技术应用于实际产品，解决具体需求，推动类脑工程的商业化。

研究方向：脑机接口设备、智能机器人、智能医疗设备等。

关键技术：结合硬件和软件层的技术，开发符合行业需求的产品，如可穿戴脑机接口、类脑智能家居、智能诊断系统等。

典型应用：脑机接口设备（如 Neuralink 的脑机接口植入设备）、辅助机器人、智能安防系统等产品，利用类脑智能的学习和自适应能力为用户提供更自然的交互体验和决策支持。

类脑工程的发展是一个多层次的系统性工程，从基础研究到硬件开发，再到软件仿真和最终的产品应用，各层相互依赖、紧密合作。这四个层次共同推动了类脑技术的发展，并加速其在脑机接口、智能家居和医疗等领域的应用。

案例：

Neuralink 致力于开发高带宽的脑机接口，以帮助患有神经系统疾病的人恢复运动和感知能力，并计划未来在人脑中实现更加复杂的互动。该公司研发了一种可植入的神经接口芯片，通过在大脑中植入细微的电极丝，采集神经信号并传输至外部设备。Neuralink 已在动物试验中实现了通过脑机接口操作计算机和机械臂的功能，未来希望为瘫痪患者提供控制设备和恢复行动的机会。

4.4 人工智能与大数据在商业分析中的协同作用

在数据经济背景下，AI 在商业领域的应用正日益广泛，与最新的 AIGC（人工智能生成内容）技术结合后，其发展潜力更是不可估量。

案例 1：京东云·言犀

功能：提供客户全渠道全生命周期的营服销一体化智能服务。依托全栈自研的人工智能技术，基于京东集团广泛的实体业务和复杂的产业生态，推出千亿级参数的言犀大模型。打造全新的智能交互与生成能力，从文本、音频、图像到多模态内容生成，在技术上推动感知智能、认知智能到决策智能的跨越，在应用上推动服务、营销、运营一体化创新。

应用效果：涵盖在线咨询机器人、语音应答、AI 外呼、商家智能客服、直播数字人、客服数字人、营销图文生成等在内的营服销一体化产品矩阵，聚焦体验、效率与转化，精准理解客户意图、高效解决客户问题；为京东超 6 亿用户提供智能化咨询服务，同时为零售、金融、教育、政务等行业超过 36 万家客户提供以用户为中心的、全渠道全生命周期的营服销一体化智能服务方案。

案例 2：智享 AI 直播

技术特点：智享 AI 直播的第三代无人直播系统具有广阔的发展前景。随着人工智能技术、大数据分析技术和虚拟现实技术的不断发展和应用，三代无人直播系统将会越来越智能化、精准化和个性化。

应用效果：当系统检测到主播介绍商品时，会自动弹出商品的详细信息和购买链接；当系统检测到观众的提问时，会自动回答问题并提供相关的建议。以其技术优势、智能互动和自动带货的创新模式，开创了智能互动与自动带货的新时代。

案例 3：派生万物虚拟数字主播

功能：提供虚拟数字主播的整体解决方案，从素材录制、建模训练、声音复刻到视频生成提供全流程服务。

应用效果：已经全面接入澎湃新闻 24 小时直播频道，并应用于两会、奥运等专题报道中，为运营赋能。

通过以上案例可以发现，人工智能与大数据在商业分析中的协同作用至关重要，它们相互依存、相互促进，共同推动了商业决策的科学化和智能化。具体表现如下。

（1）大数据为商业分析提供坚实基础。大数据涵盖了结构化数据（如关系型数据库）、半结构化数据（如XML和JSON）和非结构化数据（如文本、图片、音频和视频），这些数据来源于各个角落，包括客户数据库、交易记录、社交网络等。大数据的规模庞大，以GB、TB、PB甚至EB为单位，为商业分析提供了丰富的素材。通过数据挖掘技术，企业可以从大数据中提取出有价值的信息和模式，这些信息对于理解市场趋势、消费者行为以及优化业务流程至关重要。

（2）人工智能提升商业分析的智能化水平。人工智能算法，如机器学习、深度学习等，能够处理大规模、复杂的数据集，并自动发现其中的规律和模式。这些算法可以应用于市场预测、消费者行为分析、风险评估等多个领域，提高商业决策的准确性和效率。人工智能技术可以实现数据的自动化处理和分析，大大节省时间和人力成本。同时，人工智能还能够实时地处理和分析数据，为企业提供及时、准确的决策支持。

多家权威机构和专业网站的研究报告确实指出了大数据与人工智能的结合已经成为商业分析的重要趋势。

（1）国际数据公司（IDC）：人工智能作为科技行业的主要拐点，正在引发全球商业生态系统的变革。IDC预计，到2027年，全球AI解决方案支出将增长到5000亿美元以上，这表明大数据与人工智能的结合在商业分析中的应用前景广阔。

（2）德勤（Deloitte）：德勤发布的多项调查表明，AI与大数据的整合正在改变商业分析的传统方式。德勤预测未来企业在AI和数据分析上的投入将持续增加，尤其是在实时数据处理、预测性分析和客户体验个性化方面，认为这将有助于提升运营效率和精准决策。

（3）加特纳（Gartner）：Gartner发布的2022年度“十二大数据和分析趋势”中强调了自适应人工智能系统、以数据为中心的人工智能等趋势，这些趋势都围绕着如何更有效地提升数据活力。这些内容体现了大数据与人工智能在商业分析中的重要作用和潜在价值。

（4）Forbes：Forbes指出未来开源与闭源AI模型之争以及设立首席人工智能官职位都将对企业商业产生深远影响。企业应根据自身需求和实际情况选择合适的AI模型和技术路线，并加强人才培养和团队建设以应对未来的挑战。

（5）腾讯研究院：腾讯研究院指出，随着AI技术进步和产业互联网需求提升，多媒体体验将更加沉浸；AIGC技术将高效生成内容，深度学习视频编解码将提升效率；应用层和网络层优化将进一步推动多媒体赋能产业互联网。

这些机构的研究表明，AI与大数据的结合将成为商业分析中的核心驱动力，推动企业更加智能化、精细化地发展，提升企业在动态市场中的竞争优势。

第二部分
商业大数据分析原理和算法

第 5 章　商业问题分析与建模

在商业分析中，面临着各种复杂的决策问题，其中价格、产量、库存管理等因素直接影响企业的盈利与竞争力。本章将通过几个经典的经济学和运筹学模型，分析如何通过数学建模和数据分析来优化这些商业决策，具体包括价格优化、价格博弈、产量优化博弈、经济订货量模型（EOQ）、报童模型和多目标优化等内容。

5.1　价格优化

价格优化是商业决策中的一个核心问题，尤其在竞争激烈的市场中，制订最优价格，不仅要考虑成本和利润，还要兼顾消费者需求、市场竞争以及其他相关因素。价格优化的目标是通过合理的定价策略实现企业收益的最大化。本节将从价格优化的基本概念、价格优化模型、价格优化方法等方面进行详细探讨。

5.1.1　价格优化的基本概念

价格优化的目的是选择一个能够最大化企业利润、市场份额或其他相关指标的最优价格。价格优化模型通常涉及以下几个关键因素。

需求曲线：需求量通常与价格呈反向关系，即价格越高，需求量越低；价格越低，需求量越高。通过对历史销售数据的分析，企业可以估算不同价格下的需求量，从而推测出需求函数。

成本结构：企业的成本结构在价格优化中起着关键作用。常见的成本类型包括固定成本（不随生产或销售数量变化而变化）、变动成本（随生产或销售数量变化而变化）和边际成本（增加一单位产量所需的额外成本）。

价格弹性：价格弹性反映了价格变化对需求量变化的敏感程度。高弹性的商品价格波动会导致较大的需求量变化，而低弹性的商品对价格变化反应较小。

竞争因素：市场中其他企业的定价策略也会影响企业的定价决策。在竞争环境下，企业不仅要考虑自身成本和需求，还须预测竞争对手的反应。

消费者行为：消费者的支付意愿、品牌偏好以及促销活动等因素会影响价格设定。

价格优化的核心目标通常有以下几种。

（1）利润最大化：根据市场需求、成本结构和竞争情况，设定能够带来最大利润的价格。

（2）市场份额最大化：通过制订有竞争力的价格，吸引更多消费者，从而扩大市场份额。

（3）收入管理：通过在不同的时间、渠道、客户群体上制订差异化价格，最大化收入。例如，航空公司和酒店行业常用这一策略，通过预测不同客户的需求弹性来调整价格。

（4）成本控制与定价平衡：在确保产品成本覆盖的前提下，设定最优价格，既能考虑到市场需求，又能提高利润。

5.1.2 价格优化模型

价格优化模型可以分为几种常见的类型，主要依据价格与需求之间的关系、成本结构，以及市场条件来进行分析。

1. 线性需求模型

线性需求模型假设需求量与价格呈线性关系。具体而言，假设需求函数为

$$D(p)=a-bp$$

式中，$D(p)$ 表示需求量；p 为价格；a 和 b 为常数，a 为价格为零时的最大需求量，b 为价格变动对需求量的影响程度。

在此模型下，企业的目标是通过调整价格 p 来最大化利润。利润函数为

$$\text{Profit}(p)=(p-c)D(p)=(p-c)(a-bp)$$

式中，c 为单位产品的成本。为了最大化利润，需要对利润函数求导并令其为零，解得最优价格为

$$\frac{\mathrm{d}[\text{profit}(p)]}{\mathrm{d}p}=0$$

通过求解上述方程，可以得到最优定价策略。进一步求解得到最优价格，即

$$p^*=\frac{a+bc}{2b}$$

这个价格 p^* 便是企业在该线性需求模型下的最优定价。

2. 需求弹性模型

需求弹性是衡量价格变化对需求量变化的敏感程度的指标，通常表示为

$$\varepsilon=\frac{\%\,需求量变化}{\%\,价格变化}=\frac{\mathrm{d}[D(p)]}{D(p)}\times\frac{p}{\mathrm{d}p}$$

需求弹性模型的核心在于，企业可以通过计算需求的价格弹性来优化价格。例如，当需求弹性大于 1 时，价格下降会带来较大的需求量增长，此时企业可以选择降价来增加销量；而当需求弹性小于 1 时，价格上涨不会导致需求量的大幅减少，企业可以适当提高价格来增加利润。

3. 二次需求模型

在某些实际情况中，需求量与价格之间的关系并非简单的线性关系，而是呈现二次曲线的特征。在这种情况下，需求函数可以写成：

$$D(p) = a - bp^2$$

在这种情况下，利润函数变为

$$\text{Profit}(p) = (p-c)(a-bp^2)$$

为了得到最优价格，需要对利润函数求导并解方程。通过这样的模型，企业可以更准确地描述价格与需求之间的非线性关系。

5.1.3 价格优化方法

价格优化并不仅限于理论建模，在实际应用中，企业可以利用多种方法来实现价格优化。

1. 基于历史数据的回归分析

企业可以通过收集大量的历史销售数据，利用回归分析方法建立价格与销量之间的关系模型。通过回归分析，可以估计出不同价格下的需求曲线，从而推算出最优定价。

2. 大数据与机器学习

随着大数据技术的发展，企业能够获得海量的消费者行为数据。通过机器学习算法（如回归分析、决策树、神经网络等），企业可以分析这些数据，自动识别出价格和销量之间的复杂关系，实现动态定价。

预测模型：利用历史数据预测不同价格下的需求量，选择最能提高利润的价格。

实时定价：根据消费者的实时行为、市场变化以及竞争环境，实时调整价格。典型的应用如电子商务网站的价格动态调整，尤其是在航空、酒店等行业应用广泛。

3. A /B 测试

A/B 测试是一种常见的实验方法，广泛应用于价格优化中。通过在市场上同时推出不同价格的产品，比较不同定价策略对销售和利润的实际影响。通过这种方式，企业可以快速测试和验证不同价格对消费者的吸引力，从而优化定价策略。

4. 竞争定价策略

在高度竞争的市场中，价格优化不仅要考虑自身的成本和需求，还要充分考虑竞争对手的定价行为。常见的竞争定价策略如下。

价格跟随策略：企业选择追随市场领导者的定价策略，尤其在同质化竞争严重的市场中常用。

价格领导策略：市场领导者设定价格，并通过这种定价影响其他企业的定价决策。

渗透定价：新进入市场的企业可以选择较低价格来吸引消费者并迅速获得市场份额。

5. 个性化定价

个性化定价是指根据消费者的个人特征、行为和支付能力来设定不同的价格。常见的个性化定价方法如下。

基于消费者行为的定价：通过分析消费者的浏览历史、购买习惯等，预测消费者对不同价格的敏感度，进而制订个性化价格。

地理位置定价：根据消费者所在的地理位置差异，调整价格。例如，在不同地区的商品价格可以因运输成本、消费者支付意愿等因素而有所不同。

价格优化是一个复杂的多因素决策过程，涉及市场需求、成本、竞争环境等多个方面的分析。在大数据与现代优化技术的帮助下，企业可以更加精确地设定价格，优化利润和提升市场表现。通过不断调整价格优化策略，企业能够在变化的市场中保持竞争力，获得长期的商业成功。

5.2 价格博弈——伯川德模型

价格博弈（price competition）是博弈论中广泛应用的一个领域，主要研究多个竞争者在市场中如何通过定价行为进行竞争。伯川德模型（Bertrand model）是描述价格博弈的经典模型之一，尤其适用于提供同质商品的市场，且企业之间的竞争仅通过价格而非产品差异化来进行。

在伯川德模型中，假设市场上有多个企业，他们的主要决策是定价，消费者购买商品时会选择价格最低的供应商。在这种情况下，企业之间的竞争激烈，最终价格趋向于边际成本水平。

5.2.1 伯川德模型的基本假设

伯川德模型的基本假设构建了一个极端的竞争环境，其关键假设如下。

（1）完全竞争市场：假设市场上有多个生产相同或非常相似的商品（产品没有差异化），消费者可以轻松从任何供应商处购买商品。因此，价格是唯一的竞争手段。

（2）完全信息：所有参与者（消费者和企业）都拥有完全的信息，消费者能够比较各个企业的价格并选择最低价格的供应商。

（3）价格决定购买：消费者根据价格做出购买决策，即价格最低的商品将吸引所有消费者。也就是说，如果两家企业的商品相同，消费者一定会选择价格更低的商品。

（4）无产品差异化：商品完全同质，没有品牌效应、质量差异或任何形式的产品差异化。

（5）没有容量限制：每家企业可以在其价格上调整销售数量，不存在生产能力的约束。

（6）竞争性定价：企业的唯一决策变量是价格，企业通过调整价格来竞争市场份额。

5.2.2 模型中的博弈结构

在伯川德模型中，企业之间的互动可以通过博弈论的框架来分析。每个企业都会根据其他企业的价格选择自己的定价策略，以最大化自己的利润。伯川德模型属于静态博弈，即每个企业在同一时间点做出定价决策，且不会考虑未来的反应。

假设市场上有两家企业，企业 1 和企业 2，它们的成本分别为 c_1 和 c_2。消费者的需求函数是市场总需求量与价格之间的反向关系。假设市场的需求函数为

$$D(p)=a-bp$$

式中，p 是产品的价格；a 和 b 是常数，a 表示在价格为零时的最大需求量，b 表示需求对价格的敏感程度。

1. 企业利润

假设每个企业的产品价格分别为 p_1 和 p_2，且市场需求根据价格决定。企业的利润函数可以写为

$$\pi_1=(p_1-c_1)D(p_1,p_2)$$

$$\pi_2=(p_2-c_2)D(p_1,p_2)$$

式中，$D(p_1,p_2)$ 表示市场总需求，这一需求受到两个企业价格的共同影响。对于企业 1 来说，如果 $p_1<p_2$，那么企业 1 将获得所有的市场需求，因此企业 2 的利润为 0；如果企业 2 希望获得市场份额，它将通过降低价格来与企业 1 竞争，直到价格降至与企业 2 相等的水平。如果 $p_1=p_2$，则企业 1 和企业 2 各自获得一半的市场需求。若双方希望扩大市场份额，则将继续降低价格，直到利润为零。

因此，在伯川德模型的理想情况下，最终的结果是两家企业都将把价格降低至边际成本 c，以至于没有利润可得。这种情况通常被称为价格战，也就是两家企业不断削减价格，直到价格达到一个无法继续降低的水平，即边际成本。

2. 伯川德模型的纳什均衡

在这个模型中，每个企业都试图通过选择价格来最大化自己的利润，同时考虑到其他企业的价格行为。这个过程形成了一个非合作博弈，其中每个企业的策略是价格，而最终的博弈均衡称为纳什均衡。

在伯川德博弈中，纳什均衡的核心是，每个企业在已知对方定价策略的情况下，不能通过单方面调整价格来提高自身的利润。

在这种模型中，如果两个企业的边际成本相同，那么纳什均衡会导致价格等于边际成本。具体来说，假设两个企业的成本分别为 $c_1=c_2=c$，那么在纳什均衡下，两个企业都会选择价格等于边际成本，即

$$p_1^*=p_2^*=c$$

这是因为如果一个企业定价高于边际成本，它将失去所有市场份额，价格会被对手压低至边际成本水平。在均衡状态下，企业的利润为零。这是因为在完全竞争市场中，任何试图提高价格的行为都会导致顾客流失，而降低价格则会导致利润下降。因此，最优策略是将价格设定为边际成本，从而保证企业不亏损，但也无法获得超额利润。

5.2.3 伯川德模型的经济意义

1. 价格压缩到边际成本

伯川德模型的一个重要结论是，在完全竞争市场中，价格最终会被压缩到边际成本水平。这意味着，虽然每家企业都有动机通过定价来获得利润，但由于市场中竞争者的定价行为，价格竞争最终会导致利润趋于零，无法获得额外的超额利润。对于企业而言，唯一能获得的是零利润，即其生产成本。

这种结论在现实中可能并不完全成立，但它揭示了完全竞争市场中价格竞争的极限。特别是在同质商品的市场中，价格战的结果可能导致利润下降或消失。

2. 市场集中度对价格的影响

伯川德模型强调了市场参与者数量对价格的影响。在多企业的市场中，价格往往会降到边际成本。然而，在只有少数几家企业的寡头市场中，企业们可能通过策略性定价来避免这种零利润的局面。例如，在寡头市场中，企业之间可能通过达成默契（即价格协同）来维持较高的价格，从而获得较大的市场利润。

3. 适用性与局限性

伯川德模型假设市场完全竞争且商品完全同质，这在实际市场中较为少见。许多市场中存在产品差异化、品牌效应、价格歧视等因素，这些都使得伯川德模型的预测不完全适用。然而，伯川德模型仍然为理解价格竞争提供了一个有力的理论框架，尤其在理解价格下限、价格战和市场均衡等方面具有重要意义。

5.2.4 伯川德模型的扩展与应用

尽管伯川德模型本身较为简化，但在实际的经济和商业环境中，许多经典的博弈理论模型都受到了伯川德模型的启发，并进行了扩展。以下是一些常见的扩展。

（1）产品差异化：现实中的商品通常并非完全同质，企业往往通过品牌、质量或服务等方面的差异来吸引消费者。此时，价格不再是唯一的竞争手段，企业可能会在一定价格范围内竞争，而不完全依赖于边际成本。

（2）不完全信息：在很多市场中，消费者并不总是能够获得完全的信息，因此企业之间的定价博弈可能会受限于信息不对称。在这种情况下，企业的定价行为可能受到消费者信任、市场认知等因素的影响。

（3）价格歧视：企业可能根据不同的市场细分群体设置不同的价格（如地域定价、时间定价等）。这种价格歧视能够帮助企业在不同的消费者群体中获得不同的利润，而不是直接进行价格战。

（4）动态定价：随着技术的进步，很多企业通过大数据和人工智能技术实施动态定价策略。这使得企业能够根据市场需求、竞争态势和消费者行为实时调整价格，从而优化市场竞争策略。

伯川德模型为理解价格博弈提供了一个简单而有力的框架，尤其适用于分析同质商品市场中的价格竞争。在完全竞争的市场环境下，价格最终会降到边际成本，企业无法通过提高价格获得超额利润。然而，现实市场中通常会有产品差异化、信息不对称以及其他复杂因素，这使得伯川德模型的应用在一些情况下有所限制，但它仍然为价格竞争的理论研究提供了宝贵的启示。

5.3 产量优化博弈——古诺模型

产量优化博弈（output competition）是博弈论中另一个重要的博弈模型，主要研究的是企业通过调整产量（而非价格）来进行竞争的情况。古诺模型（cournot model）是描述产量博弈的经典模型之一，它与伯川德模型（价格博弈）有所不同。在古诺模型中，企业通过选择生产的产量来进行市场竞争，而不是直接通过价格来竞争。

在这个模型中，每个企业都假设竞争对手的产量是固定的，然后基于此选择自己的最优产量。最终的市场价格由所有企业的总产量决定。古诺模型在描述寡头市场中的竞争行为时具有广泛的应用。

5.3.1 古诺模型的基本假设

古诺模型基于几个简化假设构建了一个寡头市场的竞争环境，具体假设如下。

（1）寡头市场：市场中有多家企业，但数量远少于市场上的消费者。因此，每个企业的产量决定了市场的总产量，从而影响市场价格。

（2）同质产品：所有企业生产的商品是同质的（没有品牌差异），消费者对产品的选择仅基于价格和市场供给的数量。

（3）企业理性：每个企业都是理性的，即企业希望通过选择适当的产量来最大化自己的利润，而不是通过价格竞争。

（4）市场需求函数：市场需求是价格和总产量之间的反向关系。通常，市场需求函数可以表示为

$$P(Q)=a-bQ$$

式中，$P(Q)$是市场价格；$Q=\sum_{i=1}^{n}q_i$是市场的总供给（即所有企业的产量之和）；a和b是常数，分别代表市场需求的截距和价格变化对总产量的敏感程度。

（5）边际成本相同：所有企业的生产成本相同，即每个企业的边际成本为c，且每单位商品的生产成本不随产量的增加而变化。

（6）企业产量选择：每个企业根据其他企业的产量做出自己的产量决策，假设其他企业的产量是已知的，企业只能选择自己的产量来最大化利润。

（7）没有合作：企业之间没有合作或协议，每个企业独立决策，不进行信息共享或价

格协议。

5.3.2 古诺模型中的博弈结构

在古诺模型中，每个企业都面临一个基于其他企业产量的决策问题。市场价格由所有企业的总产量决定，企业的目标是通过调整自己的产量，使得利润最大化。

1. 企业的利润函数

假设市场上有 n 个企业，每个企业的产量为 q_i（其中 $i=1，2，\cdots，n$），总产量为

$$Q=\sum_{i=1}^{n} q_i$$

市场价格由需求函数决定：

$$P(Q)=a-bQ$$

企业 i 的收入为价格乘以产量，即

$$R_i=P(Q)q_i=(a-bQ)q_i=(a-b\sum_{i=1}^{n} q_i)q_i$$

企业的成本为其生产的产量乘以单位生产成本，即

$$C_i=cq_i$$

因此，企业 i 的利润函数为

$$\pi_i=R_i-C_i=(a-b\sum_{i=1}^{n} q_i)q_i-cq_i$$

这可以进一步简化为

$$\pi_i=(a-b\sum_{i=1}^{n} q_i-c)q_i$$

每个企业的目标是选择自己的产量 q_i 来最大化其利润。

2. 纳什均衡

为了求解纳什均衡，首先考虑单个企业的决策。企业 i 的目标是最大化其利润 p_i，因此，对其利润函数进行求导，并令其等于零来求得最优产量。

对利润函数 π_i 关于 q_i 求导，得到

$$\frac{\mathrm{d}\pi_i}{\mathrm{d}q_i}=a-b\sum_{i=1}^{n} q_i-c-bq_i=0$$

即

$$a-b\sum_{i=1}^{n} q_i-c-bq_i=0$$

整理后得到

$$a-c-b\sum_{i=1}^{n} q_i=bq_i$$

假设所有企业的产量相同（对称纳什均衡），即 $q_1=q_2=\cdots=q_n=q$，则总产量 $Q=nq$，代入上式得到

$$a-c-bnq=bq$$

进一步简化，得到

$$a-c=bq(n+1)$$

因此，单个企业的最优产量为

$$q^* = \frac{a-c}{b(n+1)}$$

这是每个企业在纳什均衡下的最优产量。

3. 总产量与市场价格

在纳什均衡下，所有企业的产量都为 q^*，因此市场的总产量为

$$Q^* = nq^* = \frac{n(a-c)}{b(n+1)}$$

市场的价格由需求函数决定，即

$$P^* = a - bQ^* = a - b\frac{n(a-c)}{b(n+1)} = \frac{a+nc}{n+1}$$

这是市场在纳什均衡下的价格。

5.3.3 古诺模型的经济含义

（1）寡头市场中的产量竞争。古诺模型的纳什均衡结果表明，在寡头市场中，企业通过产量决策来争夺市场份额。尽管每个企业都希望通过增加产量来增加自己的市场份额，但市场价格是由总供给决定的，企业的产量增加会导致价格下降，从而影响其利润。因此，在纳什均衡下，企业的目标是通过选择合适的产量来影响市场价格，并根据其他企业的产量决定自己的产量。

（2）纳什均衡与市场价格。古诺模型的一个关键结论是，在纳什均衡下，企业的产量和市场价格都会受到其他企业行为的影响。随着企业数量的增加，每个企业的产量会减少，市场价格会升高，最终趋近于完全竞争的价格（当 n 趋向于无穷大时，价格会趋近于边际成本 c）。

（3）市场集中度的影响。在古诺模型中，企业数量 n 对市场价格和企业产量具有重要影响。当市场中企业数量较少时，市场价格较高，企业能够获得更大的利润；而当企业数量增多时，市场价格会下降，利润趋近于零。这表明，市场的集中度对价格和竞争结果具有重要作用。

（4）市场合作与合谋。尽管古诺模型假设企业之间没有合作，但在现实中，企业可能通过某种方式达成默契，减少产量以提高市场价格，这种行为通常被称为合谋。如果企业能够合作并协调产量，他们可以实现更高的利润，而不必像古诺模型中的完全竞争那样将价格压低到边际成本水平。

古诺模型为分析寡头市场中的产量竞争提供了一个重要的理论框架。它强调企业通过选择产量而非价格进行市场竞争，并通过纳什均衡分析得出企业的最优产量和市场价格。该模型的核心启示是，企业之间的产量竞争可能导致市场价格低于垄断价格，但高于完全竞争价格，且市场集中度对竞争结果有重要影响。

5.4 经济订货量模型

经济订货量（economic order quantity，EOQ）模型是经典的库存管理模型之一，用于帮助企业确定最优的订货量，以使得总库存成本最小化。该模型特别适用于需求稳定且一致的商品。EOQ 模型广泛应用于零售、制造业、物流等领域，帮助企业在满足需求的同时降低与库存相关的成本。

5.4.1 EOQ 模型的基本假设

EOQ 模型基于一系列简化的假设，主要包括以下几点。

（1）需求稳定：模型假设商品的需求是已知且恒定的，即在每个时间段内，需求量是固定的，不会出现波动。

（2）订货周期固定：每次订货的数量是固定的，而且每次订货后，库存会从订单到货时开始补充。即无缺货情况下，库存补充为即刻到达。

（3）库存持有成本和订货成本已知：企业需要了解每单位库存的持有成本和每次订货的固定成本。通常持有成本包括存储、保险、损耗等费用，订货成本包括采购费用、运输费用、订单处理费用等。

（4）缺货不可接受：模型假设不存在缺货情况，即每次订货后，可以及时满足市场需求。因此，库存量始终足够满足需求。

（5）单一产品：模型中只考虑单一产品的库存管理问题，不考虑多个产品的联合订货问题。

（6）固定订货成本和持有成本：每次订货的成本是固定的，而单位库存的持有成本也是固定的。

5.4.2 EOQ 模型的基本公式

EOQ 模型的核心是通过优化订货量来平衡订货成本和库存持有成本，以实现总库存成本的最小化。为了更好地理解这一过程，定义以下符号：

D 表示年需求量（单位：商品数量 / a）；

S 表示每次订货的固定成本（单位：货币）；

H 表示每单位库存的年持有成本（单位：货币）；

Q 表示每次订货的数量（单位：商品数量）。

1. 总成本公式

EOQ 模型的总成本由两部分组成：订货成本和持有成本。

（1）订货成本：每年订货的次数是 $\frac{D}{Q}$，每次订货的成本为 S，因此总订货成本为

$$订货成本=\frac{D}{Q}S$$

（2）持有成本：平均库存量为$\frac{Q}{2}$，每单位库存的年持有成本为H，因此总持有成本为

$$持有成本=\frac{Q}{2}H$$

总库存成本为订货成本与持有成本之和。

$$TC(Q)=\frac{D}{Q}S+\frac{Q}{2}H$$

2. 最优订货量（EOQ）

为了最小化总成本，需要对总成本函数进行求导，并令导数为零，求得最优订货量（EOQ）。对 $TC(Q)$ 求导数：

$$\frac{\mathrm{d}TC(Q)}{\mathrm{d}Q}=-\frac{DS}{Q^2}+\frac{H}{2}$$

令导数为零，即

$$-\frac{DS}{Q^2}+\frac{H}{2}=0$$

解得最优订货量为

$$Q^*=\sqrt{\frac{2DS}{H}}$$

这里的Q^*就是经济订货量（EOQ），即每次订货时最优的订货数量，能够使得总库存成本最小化。

5.4.3 EOQ 模型的分析

（1）需求量D的影响：EOQ 与年需求量D成正比。当需求量增加时，最优订货量Q^*也会增加。这意味着需求量越大，企业需要订购更多的商品才能达到成本最小化。

（2）订货成本S的影响：EOQ 与每次订货的固定成本S成正比。订货成本越高，最优订货量也越大。

（3）持有成本H的影响：EOQ 与每单位库存的年持有成本H成反比。持有成本越高，最优订货量越小。这是因为持有库存的成本较高，企业希望减少库存水平，从而减少持有成本。

5.4.4 EOQ 模型的经济意义

EOQ 模型的经济意义在于，它帮助企业在成本之间找到平衡点。

（1）持有成本与订货成本的平衡：通过增加订货量，企业可以减少订货次数，从而减少订货成本。但同时，增加订货量也意味着库存增加，从而增加持有成本。EOQ 模型的目

的是找到一个最优订货量，使得这两类成本的总和最小化。

（2）最优订货量的计算：最优订货量 $Q^* = \sqrt{\frac{2DS}{H}}$ 显示了在确定了年需求量 D、每次订货的固有成本 S 和每单位库存的年持有成本 H 后，企业可以计算出每次订货的最佳数量，从而有效管理库存。

（3）库存管理的效率：EOQ 模型提供了一种优化库存管理的方法，减少了库存积压和缺货现象，提高了库存管理的效率。

EOQ模型在许多实际情境中都有广泛应用，尤其是在制造业、零售业、物流管理等领域。

（1）零售商库存管理：对于零售商，EOQ 模型可以帮助他们确定每次订货的最优数量，从而在不造成过多库存积压的情况下满足消费者需求。通过减少库存持有成本和订货成本，零售商能够优化运营效率。

（2）制造商生产计划：制造企业通过 EOQ 模型可以优化原材料采购和生产计划，减少生产过程中的库存积压和资金占用。

（3）电商平台物流管理：电商平台通常面临大量商品的库存管理，EOQ 模型可以帮助平台在管理库存时确保最低的成本，尤其在订单量大且需求较为稳定的商品中。

（4）医疗用品管理：在医院或医疗机构，EOQ 模型可以帮助确保所需的医疗用品在库存中能够及时补充，同时避免库存过剩而导致的存储空间和资金浪费。

EOQ模型提供了一种理性且简单的方式来平衡库存管理中的订货成本与持有成本。通过计算最优的订货量，企业能够降低总库存成本，提高运营效率。虽然 EOQ 模型在许多实际情况中都能有效地应用，但它的假设条件（如需求稳定、无缺货等）限制了其适用范围。在实际应用中，企业常常需要根据自身情况进行模型的扩展和调整，如考虑缺货成本、需求波动、多产品库存等因素。

5.5 报童模型

报童模型（newsvendor model）是一种经典的库存管理模型，主要用于处理在需求不确定的情况下，如何决定一次订货的最优订货量的问题。该模型广泛应用于零售、供应链管理、短期需求预测等领域。与 EOQ 模型假设需求是确定性不同，报童模型处理的是需求的不确定性，并试图在这种不确定性下做出最优决策。

5.5.1 报童模型的基本假设

报童模型适用于以下情境。

（1）单一商品：只考虑一种商品的库存管理问题。

（2）单次销售季节：报童模型通常假设商品销售周期是有限的，例如一个季度、一年或一个促销季节。

（3）需求不确定：需求是随机的且具有已知的概率分布，通常假设需求量服从某种已知的概率分布（如正态分布、均匀分布等）。

（4）缺货成本与过剩成本：报童模型假设存在两个成本。

缺货成本（stockout cost）：如果需求大于库存，销售机会就会丧失，这个成本代表了错失的收益。

过剩成本（overstock cost）：如果库存过剩，未销售的商品就会造成存储成本或清理成本，这个成本通常是持有商品的成本或是滞销商品的处理成本。

5.5.2 报童模型的成本函数

报童模型的核心问题是确定最优的订货量 Q^*，即决定在不确定的需求下，企业应该订购多少商品才能使得总的期望利润最大化。模型的目标是平衡因过量库存或缺货而产生的成本。

假设一个报童面对某商品的需求量 D，需求量的概率分布已知。企业的目标是在销售季节开始前，根据需求的概率分布确定订货量 Q^*，以便最大化期望利润。

报童模型的成本主要来源于两种情形。

（1）缺货成本：如果实际需求超过了库存，企业会错失一定的销售机会，错失的收益即为缺货成本。缺货成本通常用每缺少一单位商品的收益损失来表示，记为 C_{stockout}。

（2）过剩成本：如果订货量超过了实际需求，企业需要承担库存过剩的成本。这包括存储成本、商品的清理成本等。过剩成本通常表示为每多出的一个单位商品带来的损失，记为 $C_{\text{overstock}}$。

5.5.3 最优订货量的推导

报童模型的目标是最小化期望成本，或者等效地最大化期望利润。假设商品的售价为 p，单位采购成本为 c，因此每单位商品的利润为 $p-c$。在不确定的需求下，决策问题可以通过以下步骤来求解。

假设需求 D 是一个随机变量，服从已知的概率分布，其累积分布函数为 $F(Q)$，表示需求小于或等于 Q 的概率。选择订货量 Q，是希望在需求不确定的情况下，平衡缺货和过剩的成本。

期望利润最大化问题可以通过临界比率（critical ratio，CR）法来解决。

1. 临界比率

临界比率是一个非常重要的概念，它用来平衡缺货成本和过剩成本。定义临界比率为缺货的边际成本与总成本的比率。

$$CR = \frac{C_{stockout}}{C_{stockout} + C_{overstock}}$$

临界比率 CR 代表了在考虑缺货成本和过剩成本之后，最优订货量应当选择的点。根据概率的定义，最优订货量 Q^* 对应的需求的累积分布函数值等于临界比率。

$$F(Q^*) = CR = \frac{C_{stockout}}{C_{stockout} + C_{overstock}}$$

2. 计算最优订货量

根据临界比率，最优订货量 Q^* 满足以下条件：

$$F(Q^*) = \frac{C_{stockout}}{C_{stockout} + C_{overstock}}$$

这意味着，企业选择的最优订货量使得需求小于或等于该订货量的概率等于临界比率。具体来说，最优订货量 Q^* 可以通过如下步骤计算。

（1）确定临界比率：根据缺货成本和过剩成本计算临界比率 CR。

（2）查找累积分布函数：根据已知的需求分布（如正态分布、均匀分布等），确定累积分布函数 $F(Q)$。

（3）求解最优订货量：根据公式 $F(Q^*) = CR$，求解最优订货量 Q^*。

5.5.4 经典的报童模型示例

假设某零售商销售的商品每件售价为 100 元，单位成本为 60 元，需求量遵循正态分布，需求的均值为 50 件，标准差为 20 件。缺货成本为每件商品 50 元，过剩成本为每件商品 20 元。

（1）计算临界比率

缺货成本为 50 元，过剩成本为 20 元，所以临界比率为

$$CR = \frac{50}{50+20} = \frac{50}{70} = 0.7143$$

（2）查找累积分布函数

需求量服从正态分布，均值为 50，标准差为 20。因此，需要查找累积分布函数为 0.7143 时的订货量。查找标准正态分布表或使用计算工具，可以找到对应的标准正态分布值为 0.7143 时的 Z 值。

假设标准正态分布表提供的 Z 值为 0.57，那么根据正态分布公式，可以计算最优订货量 Q^*，即

$$Q^* = \mu + Z\sigma = 50 + 0.57 \times 20 = 50 + 11.4 = 61.4$$

所以，最优订货量 $Q^* \approx 61$ 件。

5.5.5 报童模型的经济意义

报童模型通过将缺货成本和过剩成本进行平衡，帮助企业在需求不确定的情况下做出

库存决策。这个模型的经济意义如下。

（1）缺货与过剩的权衡：报童模型的核心思想是平衡因缺货而失去的潜在利润（缺货成本）与因库存过剩而产生的额外存储和处理成本（过剩成本）。通过最优订货量，企业能使这两类成本之和最小化，从而提高利润。

（2）需求分布的作用：需求的不确定性是报童模型的重要特点。模型通过利用需求的概率分布来确定最优的库存量，使得企业能够在不确定的市场条件下做出最佳决策。

（3）库存管理的优化：通过优化订货量，企业能够避免由过多的库存积压或缺货造成的损失。报童模型提供了一个在动态和不确定条件下进行有效库存管理的框架。

报童模型广泛应用于以下几个场景。

（1）零售业：报童模型非常适用于零售商，如书店、超市等，因其通常面临不确定的需求，且商品不可退还。零售商可以根据报童模型来确定每次订货的数量，平衡缺货和过剩的风险。

（2）季节性产品：一些产品具有季节性需求，如冬季衣物、节日商品等。对于这些季节性商品，企业可以使用报童模型来预测需求，并决定在销售季节开始前订购多少库存。

（3）快速消费品：快速消费品行业（如食品、饮料）面临着需求波动性大、生命周期短等问题，报童模型有助于企业根据需求分布优化库存管理。

（4）电子商务：随着电子商务的兴起，库存管理变得更加重要。通过应用报童模型，电商平台可以优化仓库管理和产品配送策略，避免由缺货或过剩库存导致的损失。

报童模型是一个简单而强大的库存优化工具，能够帮助企业在不确定需求的情况下通过计算最优订货量来最大化期望利润。通过计算临界比率并根据需求的概率分布确定最优订货量，报童模型为库存管理提供了理论支持。然而，实际应用中可能涉及更多复杂的因素，如多期销售、多个商品、需求波动等，因此报童模型的扩展和定制化在实践中显得尤为重要。

5.6 多目标优化

多目标优化（multi-objective optimization，MOO）是指在优化过程中同时考虑多个目标，并寻求最优解的过程。这些目标可能是相互冲突的或相互依赖的。多目标优化的核心问题是如何在多个目标之间进行平衡，寻找出一个最优解或最优解集。与传统的单目标优化问题不同，在多目标优化中，目标之间可能存在矛盾或者竞争，因此，解集通常是多个帕累托最优解（Pareto optimal solutions），也就是说，在所有解中无法通过改进某一目标而不牺牲其他目标的解。

多目标优化在许多实际问题中具有广泛应用，尤其是在商业、工程、经济学等领域。例如，在供应链管理中，企业可能面临成本、质量、交货时间等多个目标，需要在这些目标之间做权衡。在投资组合管理中，投资者可能需要在期望回报和风险之间找到平衡。

5.6.1 多目标优化的基本概念

（1）目标函数：在多目标优化问题中，有多个目标函数，通常表示为

$$\min f_1(x), \min f_2(x), \cdots, \min f_m(x)$$

式中，$f_1(x), f_2(x), \cdots, f_m(x)$ 是不同的目标函数；$x=(x_1, x_2, \cdots, x_n)$ 是决策变量；m 是目标函数的个数，且通常有 $m \geqslant 2$。

（2）可行解集：所有满足约束条件的解的集合称为可行解集。一个解 x^* 是可行解，当且仅当它满足所有约束条件。

（3）帕累托优越性与帕累托最优解：

a. 帕累托优越性：一个解 x_1 优于解 x_2，如果 x_1 在至少一个目标上比 x_2 好，且在其他所有目标上不比 x_2 差。也就是说，x_1 在某些目标上优于 x_2，且在其他目标上至少不劣。

b. 帕累托最优解：一个解是帕累托最优的，如果不存在另一个解在所有目标上都至少与其相等，并且在某些目标上优于该解。换句话说，帕累托最优解集是不能再通过改进某一目标来提高的解集。

（4）帕累托前沿（Pareto front）：帕累托前沿是指所有帕累托最优解的集合，在该集合上，任何解都不能在不牺牲其他目标的情况下进一步改进。

（5）权衡（trade-off）：多目标优化中的解往往是权衡多个目标的结果。在寻找帕累托最优解的过程中，优化算法通常会探索多个解，这些解代表了不同目标之间的平衡，用户可以根据具体需求选择最适合的解。

5.6.2 多目标优化的特点

多目标优化的问题往往比单目标优化复杂，主要表现在以下几个方面。

（1）目标冲突：多个目标往往是冲突的，即在某一目标上取得更好结果可能会导致其他目标的结果变差。例如，在生产中，降低生产成本可能会降低产品质量；在供应链管理中，缩短交货时间可能会增加运输成本。

（2）解的多样性：不同于单目标优化，最优解不再是唯一的，而是一个解集，这些解在各个目标上互相妥协，每个解都对应着一个折中的结果。

（3）权重选择：在某些方法中，需要人为选择各目标的权重，以表明各目标的重要性。不同的权重分配可能导致不同的优化解，因此如何合理选择权重也是一个挑战。

（4）计算复杂性：多目标优化往往涉及多个目标函数和约束条件，尤其是当目标函数和约束条件都较为复杂时，计算过程可能非常困难且耗时。

5.6.3 多目标优化的常用方法

根据如何处理多个目标之间的冲突和折中，多目标优化问题可以采用不同的方法，主

要包括以下几种。

1. 权重法

权重法（weighted sum method）是最常用的多目标优化方法之一。在这种方法中，将所有目标函数转化为一个单一的目标函数，方法是给每个目标函数赋予一个权重，然后对这些目标函数进行加权求和，得到一个加权总目标函数，即

$$f(x)=\omega_1 f_1(x)+\omega_2 f_2(x)+\cdots+\omega_m f_m(x)$$

式中，$\omega_1, \omega_2, \cdots, \omega_m$ 是各个目标函数的权重，通常满足 $\omega_1+\omega_2+\cdots+\omega_m=1$。

通过调整权重值，可以得到不同的解，这些解表示了不同目标之间的权衡。权重法简单易实现，适用于多数优化问题，但是需要人为选择权重，可能带来主观性和不确定性。如果目标函数之间的冲突很大，权重法可能无法提供有效的解决方案。

2. ε- 约束法

ε- 约束法（ε-constraint method）是一种常用的多目标优化方法。该方法的核心思想是选择一个目标作为主目标，其他目标则转化为约束条件。具体来说，可以选择一个目标函数作为主目标进行优化，同时将其他目标函数转化为不等式约束，并为这些约束设置一个限制值（即 ε）。形式如下：

$$\min f_1(x)$$

$$\text{subject to } f_2(x)\leqslant\varepsilon_2, f_3(x)\leqslant\varepsilon_3, \cdots, f_m(x)\leqslant\varepsilon_m$$

通过在不同的 ε 值下求解主目标问题，可以得到一系列不同的帕累托最优解。ε- 约束法可以通过调整约束值（ε）生成不同的解，灵活性较高，适用于目标冲突较强的情况。但是需要对各目标的可行域有清晰的了解，且设定合适的 ε 值可能比较困难。

3. 层次分析法

层次分析（analytic hierarchy process，AHP）法是一种基于判断矩阵的多目标决策方法。该方法将复杂的多目标问题分解成多个层次，通过一系列的判断和比较，最终得出各目标的权重和最优解。AHP 方法首先通过构造判断矩阵来比较目标之间的相对重要性，再通过数学方法计算出目标的权重，最后在权重基础上进行优化。

层次分析法能够系统地将复杂问题分解，进行层次化分析，易于理解和应用，尤其适合决策者参与的情境。但是需要大量的专家判断，并且可能存在主观性和一致性问题，计算过程可能较为烦琐。

4. 遗传算法

遗传算法（genetic algorithm，GA）是一种模拟自然选择和遗传机制的全局优化算法。在多目标优化中，遗传算法可以通过适应度函数的设计，同时考虑多个目标进行优化。遗传算法的核心是通过选择、交叉和变异操作，产生一代又一代的解集，并通过精英策略保存优良解。

遗传算法不依赖于目标函数的具体形式，适用于复杂的非线性、多峰问题，能够有效处理目标函数之间的冲突，寻找全局最优解。但是遗传算法计算复杂度较高，需要较多的计算资源，并且可能需要通过试验调整参数，才能得到最优解。

5. 非支配排序遗传算法

非支配排序遗传算法（non-dominated sorting genetic algorithm Ⅱ，NSGA- Ⅱ）是一种广泛使用的多目标优化算法，基于遗传算法，但采用非支配排序和拥挤度距离来选择个体。它通过将解按照支配关系分成不同的等级，保证了算法的多样性和收敛性。非支配排序遗传算法不需要设定目标的权重，能够自动寻找到帕累托最优解集，能够有效处理多目标优化问题，具有较好的全局收敛性。但是非支配排序遗传算法计算量较大，适用于中小规模问题。

5.6.4 多目标优化的实际应用

（1）供应链优化：在供应链管理中，企业通常需要在成本、交货期、质量等多个目标之间进行权衡。多目标优化方法能够帮助企业在这些目标之间找到最优的资源分配方案。

（2）生产调度：在制造业中，生产调度问题通常涉及多个目标，如最小化生产时间、最大化生产效率、降低能耗等。多目标优化能够有效地处理这些目标间的冲突，从而帮助企业制订合理的生产计划。

（3）投资组合管理：在金融领域，投资者通常面临期望回报与风险之间的权衡。通过多目标优化，投资者可以在回报最大化和风险最小化之间找到合适的平衡点，从而构建一个符合风险承受能力和收益预期的投资组合。

（4）产品设计与研发：在产品设计过程中，设计师需要在成本、质量、生产工艺、功能等多方面进行优化。多目标优化能够帮助企业在设计过程中平衡这些不同的需求，找到一个满足要求的设计方案。

（5）城市规划：城市规划中的多个目标通常包括交通流畅性、环境保护、土地利用效率、居民生活质量等。通过多目标优化，可以制订综合考虑各方面因素的城市发展策略。

第 6 章 商业分析的流程、方法与工具

6.1 商业大数据分析的基本框架

商业大数据分析是一个多层次、多维度的过程，涉及业务层、技术层、功能层、组织层和战略层等多个方面。以下是对这些方面的详细分析。

1. 业务层

在业务层，大数据分析主要关注市场分析、消费者分析、商品分析和渠道分析。这些分析帮助组织理解市场趋势、消费者行为、产品特性和销售渠道的有效性，从而做出更加精准的业务决策。在业务层，大数据分析的应用可以进一步细化为以下几个方面。

市场趋势分析：通过分析历史销售数据、社交媒体趋势和消费者反馈，预测未来市场的发展方向。

消费者行为分析：深入了解消费者的购买习惯、偏好和反馈，以便为他们提供更加个性化的产品和服务。

产品特性分析：分析产品的生命周期、消费者反馈和市场表现，以指导产品改进和新产品开发。

销售渠道分析：评估不同销售渠道的效率和效果，优化销售策略和物流管理。

2. 技术层

技术层涉及底层技术框架、数据分析框架和工具选择。底层技术框架包括流处理系统和批处理系统，而数据分析框架如 CRISP-DM 提供了结构化的数据挖掘和分析流程。技术层在商业大数据分析中起着至关重要的作用，具体如下所示。

数据存储和管理：选择合适的数据存储解决方案，如 Hadoop、Spark 等，以确保数据的安全性和可访问性。

数据处理和分析工具：利用先进的数据处理和分析工具，如 Python、R 语言、Tableau 等，进行数据挖掘和可视化展示。

数据安全性和隐私保护：确保在数据处理和分析过程中遵守相关法律法规，保护用户隐私和数据安全。

3. 功能层

功能层关注于数据理解、数据准备、建立模型、评估模型和部署分析结果。这一层确保了数据分析的准确性和有效性，为业务决策提供了支持。功能层在大数据分析流程中承上启下，主要包括如下功能。

数据预处理：清洗、转换和整合原始数据，使其适合后续的分析任务。

特征工程：从原始数据中提取有意义的特征，以提高模型的预测能力和解释性。

模型选择和训练：根据业务需求和数据特点选择合适的机器学习模型，并进行训练和调优。

模型评估和优化：使用验证集和测试集评估模型的性能，并根据反馈进行模型调整和优化。

4. 组织层

组织层涉及如何将分析结果嵌入到实际的业务流程中，以及如何通过数据驱动的决策提升组织的运营效率和竞争力。这包括组织结构的优化、团队建设和培训等。组织层关注如何将大数据分析融入组织的日常运营中，具体如下所示。

组织架构调整：建立专门的数据分析团队，明确各成员的职责和协作方式。

培训和能力建设：为员工提供与数据分析相关的培训和技能提升机会，培养数据驱动的文化。

跨部门协作：促进不同部门之间的数据共享和协作，打破数据孤岛现象。

5. 战略层

战略层则关注于如何利用大数据分析来支持组织的长期战略和目标。这包括市场定位、竞争策略、新产品开发等，通过数据洞察来指导战略规划和实施。战略层将大数据分析提升到组织战略的高度，主要包括如下。

战略规划：将大数据分析纳入组织的长期战略规划中，明确其在业务发展中的作用和目标。

资源分配：为大数据分析提供必要的资源支持，包括资金、人力和技术等。

绩效评估：建立与大数据分析相关的绩效评估体系，衡量其在实现组织战略目标方面的贡献。

通过整合业务层、技术层、功能层、组织层和战略层的资源和能力，组织可以构建一个完整且高效的商业大数据分析框架（图 6-1），从而更好地应对市场挑战和抓住发展机遇。

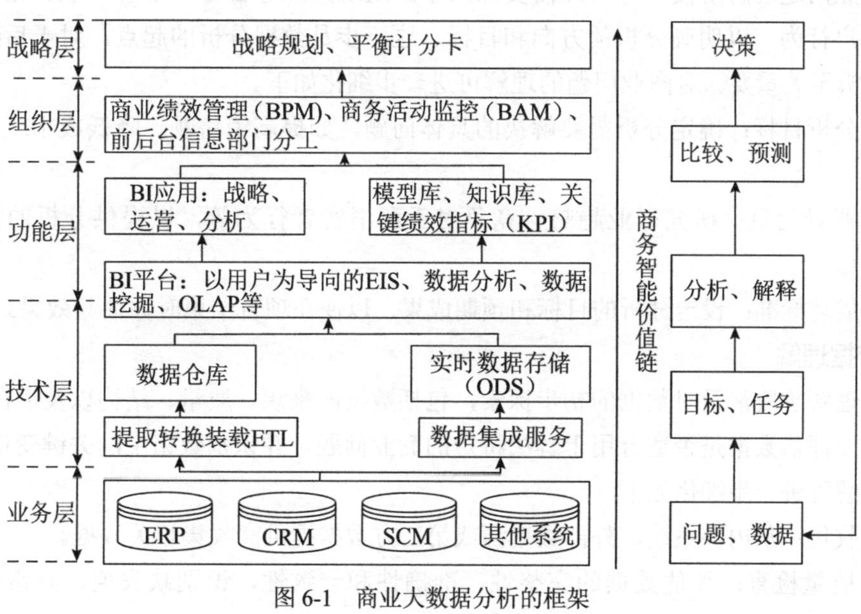

图 6-1 商业大数据分析的框架

6.2 商业大数据分析的流程

商业大数据分析是一个综合性的过程，涉及多个阶段和步骤，大致过程如图 6-2 所示。

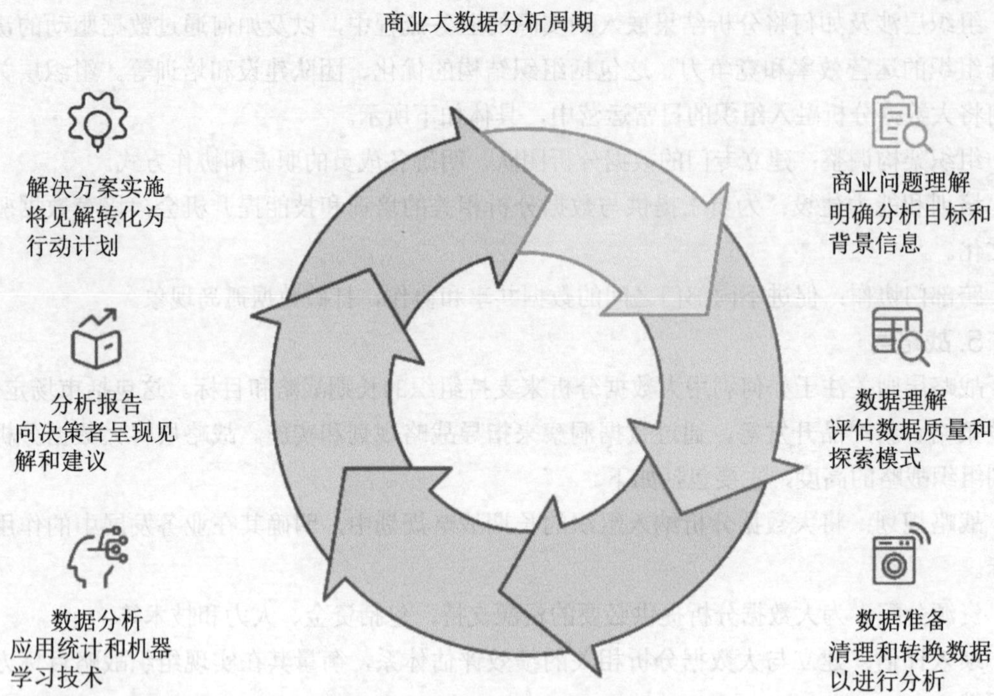

图 6-2 商业大数据分析的流程

1. 商业问题理解

在商业问题理解阶段，分析师需要深入了解组织的业务目标、市场环境、竞争对手情况以及客户行为，以明确分析的方向和目标。这一步是数据分析的起点，对于后续的数据收集和分析至关重要。对商业问题的理解可进一步细化如下。

明确分析目标：确定分析需要解决的具体问题，如提高销售额、降低成本或优化客户体验。

收集背景信息：研究行业趋势、竞争对手和消费者行为等，以提供分析的背景和上下文。

定义成功标准：设定分析的目标和预期成果，以便在项目结束时评估其效果。

2. 数据理解

数据理解阶段涉及对数据的初步探索，包括数据的来源、质量、结构以及潜在的价值。分析师需要评估数据是否适合用于解决特定的商业问题，并识别数据中的关键变量和模式。对数据理解可进一步细化如下。

数据收集：从内部系统、外部数据源或第三方数据提供商收集相关数据。

数据质量检查：评估数据的完整性、准确性和一致性，识别缺失值、异常值和重复记录。

数据探索性分析：通过统计描述、图表和可视化工具初步探索数据，寻找潜在的模式和关系。

3. 数据准备

数据准备阶段包括数据清洗、整合、格式转换等步骤，以确保数据的质量和分析的准确性。这一阶段对于提高分析效率和结果的可信度至关重要。数据准备的内容可细分如下。

数据清洗：修正或删除错误和不一致的数据，填补缺失值，确保数据质量。

数据转换：将数据转换为适合分析的格式，如标准化、归一化或编码分类变量。

特征工程：从原始数据中提取或构造有助于分析的新特征，以提高模型的预测能力。

4. 数据分析

数据分析阶段是运用统计学、机器学习等方法对数据进行深入挖掘，以发现数据中的规律和趋势。分析师需要选择合适的分析工具和技术，以支持复杂的数据分析任务。数据分析的内容如下。

选择分析方法：根据问题的性质选择合适的分析方法，如回归分析、聚类分析或时间序列分析。

模型构建：使用训练数据集构建模型，并通过交叉验证等技术优化模型参数。

模型评估：使用测试数据集评估模型的性能，如准确率、召回率、F1 分数等。

5. 分析报告

分析报告阶段是将分析结果以易于理解的方式呈现给决策者。报告应包括关键发现、数据可视化、建议和行动项，以便决策者能够快速理解分析结果并据此做出决策。具体内容如下。

撰写报告：清晰、简洁地报告分析的发现，包括关键指标、图表和解释。

沟通结果：与利益相关者沟通分析结果，确保他们理解分析的含义和推荐的行动。

提出建议：基于分析结果，提出具体的业务策略或行动计划。

6. 解决方案实施

解决方案实施阶段是将分析结果转化为具体的行动计划或策略，以解决识别出的商业问题或抓住市场机会。具体内容如下。

实施计划：制订详细的实施计划，包括时间表、责任人和所需资源。

监控和调整：在实施过程中持续监控进展，并根据反馈进行调整。

评估效果：在实施后评估解决方案的效果，确保分析投资的回报。

从总体上看，商业大数据分析流程的每个步骤都是相互关联的，每一步都为最终的决策和行动提供支持。通过精心规划和执行，大数据分析能够为企业提供深入的洞察，帮助他们在竞争激烈的市场竞争中保持领先地位。

6.3 商业大数据分析方法

商业大数据分析是一个综合性的过程，它通过不同的数据分析方法来帮助企业从数据中获得洞察，优化决策过程，最终实现业务增长和竞争优势。以下是三种主要的数据分析方法及其在商业分析中的应用。

1. 描述性数据分析

描述性分析是最基本的数据分析形式，主要回答发生了什么的问题。它涉及对实时数据和历史数据的分析，以获取有关如何应对未来的见解。描述性分析的主要目的是找出过去宝贵的成功或失败背后的原因，帮助企业从过去的行为中学习。描述性统计分析方法主要包括以下几种。

数据聚合：将数据按照时间、地点或其他维度进行汇总，以揭示总体趋势和模式。

数据可视化：使用图表、图形或其他视觉工具来展示数据，使复杂信息更容易理解。

统计分析：运用统计方法来分析数据，如计算平均值、中位数、标准差等，以描述数据的基本特征。

2. 预测性数据分析

预测性数据分析通过分析历史数据和趋势，预测未来的发展趋势和结果。它对企业做出战略决策和规划具有重要意义。预测分析可以帮助企业进行风险管理和预防性维护，通过分析大量的数据，企业可以发现潜在的风险和问题，并及时采取措施来降低风险和避免损失。预测性数据分析方法主要包括以下几种。

时间序列分析：通过分析按时间顺序排列的数据，预测未来的趋势和周期性变化。

回归分析：通过建立变量之间的数学关系，预测一个变量如何随其他变量的变化而变化。

机器学习模型：利用算法从数据中学习模式，以预测新数据的结果。

3. 指导性数据分析

指导性数据分析也称为规范性分析，通过采用运筹科学的方法，即运用数学模型或智能优化算法，对企业应该采取的最优行动给出建议。例如，采用数学模型确定最优的商品定价以实现利润最大化。指导性数据分析方法主要包括以下几种。

优化算法：运用线性规划、整数规划等数学方法，找到解决问题的最优解。

模拟分析：通过模拟不同的业务场景，评估不同决策方案的可能结果。

决策树和规则引擎：基于数据分析结果构建决策树或规则引擎，自动化决策过程。

这三种数据分析方法在商业分析中是相辅相成的。描述性数据分析提供了对现状的理解，预测性数据分析有助于预见未来，而指导性数据分析则提供了达到目标的路线图。通过综合运用这三种方法，企业可以从数据中获得深刻的洞察，做出更加明智和高效的决策。三种数据分析方法在商业分析中的竞争优势如图 6-3 所示。

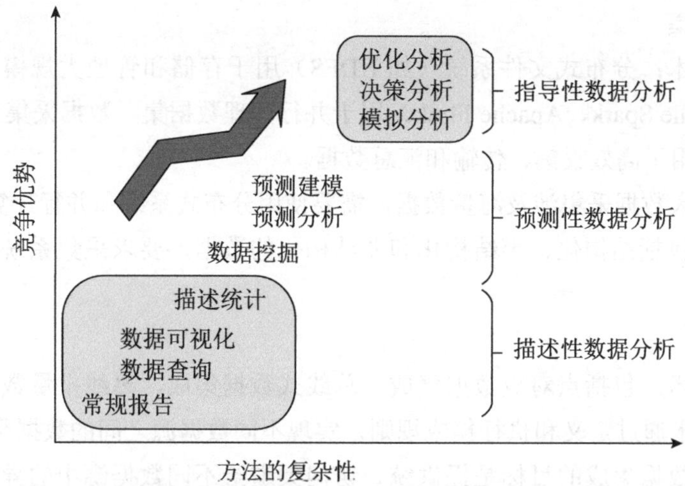

图 6-3　商业大数据分析方法在商业分析中的竞争优势

6.4　数据商业分析的关键技术

商业大数据分析是一个综合性的过程，涉及多个阶段和步骤，不同的阶段涉及的关键技术各不相同，在各阶段的关键技术如表 6-1 所示。

表 6-1　商业大数据分析涉及的关键技术

大类	细分类别	关键技术
大数据采集	数据采集	物联网、传感器、数据爬虫
数据集成	预处理	数据抽取 | 转换 | 转载（ETL）
	数据存储	数据仓库（data warehouse）
		数据集市（data mart）
		数据运营店（operational data store）
数据分析与挖掘分析	描述性分析	在线分析处理（OLAP）
		统计分析方法
	预测性分析	数据挖掘（data mining）
		机器学习含（神经网络等）
		……
知识展示与应用	简单展示	查询和报表（query and reporting）
		多维数据集（data cube）
	高级解释	知识表示、知识解释、知识可视化

1. 大数据采集

（1）关键技术：分布式文件系统（如HDFS）用于存储和管理大规模数据，大数据处理框架（如Apache Spark、Apache Flink）用于并行处理数据集，数据采集工具（如Apache Kafka、Flume）用于高效收集、传输和汇总数据。

（2）特点：大数据采集涉及海量数据，需要使用分布式系统和并行计算等技术来处理。数据类型多样，包括结构化、半结构化和非结构化的数据，要求采集系统具备处理不同类型数据的能力。

2. 数据集成

（1）关键技术：包括点对点数据集成、总线式数据集成、离线批量数据集成和流式数据集成。这些技术通过定义和执行集成规则，实现不同数据源之间的数据整合。

（2）特点：数据集成的目标是提供统一访问渠道给不同数据源中的异构数据，打破数据壁垒，实现信息共享，提升数据质量。

3. 数据分析与挖掘

（1）关键技术：包括可视化分析、数据挖掘算法、预测性分析和语义引擎。这些技术帮助从数据中提取有意义的信息并进行预测建模。

（2）特点：数据分析与挖掘分析的目的是从大量数据中发现规律和趋势，支持决策和业务发展。这要求分析系统具备高效的数据提取、清洗和分析能力。

4. 知识展示与应用

（1）关键技术：包括知识图谱技术，它通过将现实世界中的实体及其相互关系以图形的形式进行结构化表示，为机器提供理解世界的方式。

（2）特点：知识展示与应用的关键在于如何有效地将分析结果转化为易于理解和应用的知识形式，以支持决策和战略制定。

通过上述分析可知，商业大数据分析是一个多层次、多维度的过程，需要从多个层面进行考虑和实施。通过综合运用这些关键技术，组织可以更好地利用数据来驱动业务增长，提升竞争优势。

第 7 章 商业信息的 Web 采集与可视化

7.1 Web信息采集

7.1.1 基本原理

Web 信息采集（web scraping）是指通过编写程序从互联网上的网页自动提取所需信息的过程。常用的方法包括使用网络爬虫（web crawler）抓取网页数据，然后利用 HTML 解析库提取有用信息。Web 信息采集的基本过程如下。

（1）发送 HTTP 请求：程序向目标网站发送一个请求，通常是 GET 请求，以获取网页的 HTML 内容。

（2）解析 HTML 内容：获取到 HTML 后，需要解析它以找到所需的信息。这通常涉及解析 HTML 标签和属性。

（3）提取信息：根据需求，从解析后的 HTML 中提取出所需的数据。

（4）存储数据：将提取的数据保存到文件（如 CSV、JSON）或数据库中。

7.1.2 基于 Python 的数据采集代码示例

以下是一个简单的Python脚本，使用requests库来发送HTTP请求，并使用BeautifulSoup 库来解析 HTML 和提取信息。

首先，确保安装了所需的库，在命令行模式下执行以下代码：

```
pip install requests beautifulsoup4
```

然后，编写如下 Python 脚本。

```
import requests
from bs4 import BeautifulSoup
# 发送HTTP请求
url = 'https://example.com'  # 替换为目标网址
response = requests.get(url)
# 检查请求是否成功
if response.status_code == 200:
```

```
    # 解析HTML内容
    soup = BeautifulSoup(response.text, 'html.parser')
    # 提取信息 - 以提取所有标题为例
    titles = soup.find_all('h1')  # 假设标题在h1标签内

    # 存储数据到文件
    with open('titles.txt', 'w', encoding='utf-8') as file:
        for title in titles:
            file.write(title.get_text() + '\n')
else:
    print(f"请求失败，状态码：{response.status_code}")
```

这个脚本首先向指定的url发送GET请求，然后检查响应状态码。如果状态码为200（表示请求成功），则使用BeautifulSoup解析HTML内容，提取所有的<h1>标签中的文本，并将这些文本保存到名为titles.txt的文件中。

注意，实际的Web信息采集可能需要处理更复杂的HTML结构和JavaScript渲染的内容。对于动态加载内容的网站，可能需要使用如Selenium等工具来模拟浏览器行为。此外，为了遵守网站的robots.txt文件和避免对服务器造成过大负担，应当合理设置爬虫的请求频率和遵循爬虫道德规范。

7.1.3 基于PowerBI的网络数据获取

利用PowerBI也可以方便地进行网络数据获取。首先，在Power BI中选择“Web”数据源，输入网址，然后选择需要的表格数据。图7-1是对当当网图书数据进行网络数据获取的示例。

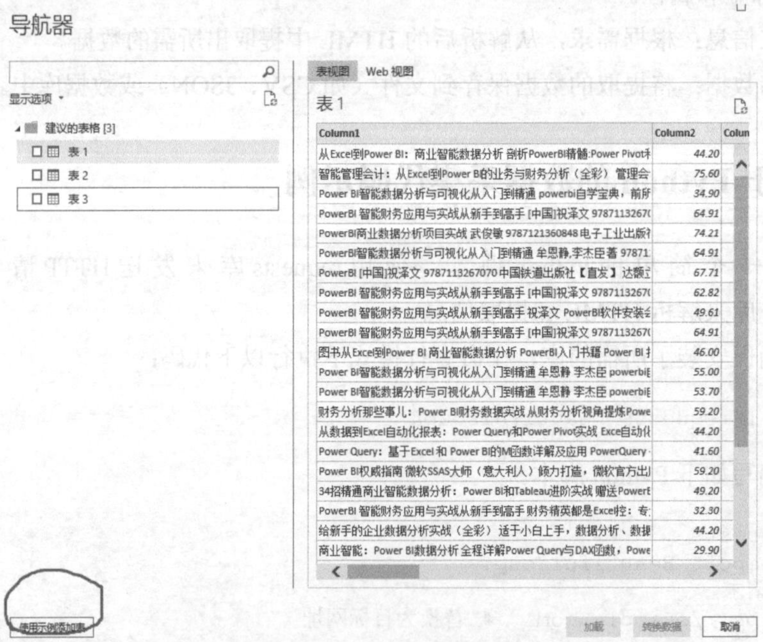

图7-1 示例添加

除了直接获取网页中的表格外，还可以通过使用示例添加表，对表格的内容进行自定义，如图 7-2 所示。

图 7-2　数据示例

通过上述流程和示例，可以看出 PowerBI 不仅能够方便地获取网络数据，还能够进行有效的数据清洗和建模，最终通过直观的数据可视化展示分析结果。

7.2　数据可视化的定义与发展历程

数据可视化是一种将数据和信息转换为图表、图形、图像和其他视觉元素的过程，目的是通过可视元素来传达信息和洞察力，使数据更加生动直观。数据可视化的发展经历了如下的历程。

（1）早期发展：数据可视化的概念可以追溯到 17 世纪，当时人们开始使用几何图表和地图来展示信息。

（2）20 世纪的发展：随着计算机的发明，数据可视化得以迅速发展，表格可视化成为早期的主要形式。

（3）21 世纪的挑战和机遇：进入 21 世纪后，数据可视化面临着大数据时代的挑战，需要综合可视化、图形学、数据挖掘等技术来应对。

数据可视化的发展历程展示了人类如何通过视觉手段更好地理解和交流数据，从简单的图表到复杂的交互式可视化，数据可视化技术不断进步，以适应不断增长的数据处理和分析需求。

在21世纪，数据可视化的发展主要体现在以下几个方面。

（1）交互式可视化：随着技术的发展，静态图表逐渐被交互式可视化所取代。用户可以通过鼠标悬停、点击、缩放等操作来探索数据，从而获得更深入的理解。

（2）大数据可视化：随着大数据时代的到来，如何处理和可视化海量数据成为一个重要挑战。为此，研究人员开发了各种专门用于大数据可视化的工具和算法，如散点图矩阵、热力图、树图等。

（3）实时数据可视化：随着物联网和实时数据分析技术的发展，实时数据可视化变得越来越重要。例如，股市行情、交通流量、社交媒体趋势等都需要实时更新和展示。

（4）多维数据可视化：多维数据可视化技术可以帮助用户理解具有多个属性的复杂数据集。常见的维度包括时间、空间、类别等。

（5）虚拟现实与增强现实：虚拟现实（VR）和增强现实（AR）技术的应用为数据可视化提供了全新的视角。用户可以通过沉浸式体验来探索和理解数据。

（6）人工智能与机器学习：AI和ML技术的发展为数据可视化带来了自动化和智能化的趋势。例如，自动化的异常检测、预测模型可以帮助用户更快地发现数据中的模式和趋势。

（7）跨领域应用：数据可视化不再局限于特定的行业或领域，而是广泛应用于科学研究、商业决策、政策制定、教育等多个领域。

（8）开放数据与数据共享：随着开放数据运动的兴起，越来越多的公共数据集可供公众访问和使用。这促进了数据可视化工具的发展，使得更多的个人和小型组织也能利用数据可视化分析和传播信息。

7.3 数据可视化的主要方法

根据数字可视化的目标，数据可视化可以使用不同的图表。在这些图表中，最常用的方法包括折线图和柱状图、饼图和环形图、散点图和气泡图、统计图等。

1. 折线图和柱状图

折线图和柱状图用于展示数据的趋势和分布情况。折线图和柱状图是数据可视化中常用的两种图表类型，它们各自适用于不同的分析目标和情境。折线图主要用于展示数据随时间或其他连续变量变化的趋势，特别适合用于分析函数关系，如速度、距离和时间之间的关系。柱状图主要用于比较不同类别的数据量或比例，通过柱子的高度来表示数据的数量或大小。柱状图最适合对分类的数据进行比较，尤其是当数值比较接近时，适用于销售数据的比较、市场份额分析、产品组合优化等场景。

2. 饼图和环形图

饼图和环形图用于展示数据的百分比和比例。饼图主要用于直观地展示数据的占比和分布情况，通过扇形的大小来表示各部分在总体中的比例。单个饼图内部的数据排名和对比，展示一个整体的占比和各部分之间的大小关系。不同饼图之间的对比，比较多组数据之间的占比和分布情况。占比、数值之间的倍数关系、分数、数据合并和拆分，展示一个整体中各部分之间的占比和数值关系。饼图既不适合用于数据量大且分类很多的场景，也不适合用于分类占比差别不明显的场景。环形图是饼图的一种变体，通过将两个及以上的大小不一的饼图叠在一起，挖去中间部分构成，便于对比不同的环形图。环形图可以展示分类的占比情况，和饼图的适用范围类似。可以将分类名、汇总值或自定义文本展示在中间空白区域，提高图表的空间利用率。环形图也不适合用于数据分类过多、有负值、有零值的数据展示，同时也不适合分类占比差别不明显的场景。

3. 散点图和气泡图

散点图与气泡图是数据可视化工具，它们特别适用于展示两个或三个变量之间的相关性和趋势。这两种图表类型能够有效地揭示变量间的关系。

散点图用于揭示两个变量间是否存在相关性，并可用来评估这种关系的强度。它还适用于分析数据点的分布模式，例如在风险机遇评估矩阵中的应用。通过散点图，研究者能够探索数据间的关联性，进行回归分析后展示残差与自变量或因变量的关系，并且可以用来比较不同类别数据间的关系。添加拟合线到散点图中，可以进一步增强对变量间线性关系强度的分析。

气泡图通过气泡的大小和颜色来展现不同的变量情况，它通常用于比较和展示不同类别之间的关系。气泡图能够同时展示多个变量，从而使得数据分析和信息传达更为直观和高效。它适用于比较多组数据的大小和关系，例如比较多个产品的销量、价格等数据，以及展示数据的趋势和变化。气泡图可以视为散点图的一种扩展，通过气泡的大小和颜色来同时表示多个维度的数据信息。它有助于识别和强调数据集中的异常值，并通过观察气泡的分布来尝试识别数据集中的聚类或模式。

4. 统计图

统计图包括箱线图、直方图、核密度图等，是用于可视化数据分布情况的有效工具。

箱线图是一种图形化工具，用于展示一组或多组连续型数据的分布情况，包括中心位置和散布范围。它通过展示数据的集中趋势、离散程度和分布形状，帮助用户迅速掌握数据的基本特征。箱线图通过中位数揭示数据的集中趋势，箱体长度显示数据的分散程度，而超出正常范围的数据点被视为异常值。若箱体与须线长度一致且对称，表明数据分布均匀；若须线长度不一或箱体偏斜，则数据分布呈现偏态。箱线图适用于连续型变量，不适用于离散型变量。它最适用于比较分析，结合定性数据绘制分组箱线图时尤为有效。然而，当数据中包含极端的异常值时，箱线图可能呈现扁平化或仅剩一线，此时不宜采用。同样，当数据中存在大量异常值时，箱线图的形状可能变得扭曲，不宜使用。

直方图是一种展示数据分布的图形工具，通过将数据分入不同的区间（或称为箱子、柱子），并绘制每个区间内的数据频数或频率，直观地呈现数据的分布情况。直方图有助于了解数据的中心位置，展示数据的离散程度以及数据分布的对称性或偏斜性。通过观察尾部或异常值的分布，直方图有助于识别数据中的异常值或离群点，并可用来估计数据的概率密度函数。直方图适用于连续型变量的数据分布分析，尤其适合探索性数据分析，因为它也能提供数据分布的连续估计，即使数据量少、分散或不清晰。

核密度图是一种非参数方法，用于估计连续型变量的概率密度函数。它通过分析数据点及其邻近点的分布来估计概率密度函数。核密度图通过平滑曲线显示数据在坐标轴上的疏密程度，帮助用户理解数据出现的频率和分布。核密度图能够揭示数据的集中趋势和离散程度，其峰值显示数据在特定时间段内最集中的位置。核密度图特别适合于探索性数据分析，因为它能提供数据分布的连续估计，即使面对的是少量、分散或模糊的数据。通过比较不同数据集的核密度图，可以揭示它们之间的相似性和差异性。

7.4 基于Python库的数据可视化

7.4.1 Python 数据可视化

1. Matplotlib

Python 是一种广泛使用的编程语言，它在数据科学领域尤其流行。Python 拥有丰富的数据可视化库，可以帮助用户轻松地将数据转换成直观的图形和图表。其中，Matplotlib 是一个非常强大的 Python 绘图库，支持各种绘图样式，包括线图、柱状图、散点图、饼图等。Matplotlib 图形对象的基本结构如图 7-3 所示。

Matplotlib 还提供了丰富的定制选项，允许用户调整图表的每一个细节，Matplotlib 一般通过 import matplotlib.pyplot as plt 进行使用。

2. Seaborn

Seaborn 是基于 Matplotlib 的一个高级数据可视化库，它提供了更加美观的默认主题和更高级的界面。Seaborn 特别适合进行统计图形的绘制，如分布图、分类图、关系图等。Seaborn 一般通过 import seaborn as sns 来调用。

3. Plotly

Plotly 是一个交互式的图表库，它支持创建交互式的 Web 图表。Plotly 提供了丰富的图表类型，包括静态图表、动态图表、交互式图表以及仪表板等。这些图表库各有特色，用户可以根据自己的需求和偏好选择合适的库来进行数据可视化。在实际应用中，可能需要结合多个库来实现所需的可视化效果。

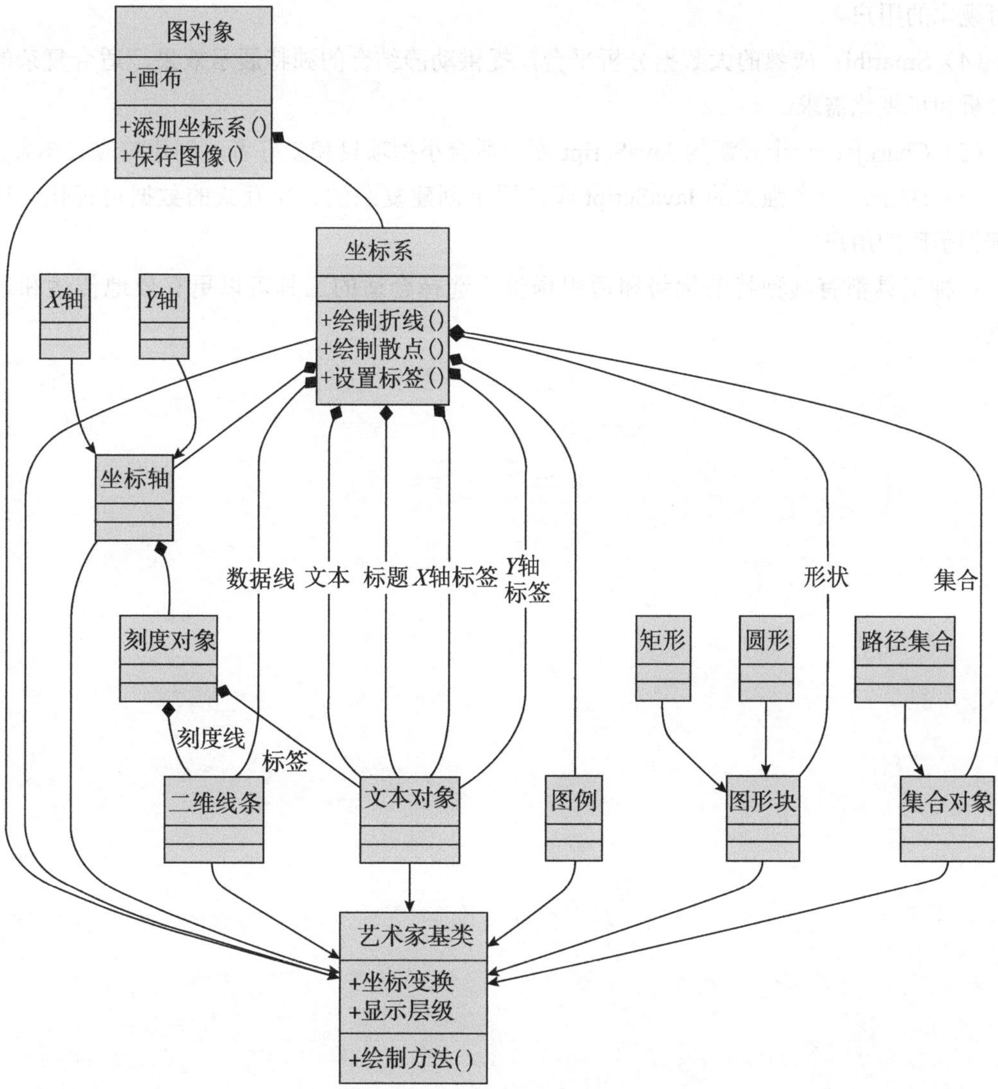

图 7-3 Matplotlib 图形对象的基本结构

7.4.2 其他数据可视化工具简介

数据可视化工具的选择取决于用户的具体需求，包括数据的复杂性、可视化的复杂度，以及是否需要交互性。常用数据可视化工具如下。

（1）Tableau Public：一个流行的在线数据可视化工具，支持各种图表、图形、地图等，适合快速分析和展示数据。

（2）Power BI：微软推出的数据可视化软件，提供丰富的可视化方案和高级分析功能，适合深入数据分析和业务需求。

（3）Datawrapper：一个用于制作交互式图表的在线工具，适合需要快速创建和分享数据可视化的用户。

（4）Smartbi：成熟的大数据分析平台，提供动静结合的独特展示效果，适合复杂的数据分析和可视化需求。

（5）Chart.js：一个开源的 JavaScript 库，适合小型项目和爱好者，创建响应式图表。

（6）D3.js：一个强大的 JavaScript 库，用于创建复杂的、交互式的数据可视化，适合有编程基础的用户。

每种工具都有其独特的优势和适用场景，选择合适的工具可以更有效地传达和理解数据。

第 8 章 商业信息挖掘

8.1 数据挖掘技术概述

在商业行为中，经常会面临这样一些商务决策，如商铺如何选址，商品如何摆放，如何获取流量，如何降低物流成本、提高效率，电影应该什么时候上映。这些决策肯定不是老板们拍拍脑袋就能决定的，是需要有数据支撑，通过对数据进行分析，然后进行决策。数据挖掘是一种决策支持过程。

8.1.1 数据挖掘的定义

数据挖掘（data mining，DM）又称数据库中的知识发现（knowledge discover in database，KDD），是目前人工智能和数据库领域研究的热点问题。数据挖掘是从大型数据库中提取有趣的（非平凡的、蕴涵的、先前未知的、潜在有用的）信息或模式 。

这个定义包括好几层含义：数据源必须是真实的、大量的、含噪声的；发现的是用户感兴趣的知识；发现的知识要可接受、可理解、可运用；并不要求发现放之四海皆准的知识，仅支持特定地发现知识。

具体来说，数据挖掘的任务通常包括以下几个方面。

（1）关联分析：发现数据集中项集之间有趣的关联或相关关系。例如，在超市销售数据中，可能会发现购买面包的顾客往往也会购买牛奶。

（2）聚类分析：将数据集划分成若干组或簇，使得同一组内的数据对象具有较高的相似度，而不同组之间的数据对象则具有较低的相似度。这有助于识别数据中的自然分组和潜在模式。

（3）分类分析：通过学习一个分类模型，能够将数据集中的数据项映射到某个给定的类别中。这可以用于预测新数据项的类别。

（4）预测分析：基于历史数据，建立预测模型来预测未来的数据趋势或结果。例如，可以基于历史销售数据预测未来的销售额。

（5）异常检测：识别数据集中与正常数据模式显著不同的数据项。这有助于发现潜在的问题、欺诈行为或异常情况。

8.1.2 数据挖掘的作用

数据挖掘通过从大量数据中提取隐藏的模式、趋势和知识，为各行业提供决策支持，具体应用如下。

1. 市场分析和管理

根据历史数据进行购物篮分析、销售预测，根据顾客信息进行市场分割、客户关系管理等。

案例：亚马逊商品销量预测。

亚马逊通过用户历史浏览记录、购买行为、季节因素等数据，使用 ARIMA 模型进行季节性预测，结合随机森林算法处理多变量影响，通过构建时间序列预测模型。算法发现夏季泳衣销量每年增长 15%，冬季取暖设备销量提前 1 个月进入高峰期。系统自动调整库存和物流策略，使库存周转率提升 20%，缺货率下降 35%。

2. 风险分析与管理

数据分析主要用于改进保险条约，进行风险控制等。

案例：支付宝芝麻信用。

通过聚类分析 5 亿用户的 200+ 维度数据（支付频率、借贷记录、社交关系等），淘宝采用改进的 DBSCAN 算法处理高维稀疏数据。结合 t-SNE 降维技术实现数据可视化后，识别出 6 类核心用户群体，发现高频小额借贷群体（占比 12%）的违约率是普通用户的 3.2 倍，据此调整风控策略，使坏账率下降了 1.8 个百分点。

3. 智慧医疗（医疗诊断）

案例：乳腺癌 AI 筛查系统。

美国 MD 安德森癌症中心整合 20 万份乳腺钼靶影像数据，构建深度卷积神经网络。系统可识别 57 种微钙化点分布模式，将早期癌症检出准确率从放射科医生的 82% 提升至 94%，同时减少 35% 的假阳性报告。

行业影响：使Ⅱ期以上乳腺癌确诊比例下降 18%，每年节省晚期治疗费用超 2 亿美元。

4. 智能物流

案例：联邦快递航线优化。

联邦快递分析全球 10 年货运数据（2300 万条记录），采用 FP-Growth 算法挖掘高频项集，结合时空关联规则挖掘。发现亚洲—芝加哥航线周三的医疗设备运输量比周四高 47%，且与周五的欧洲精密仪器运输存在 83% 的关联度。据此重构航线网络，使货机装载率从 68% 提升至 89%，燃油成本降低 12%。

5. 异常检测（工业 4.0）

案例：西门子燃气轮机监测。

西门子燃气轮机在涡轮叶片部署 500+ 传感器，实时采集振动频率、温度梯度等数据。通过孤立森林算法检测到某型号轮机在转速达到 4350r/min 时，第 127 号轴承振动幅度异常（超过 3σ 范围），提前 6 个月预测故障，避免了单次非计划停机损失约 230 万美元。

以上每个案例都展示了数据挖掘如何将原始数据转化为决策智慧，这种数据炼金术正在重塑各行业的竞争格局。随着算法进步（如深度强化学习）、计算能力提升（如量子计算）、数据生态完善（如物联网普及），其作用将呈指数级增长。

8.1.3 数据挖掘系统

数据挖掘是一个系统化的知识发现过程，需要遵循标准化的流程框架，包括数据准备、数据存储、数据建模和评估与表示，具体如图 8-1 所示。

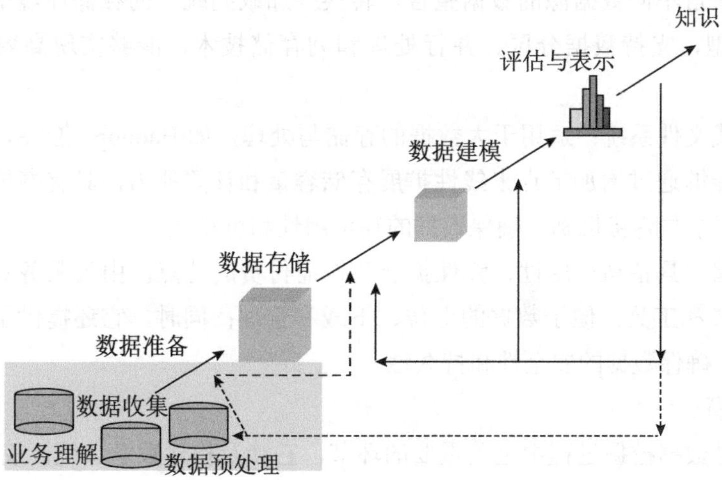

图 8-1 数据挖掘流程

1. 数据准备

数据准备的核心任务是构建适合建模的数据集。首先，在数据准备阶段，要完成业务理解、数据收集、数据预处理（包括数据清洗和数据归一化）等基本任务。

（1）业务理解。明确业务目标，定义数据挖掘要解决的关键问题，确定可以影响这些问题的关键因素。关键输出为项目计划书（含成功标准、资源分配、风险评估）。

（2）数据收集。根据关键因素，搜集与关键因素相关的数据。识别可用数据源，评估数据质量，进行数据获取。

（3）数据预处理。数据预处理的任务是保证数据集的可用性。数据预处理主要包含数据清洗和数据归一化。数据清洗是对缺失值和异常值进行处理。其中缺失值是由个人隐私或设备故障导致某些观测在维度上的漏缺；异常值一般指远离正常样本的观测点，它们的存在同样会影响模型的准确性。数据归一化旨在消除不同特征之间的量纲差异，使数据分布在同一尺度范围内，从而提高模型的训练效率和效果。

2. 数据存储

在数据挖掘领域，数据存储扮演着至关重要的角色，它涵盖了数据的保存、管理，以及实现高效数据访问的各个方面。为了满足不同的存储需求和分析性能要求，数据存储需要根据数据的特性进行优化。目前，存在多种数据存储系统，能够应对各种不同的需求，具体如下。

（1）数据库：适用于小规模数据，按照存储数据的不同分为两类。

关系型数据库：如 MySQL、PostgreSQL 等，适用于结构化数据，支持复杂的 SQL 查询和事务处理。

非关系型数据库（NoSQL）：如 MongoDB、Cassandra 等，更适合存储半结构化或非结构化数据，具有良好的扩展性和高性能。

（2）数据仓库：用于大规模数据的存储与分析。它们通常通过 ETL（提取、转换、加载）过程，将来自不同数据源的数据整合、转换并加载到统一的存储环境中。采用星型或雪花型数据模型，支持数据分区、并行处理和列存储技术，能够实现高效的数据查询与分析。

（3）分布式文件系统：适用于大数据的存储与处理，如 Hadoop HDFS，专为大数据存储而设计。它能够通过增加节点来线性扩展存储容量和计算能力，具有高扩展性与高吞吐量；同时具备冗余与容错机制，确保数据的高可用性和可靠性。

（4）云存储：具备高可用性、弹性扩展和按需付费的特点，由云服务商提供。云存储拥有丰富的 API 和工具，便于数据的上传、下载和管理；同时，它还提供了完备的数据备份与恢复机制，确保数据的安全性和持久性。

3. 数据建模

数据建模是数据挖掘过程中至关重要的环节，它涉及构建数学、统计或机器学习模型，以发现数据中的模式、关系和趋势。数据建模的目标是通过数据驱动的方法做出预测、分类或其他分析决策。不同类型的数据挖掘任务需要选择不同的建模方法。

（1）统计建模。统计方法是从事物外在数量上的表现去推断该事物可能的规律性。最初总是从数量表现上通过统计分析看出一些线索，然后提出一定的假说或学说，做进一步深入的理论研究。

经典的统计学所研究的主要是渐近理论，即当样本趋向于无穷多时的统计性质。统计方法主要考虑测试预想的假设是否与数据模型拟合。常用的统计方法有回归分析（多元回归）、判别分析（贝叶斯判别、费歇尔判别、非参数判别等）、聚类分析（系统聚类、动态聚类等）、探索性分析（主元分析法、相关分析法等）。

统计方法的处理过程如下。

①搜集数据：采样、实验设计。

②分析数据：建模、知识发现。

③进行推理：预测，分类。

（2）机器学习方法。如果一个系统能够通过执行某种过程而改进它的性能，那这就是机器学习。数据挖掘中常用的模型是决策树和遗传算法。图 8-2 中给出了决策树应用示例。

（3）关联规则分析。关联规则是由 R. Agrawal 等 1993 年提出的，表示数据库中一组对象之间某种关联关系的规则（例如，同时发生或者从一个对象可以推出另一个对象）。关联规则挖掘的一般对象是事务（tansactional）。关联规则分析是数据挖掘中非常重要的方法，通过关联规则和时序分析获取知识，找到事务之间的联系。具体方法将在 8.2 节展开讲解。

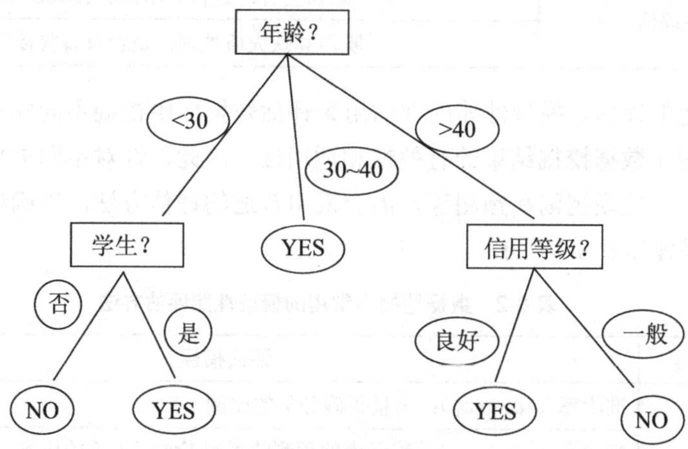

图 8-2 决策树示例

（4）神经网络方法。神经网络是指一类新的计算模型，它是一种模仿人脑神经网络的结构和某些工作机制而建立的计算模型。其特点是利用大量简单的计算单元连成网络，来实现大规模并行计算。神经网络的工作机理是，通过学习改变神经元之间的连接程度。神经网络是从结构上模仿生物神经网络，是一种通过训练来学习的非线性预测模型。神经网络可以完成分类、回归等多种数据挖掘任务。

4. 评估与表示

在数据挖掘过程中，评估用于衡量数据质量和模型性能；表示则涉及如何组织和转换数据，以便模型更好地理解和处理。

（1）数据质量评估。在数据挖掘过程中，数据质量直接影响挖掘结果的准确性和可靠性。因此，在进行数据挖掘之前，需要对数据进行全面评估，以确保数据适用于建模和分析。数据质量评估主要体现在数据转换评估和可靠性评估两个方面。数据转换是数据挖掘的重要步骤，其质量直接影响数据挖掘结果的准确性和可解释性。在数据转换过程中，通常需要考虑时效性、可伸缩性、并行处理能力、知识表示和可视化能力等方面的评估标准。数据的可靠性决定了数据挖掘的准确性、稳定性和可信度，这取决于是否结合背景知识、是否能够处理噪声和不完全数据，是否整合从已知信息中发现的知识。数据转换与可靠性评估具体如表 8-1 所示。

表 8-1 数据转换与可靠性评估

数据质量评估	评估指标
数据转换评估	时效性：处理速度是否满足业务需求
	可伸缩性：是否能处理大规模数据
	并行处理能力：是否支持多核 /GPU 加速
	知识表示与可视化能力：能否直观呈现挖掘结果

续表

数据质量评估	评估指标
数据可靠性评估	知识整合：是否利用已有领域知识
	噪声和缺失值处理：是否具备鲁棒性

（2）模型性能的评估。模型性能的评估用来评估数据库中挖掘不同知识的有效性。由于模型的质量决定了数据挖掘结果的有效性和适用性。因此，针对不同类型的知识挖掘任务，如分类、聚类、关联规则和预测等，需要采用合适的评估方法，以确保挖掘结果能够有效指导决策，具体如表 8-2 所示。

表 8-2 数据挖掘中常用的模型性能评估方法

数据挖掘模型分类	评估指标
分类模型的评估	准确率（accuracy）：衡量正确分类的比例
	精确率（precision）：表示模型预测的正例中实际正确的比例
	召回率（recall）：衡量实际正例被正确预测的比例
	F1 分数（F1-score）：精确率和召回率的加权平均值
	AUC-ROC 曲线：衡量模型对不同阈值的分类能力
聚类模型的评估	轮廓系数（silhouette coefficient）：衡量数据点在簇内的紧密程度以及不同簇之间的分离程度
	调整兰德指数（adjusted rand index, ARI）：衡量真实簇与预测簇之间的一致性
	SSE（误差平方和）：衡量簇内数据点到簇中心的距离之和
关联规则的评估	支持度（support）：规则在数据集中出现的频率
	置信度（confidence）：在出现 A 的情况下，B 出现的概率
	提升度（lift）：衡量 A 和 B 之间的相关性
预测模型的评估	均方误差（MSE）：预测值与真实值的均方差
	均方根误差（RMSE）：MSE 的平方根，衡量预测误差的平均幅度
	决定系数（R^2）：表示模型解释变量对因变量的解释能力

5. 数据挖掘系统框架

根据上述流程，设计标准数据挖掘系统，如图 8-3 所示，包含数据预处理、数据库和数据仓库、数据挖掘引擎、模式评估模块和图形用户界面等五大组件。数据库和数据仓库是数据挖掘系统的数据源，用于存储和管理数据。数据挖掘引擎（data mining engine）是系统的核心组件，负责执行各种数据挖掘算法，以发现隐藏的模式和知识。该引擎通常包含分类、回归、聚类、关联规则挖掘、序列模式挖掘和异常检测等模块，可根据不同的数据分析任务选择合适的方法。模式评估模块（pattern evaluation module）用于衡量和筛选数据挖掘得到的模式，确保最终输出的结果具有高价值和高置信度。图形用户界面（graphical user interface，GUI）是数据挖掘系统与用户交互的窗口，允许用户进行数据探索、挖掘任务设置、结果分析和知识解释。这五大组件的协同工作，使得数据挖掘系统能够高效地发现数据中的隐藏模式，并为决策提供支持。

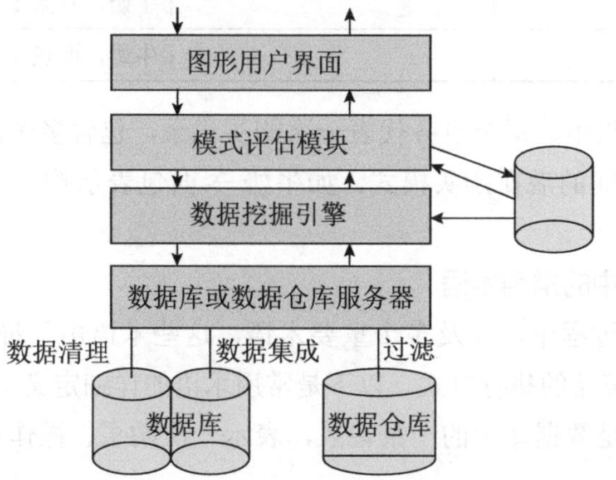

图 8-3 数据挖掘系统

8.2 关联规则分析

关联规则挖掘（association rule mining，ARM）又称关联规则分析，是一种用于发现数据集中项之间潜在关联关系的数据挖掘技术。它广泛应用于购物篮分析、推荐系统、入侵检测、医疗诊断等领域。最经典的案例“啤酒 + 尿布”促销策略，就是通过关联规则分析算法得出的。本节的主要内容是介绍关联规则分析的基本概念，以及 Apriori 算法和频繁模式树（frequent-pattern tree，FP-Tree）算法。

8.2.1 关联规则分析的基本概念

1. 关联规则分析基本对象

关联规则分析的对象是包含事务数据的数据库或数据仓库。事务数据通常存储在关系数据库（relational database，RDBMS）或数据仓库中，适用于商业零售、医疗诊断、金融分析和推荐系统等领域。事务数据库由多个事务（transaction，T）组成，每个事务包含一组项（items，I）。数据结构如表 8-3 所示。

表 8-3 关联规则分析对象数据结构示例

事务 ID（TID）	购买商品（项集）
T1	{牛奶，面包，鸡蛋}
T2	{牛奶，面包}
T3	{面包，鸡蛋，苹果}

续表

事务 ID（TID）	购买商品（项集）
T4	{牛奶，苹果}
T2	{牛奶，面包}

在上述事务数据集中，每个事务代表一次购买记录，包含多个商品。关联规则分析的目标是挖掘出商品之间的潜在购买模式，如牛奶⇒面包表示购买牛奶的顾客也可能购买面包。

2. 关联规则分析中的常用术语

在关联规则分析过程中，涉及多个重要术语，这些术语用于描述数据项之间的关系、模式的评估指标以及算法的执行方式。以下是常用术语的详细定义。

（1）事务。事务是数据库中的一条记录，表示一次购买、操作或事件。每个事务包含多个项，例如：

T1 = {牛奶,面包,鸡蛋}，T2 = {牛奶,面包}

在数据仓库中，事务可能对应于用户的行为记录，如一次购物、一次银行交易或一次医疗诊断。

（2）项。项是事务中的最小单位，通常表示某个商品、属性或行为。例如：在超市购物数据集中，{牛奶}和{面包}是两个项；在医疗诊断数据集中，{咳嗽}和{流感}是两个项。

（3）项集（itemset）。项集是一组项的集合，可以是单个项或多个项的组合。例如：

a. 单项集（1-itemset）：{牛奶}，{面包}，{鸡蛋}。

b. 二项集（2-itemset）：{牛奶，面包}，{面包，鸡蛋}。

c. 三项集（3-itemset）：{牛奶，面包，鸡蛋}。

（4）支持度（support）。支持度衡量某个项集在所有事务中出现的频率，计算公式如下：

$$\text{support}(X)=\frac{\text{事务中包含}\,X\,\text{的次数}}{\text{事务总数}}$$

例如，在 4 条事务数据中，{牛奶，面包}同时出现了 2 次，即

$$\text{support}(\text{牛奶}\Rightarrow\text{面包})=\frac{2}{4}=50\%$$

支持度用于筛选经常出现的模式，低支持度的规则通常被视为不重要。

（5）置信度（confidence）。置信度衡量在包含 X 的事务中，Y 也出现的概率，即

$$\text{confidence}\,(X\Rightarrow Y)=\frac{\text{support}(X\cup Y)}{\text{support}(X)}$$

例如，在 3 笔交易中包含牛奶，其中 2 笔交易中也包含面包，即

$$\text{confidence}(\text{牛奶}\Rightarrow\text{面包})=\frac{2}{3}=66.7\%$$

置信度越高，说明规则的可靠性越强。

（6）频繁项集（frequent itemset）。频繁项集是指在事务数据库中支持度高于设定阈值的项集。假设支持度阈值为 50%，若 { 牛奶，面包 } 在 75% 的事务中出现，则该项集是频繁的。

8.2.2 Apriori 算法

Apriori 算法是一种经典的关联规则挖掘算法，用于从事务型数据库中发现频繁项集，并生成关联规则。该算法基于项集的子集必须是频繁的这一性质，通过逐层搜索（层级遍历，level-wise search）的方式，从 1-项集开始，逐步扩展到 *k*-项集，从而实现高效的挖掘频繁模式。

以超市购物篮为例，给出基于 Apriori 算法的具体流程如下。

步骤 1：生成频繁项集（表 8-4）。

频繁项集是指支持度超过阈值的项集。首先，计算每个单个商品（1-项集）的支持度，并筛选出满足最小支持度阈值（min support）的项集。例如，设定 min support = 50%，支持度低于 50% 的项集将被剪枝（删除）。

表 8-4 频繁项集

项集	支持度
{ 牛奶 }	75%
{ 面包 }	75%
{ 鸡蛋 }	50%
{ 苹果 }	50%

步骤 2：生成候选 2-项集（表 8-5）。

将频繁的 1-项集组合成 2-项集，并计算支持度，只保留支持度 ⩾ 50% 的项集。

表 8-5 2-项集

项集	支持度
{ 牛奶，面包 }	50%
{ 牛奶，鸡蛋 }	25%（剪枝）
{ 牛奶，苹果 }	50%
{ 面包，鸡蛋 }	50%

步骤 3：生成候选 3-项集（表 8-6）。

基于频繁 2-项集生成 3-项集，由于所有 3-项集的支持度都低于 50%，搜索终止。

表 8-6 3-项集

3-项集	支持度
{ 牛奶，面包，鸡蛋 }	25%（剪枝）

步骤 4：生成关联规则（表 8-7）。根据频繁项集，生成关联规则，并计算置信度。如果最小置信度阈值（min confidence）设为 50%，则下述规则有效。

表 8-7　关联规则

规则	置信度
{牛奶}→{面包}	66.7%
{面包}→{牛奶}	66.7%

该算法基于逐层搜索策略，采用剪枝优化提高计算效率。Apriori 算法在市场分析、推荐系统、医疗和金融等领域具有广泛应用。然而，由于需要多次扫描数据库，计算开销较大，针对大规模数据集，通常使用 FP-Growth 算法优化挖掘过程。

8.2.3 FP-Tree 算法

为了解决了 Apriori 算法时间和空间复杂度较大的问题，韩嘉炜在 2000 年提出了 FP-Growth 关联规则分析算法，基本概念如下。

FP-Tree 算法是将事务数据表中的各个事务数据项按照支持度排序后，把每个事务中的数据项按降序依次插入到一棵以 NULL 为根节点的树中，同时在每个节点处记录该节点出现的支持度。FP-Tree 算法中存在以下两个基本概念。

条件模式基：包含 FP-Tree 中与后缀模式一起出现的前缀路径的集合。

条件树：将条件模式基按照 FP-Tree 的构造原则形成的一个新的 FP-Tree。

FP-Growth 算法步骤如下。

（1）首先遍历一次数据库，找出频繁 1-项集，按递减顺序排序。

（2）建立 FP-Tree。

（3）利用 FP-Tree 为 1-项集每一项构造条件 FP-Tree。

（4）得到频繁项集。

FP-Tree 示例如图 8-4 所示。

TID	事务中的项
001	r, z, h, j, p
002	z, y, x, w, v, u, t, s
003	z
004	r, x, n, o, s
005	y, r, x, z, q, t, p
006	y, z, x, e, q, s, t, m

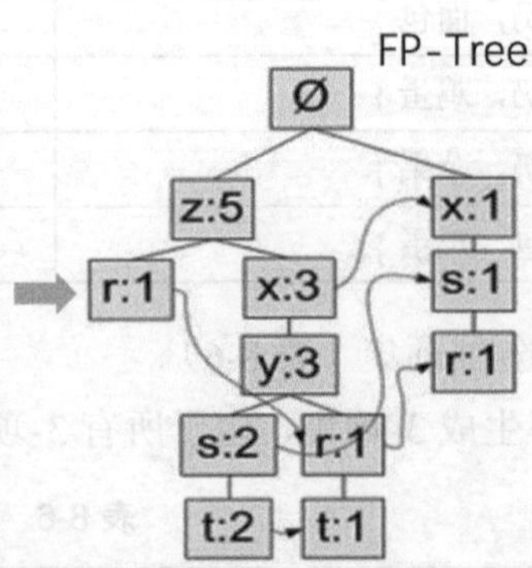

图 8-4　FP-Tree 示例

该算法的优势是只需要挖掘频繁集，不用生成候选集，用 FP-tree 结构压缩数据库，实现高度浓缩，同时对频繁集的挖掘是完备的。

8.3 推荐系统及算法

8.3.1 推荐系统概述

说起推荐系统，相信大家都不陌生。打开手机 APP，能够看到的应用软件中几乎都用到了推荐系统或者推荐算法，如小红书、抖音这种可以根据用户爱好、习惯和浏览时间来进行内容推荐的短视频平台，或者是如淘宝、京东等为代表的根据用户以往消费习惯来进行产品推荐的电商平台，甚至现在的高德导航也会根据车流出行情况来标示热门餐饮和店面，更不用说常用的百度、谷歌、今日头条等平台软件，可以说推荐系统应用在生活中无处不在。

好的推荐会增加客户黏性，提高商品的成交率。亚马逊平台曾经统计过，35% 的销售来自推荐。Netflix 官方曾披露，其用户观看行为中 75% 来自推荐。贝索斯曾经说过，如果他有一百万用户，他就会做一百万个不同的网站，以此来满足不同客户的推荐需求。有数据显示，目前主流的短视频平台用户占网民整体的 91.5%，核心依靠的就是推荐系统，因此好的推荐算法能够带来巨大的流量及收益。

由上述可知，推荐系统的应用是随着信息技术的发展而发展的，可以将其分为三个阶段，如图 8-5 所示。传统阶段主要应用在电商、电影、新闻、音乐等平台的推荐系统，以产品和内容为主。随着微信等社交工具的推广，推荐系统进入社交阶段，根据用户好友的兴趣推荐，或者推荐用户可能感兴趣的人，是以社交关系为媒介的推荐。到了移动终端普及的今天，推荐系统更加智能化，可以根据用户的地理信息来推荐，推荐主体的边界得到极大扩展，包括推荐 APP、旅游地点等。

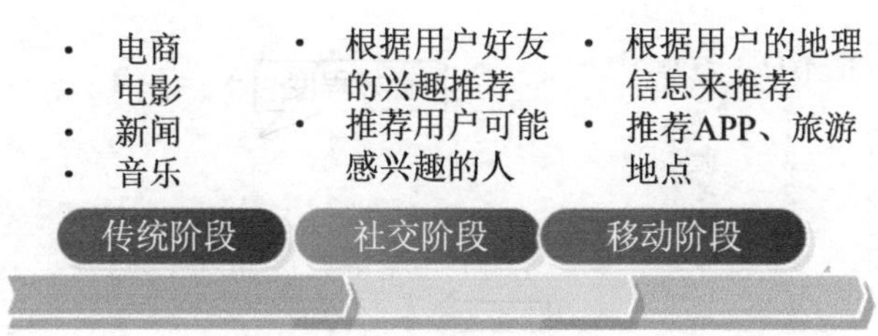

图 8-5　推荐系统的应用发展

虽然推荐系统被广泛应用，但是推荐系统的应用场合多是在用户实际需求不明确的情况下进行的，其特点是强依赖于用户行为，因此，推荐系统主要的依据或关键是通过相似性度量、喜欢程度度量来进行推荐。在推荐系统中，最经典的推荐算法是协同过滤算法。

协同过滤（collaborative filtering）是应用最广泛的推荐方法之一。它仅仅通过了解用户与物品之间的关系进行推荐，而根本不会考虑物品本身的属性。协同过滤方法可分成两类：基于物品的协同过滤（item-based collaborative filtering，IBCF）和基于用户的协同过滤（user-based collaborative filtering，UBCF）。

8.3.2 基于物品的协同过滤

基于物品的协同过滤方法由亚马逊公司最早提出，在电商中得到了广泛使用。该算法是基于用户对物品的偏好计算出物品之间的相似度，然后根据当前用户的偏好，推荐相似的物品给他。

例如，购买手机的人也都购买了 iPad，则说明这两个物品相似。

当用户搜索或浏览手机时，系统会向他推荐 iPad。其中物品相似度度量方法有余弦相似度（cosine similarity）、切比雪夫距离、欧氏距离、皮尔森系数、曼哈顿距离、杰卡德距离等。

算法的步骤如下。

（1）根据用户行为列表计算用户、物品的评分矩阵。

（2）根据用户、物品的评分矩阵计算物品与物品的相似度矩阵。

（3）相似度矩阵 × 物品的评分矩阵 = 推荐列表。

（4）将已有行为的商品推荐度置为 0，得到用户推荐列表。

基于物品过滤算法的案例：现有如图 8-6 所示的用户、商品、行为、权重数据，大写字母代表用户，数字代表商品。

用户：A、B、C

商品：1、2、3、4、5、6

行为：点击（1）、搜索（3）、收藏（5）、付款（10）

图 8-6 基础数据

步骤 1：根据用户行为列表计算用户、物品的评分矩阵（图 8-7）。

用户行为列表

用户	物品	行为
A	1	点击
C	3	收藏
B	2	搜索
B	5	搜索
B	6	收藏
A	2	付款
C	3	付款
C	4	收藏
C	1	收藏
A	1	点击
A	6	收藏
A	4	搜索

⇒

喜好程度

	A	B	C
1	2.0	0	5.0
2	10.0	3.0	0
3	0	0	15.0
4	3.0	0	5.0
5	0	3.0	0
6	5.0	5.0	0

图 8-7 用户、物品的评分矩阵

步骤 2：根据用户、物品的评分矩阵计算物品与物品的相似度矩阵，如图 8-8 所示。

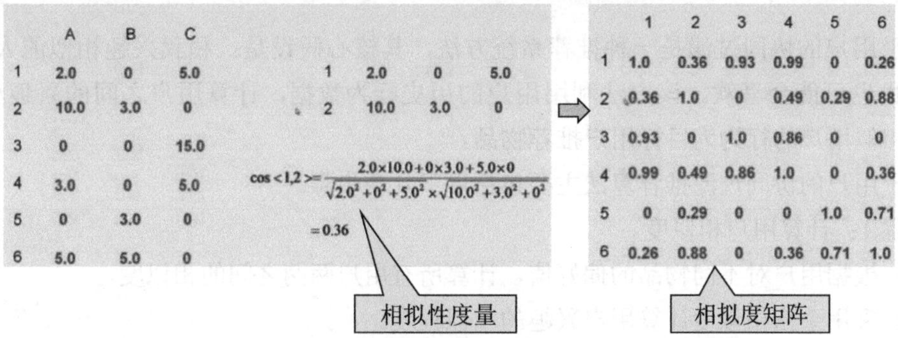

图 8-8　相似度矩阵

步骤 3：通过相似度矩阵 × 物品的评分矩阵计算推荐列表（图 8-9）。

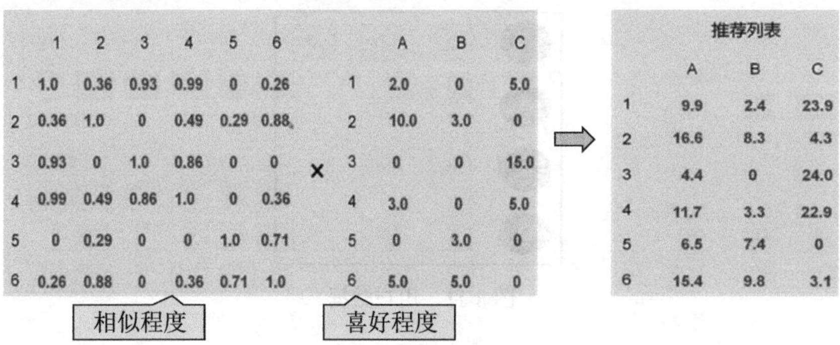

图 8-9　推荐列表

步骤 4：将已有的商品推荐度置为 0，将权重值最高的商品推荐给用户（图 8-10）。

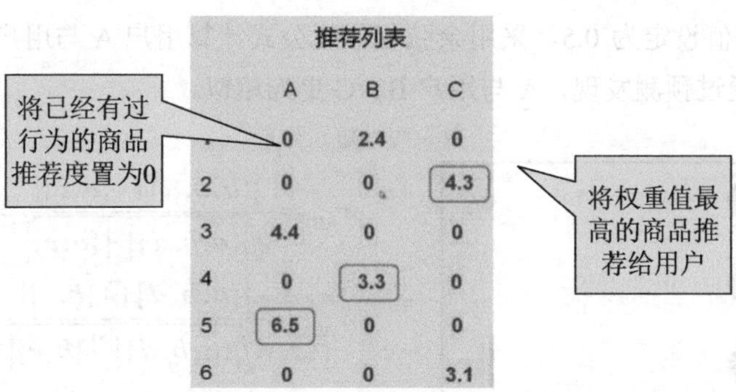

图 8-10　推荐决策

根据图 8-10 可以给出推荐决策：将商品 5 推荐给 A，商品 4 推荐给 B，商品 2 推荐给 C。

从案例中可以看出，基于物品的协同过滤对物品依赖严重，数据稀疏时效果不佳；推荐的多样性和精细度不足，用户看不到新颖的物品。

8.3.3 基于用户的协同过滤

基于用户的协同过滤是一种推荐系统方法，其核心假设是：和我兴趣相似的人喜欢的商品，我也可能会喜欢。该方法利用用户的历史行为数据，计算用户之间的兴趣相似度，并根据相似用户的行为为目标用户推荐物品。

基于用户的协同过滤推荐算法主要包括以下几个步骤。

步骤 1：计算用户相似度。

（1）根据用户对不同物品的偏好值，计算所有用户两两之间的相似度。

（2）采用余弦相似度计算用户兴趣的相似程度。

例如，假设不同用户的购买行为如下（图 8-11），每个用户对其购买的商品兴趣值设为 1。

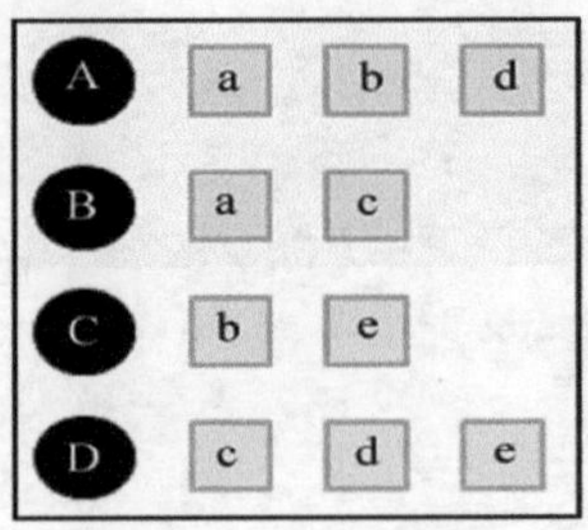

图 8-11　用户数据

步骤 2：确定相似邻居用户。

（1）对每个用户，找到与其兴趣最相似的 K 个邻居用户。

（2）这些邻居用户的选择基于计算出的相似度。

例如，推荐阈值设定为 0.5，采用余弦相似度公式计算用户 A 与用户 B 的兴趣相似度，如图 8-12 所示。通过预测发现，A 与用户 B、C 更为相似。

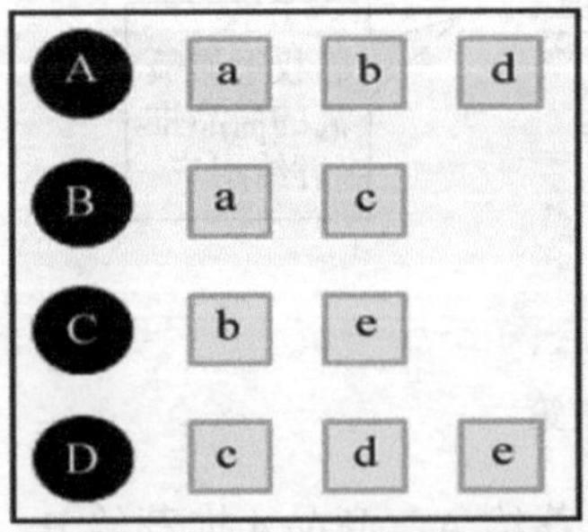

$$w_{\mathrm{AB}}=\frac{|\{a,b,d\}\cap\{a,c\}|}{\sqrt{|\{a,b,d\}|\ |\{a,c\}|}}=\frac{1}{\sqrt{6}}$$

$$w_{\mathrm{AC}}=\frac{|\{a,b,d\}\cap\{b,e\}|}{\sqrt{|\{a,b,d\}|\ |\{b,e\}|}}=\frac{1}{\sqrt{6}}$$

$$w_{\mathrm{AD}}=\frac{|\{a,b,d\}\cap\{c,d,e\}|}{\sqrt{|\{a,b,d\}|\ |\{c,d,e\}|}}=\frac{1}{3}$$

图 8-12　用户相似度计算

步骤 3：预测目标用户的兴趣值。

（1）通过邻居用户的偏好值，对目标用户未接触的物品进行评分预测。

（2）加权平均。计算目标用户对某个商品的预测兴趣值，其中权重由邻居用户的相似度决定。

例如，通过对邻居用户偏好分析，发现去除A用户已购买产品，邻居B用户偏好产品c，邻居C用户偏好产品e。

步骤4：生成推荐列表。

（1）选取预测兴趣值最高的商品，作为目标用户的推荐列表。

（2）设定推荐阈值，只有预测兴趣值超过阈值的商品才会被推荐。

例如，根据步骤3得到的预测结果，将产品c和产品e推荐给用户A。

基于用户的协同过滤算法缺点是形成有意义的邻居集合很难。很多用户两两之间只有很少几个共同评分。而仅有的共同打了分的物品，往往是票房大片。再者，用户之间的距离可能变得很快。这种离线算法难以瞬间更新推荐结果。目前的解决策略，多是加入时间因素和地域因素。

表8-8给出了两种协同过滤方法的总结，通过表分析可以发现，两种方法各有利弊，需要根据实际问题进行选择。

表8-8 协同过滤方法对比分析

方法	特点与应用场景	代表案例
基于用户的协同过滤	适用于物品比用户多、物品时效性较强的情形（如新闻网站、新网站），否则计算慢	Digg的文章推荐、Last.fm的音乐推荐
	推荐精度高，更具个性化	
	推荐的多样性和精细度不足，用户永远看不到新颖的物品	
	在物品冷启动、数据稀疏时效果不佳	
基于物品的协同过滤	适用于用户多、物品少的场景	Amazon等电商、Netflix、YouTube
	推荐结果的个性化较弱、较宽泛，但能实现跨领域、精细度高的结果	
	应用最广泛，尤其以电商行业为典型	

8.4 决策树分类算法

在商业分析过程中，经常会遇见如图8-13所示的问题，如根据以往数据来评价生产方案、进行投标决策，或者选择产品方案。这些问题具有共性特点：大部分条件已知，但存在不确定因素；方案执行后会出现多种结果；结果既存在胜算也存在风险。那么对于此类问题，应该用什么样的数据分析方法来解决呢？因此，决策树算法被提出。

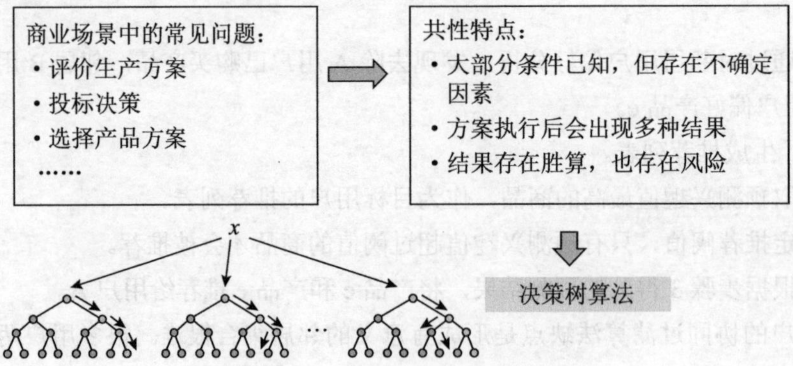

图 8-13 决策树算法应用背景

8.4.1 决策树概述

1. 决策树定义

决策树（decision tree）是一种基于树状结构的监督学习算法，用于分类和回归任务。其核心思想是：通过一系列的如果……那么……规则，递归地将数据划分为不同的类别或预测目标值。

在数据挖掘过程中，决策树是用样本的属性作为节点，用属性的取值作为分支的树结构。其中，决策树的根节点是所有样本中信息增益最大的属性。树的中间节点是该节点为根的子树所包含的样本子集中信息增益最大的属性。决策树的叶节点是样本的类别值。

2. 决策树结构组成

决策树是一种描述对实例进行分类的树形结构，由以下部分组成。

根节点（root node）：整个树的起点，包含所有数据。

内部节点（internal node）：每个内部节点表示一个决策（特征的某种条件）。

叶子节点（leaf node）：最终的分类结果或预测值。

分支（branch）：从一个节点到下一个节点的路径，代表不同决策分支。

示例：图 8-14 是一个对电脑客户分类的决策树模型。该模型中根节点和内部节点表示客户特征；有向边对应特征的取值，如对于年龄，有青、中、老；叶子节点也就是没有子树的节点表示类别值，即买或不买。

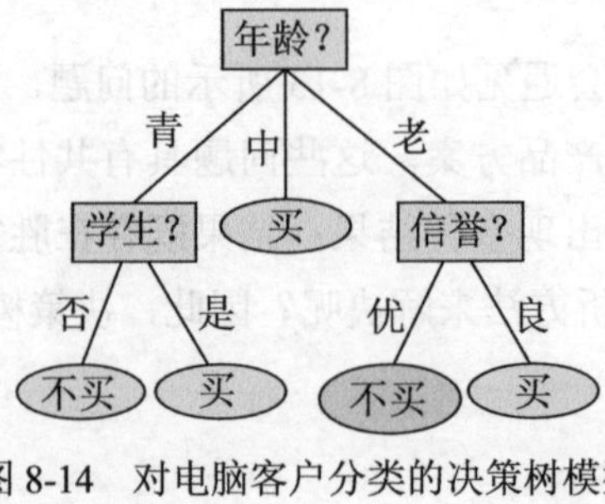

图 8-14 对电脑客户分类的决策树模型

8.4.2 决策树生成

如何利用已有信息来生成类似的树模型？在机器学习中，决策树通过递归划分数据集，生成一个可解释的树结构用于分类或回归任务。决策树是按照自顶向下的方式生长，每次选择最佳特征进行划分，直到满足停止条件。在构建过程中，可以采用剪枝优化方法防止数据的过拟合。表 8-9 是三种经典的决策树生成算法。

表 8-9　三种决策树生成算法

算法	特点	特征	数据类型	连续	剪枝
ID3	仅适用于分类，易过拟合	信息增益	离散	否	否
C4.5	适用于分类，改进 ID3	信息增益比	离散 + 连续	是	是
CART	适用于分类 + 回归	基尼指数（分类）/MSE(回归）	离散 + 连续	是	是

1. ID3算法

ID3 算法核心思想：基于信息增益（entropy reduction）选择最佳特征划分数据集，递归构建决策树。ID3 算法适用于离散特征的数据集。其偏向选择取值较多的特征，容易导致过拟合；不能直接处理连续数值型特征。其划分特征是信息增益。信息增益是看特征能够为分类系统带来多少信息，带来的信息越多，该特征越重要。对一个特征而言，系统有它和没它时信息量将发生变化，而前后信息量的差值就是这个特征给系统带来的信息量，信息增益公式如下：

$$IG(D,A)=H(D)-H(D|A)$$

式中，$H(D)$ 是数据集 D 的熵。

$$H(D)=-\sum p_i \log_2 p_i$$

$H(D|A)$ 是特征 A 划分后的条件熵。

$$H(D|A)=\sum_{v\in A}\frac{|D_v|}{|D|}H(D_v)$$

ID3 算法的基本思想：以信息熵的下降速度作为选取测试属性的标准，即所选的测试属性是从根到当前节点的路径上尚未被考虑的具有最高信息增益的属性。具体步骤如下：

```
函数 ID3(样本集合 D,特征集合 A):
{    如果 D 中所有样本属于同一类别 C:
          返回一个单节点树，标记为类别 C
     如果 A 为空或 D 中样本在所有特征上取值相同:
          返回一个单节点树，标记为 D 中样本数最多的类别(多数表决)
     选择信息增益最大的特征 a ∈ A
     创建一个决策树节点 N，以特征 a 作为划分属性
     对于特征 a 的每一个可能取值 v:
          令 Dv 为 D 中在特征 a 上取值为 v 的样本子集
          如果 Dv 为空:
               在 N 下添加一个子节点，标记为 D 中样本数最多的类别
          否则:
               递归调用 ID3(Dv, A - {a})，将生成的子树作为 N 的子节点
返回以 N 为根的子树
}
```

2. C4.5 算法

C4.5 算法是一种改进的 ID3 算法，其核心思想是采用信息增益比（gain ratio）选择最佳特征，同时支持连续特征，并引入剪枝。C4.5 算法主要解决 ID3 算法偏向多值特征的问题，能够支持连续数值型特征，采用后剪枝防止过拟合。C4.5 算法适用于具有混合类型特征（离散 + 连续）的数据集。其中信息增益比公式为

$$\text{gainratio}(D, A) = \frac{IG(D, A)}{IV(A)}$$

式中，$IV(A)$ 为特征 A 的固有值。

$$IV(A) = -\sum_{v \in A} \frac{|D_v|}{|D|} \log_2 \left(\frac{|D_v|}{|D|} \right)$$

3. CART 算法

CART（classification and regression tree）是面向分类任务和回归任务的决策树，二者的区别在于特征选择指标不同。分类任务使用基尼指数（Gini index）作为特征选择指标；回归任务使用均方误差（ mean squared error，MSE）作为划分标准。其支持二元树结构（每个节点最多有两个子节点）。

基尼指数公式如下：

$$\text{Gini}(D) = 1 - \sum p_i^2$$

式中，p_i 是类别 i 的概率。

均方误差公式为

$$\text{MSE}(D) = \frac{1}{n} \sum (y_i - \hat{y})^2$$

式中，y_i 是理想的特征分类，$\hat{y}$ 为模型输出分类，n 为样本总数。

4. 基于 ID3 算法的决策树生成实例

以根据以往天气判断是否适合打垒球，来利用 ID3 算法构建决策树。表 8-10 为垒球活动的经验表，从中可以看出，影响活动是否进行的要素有天气、温度、湿度和风速。

表 8-10　垒球分析数据

天气	温度	湿度	风速	活动
晴	炎热	高	弱	取消
晴	炎热	高	强	取消
阴	炎热	高	弱	进行
雨	适中	高	弱	进行
雨	寒冷	正常	弱	进行
雨	寒冷	正常	强	取消
阴	寒冷	正常	强	进行
晴	适中	高	弱	取消

续表

天气	温度	湿度	风速	活动
晴	寒冷	正常	弱	进行
雨	适中	正常	弱	进行
晴	适中	正常	强	进行
阴	适中	高	强	进行
阴	炎热	正常	弱	进行
雨	适中	高	强	取消

步骤 1：根据熵公式计算活动的熵，一共 14 次记录，9 次进行，5 次取消（表 8-11），活动的熵为 0.94。

表 8-11 垒球数据统计

天气	温度	湿度	风速	活动
阴	炎热	高	弱	进行
雨	适中	高	弱	进行
雨	寒冷	正常	弱	进行
阴	寒冷	正常	强	进行
晴	寒冷	正常	弱	进行
雨	适中	正常	弱	进行
晴	适中	正常	强	进行
阴	适中	高	强	进行
阴	炎热	正常	弱	进行
晴	炎热	高	弱	取消
晴	炎热	高	强	取消
雨	寒冷	正常	强	取消
晴	适中	高	弱	取消
雨	适中	高	强	取消

$$H（活动）=-(9/14)\log_2(9/14)-(5/14)\log_2(5/14)=0.94$$

步骤 2：根据表 8-11 分别计算是否活动的概率和天气的联合概率。如在 14 天中有 5 次晴天的情况下，有 2 次活动举行，3 次活动取消，因此得到晴天时活动的联合概率为 2/5。以此类推，得到活动与天气的联合概率如图 8-15 所示。

步骤 3：根据联合概率，计算不同天气的条件熵。天气有三个属性值，即晴、阴和雨。其熵分别利用条件熵公式来计算，得到如图 8-16 所示的结果。

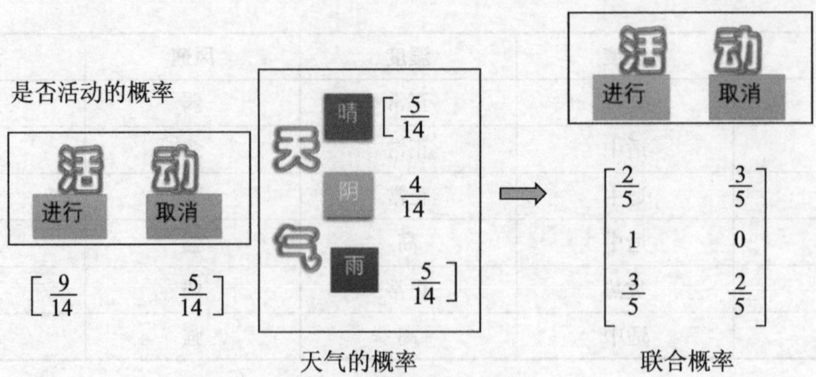

图 8-15 联合概率计算

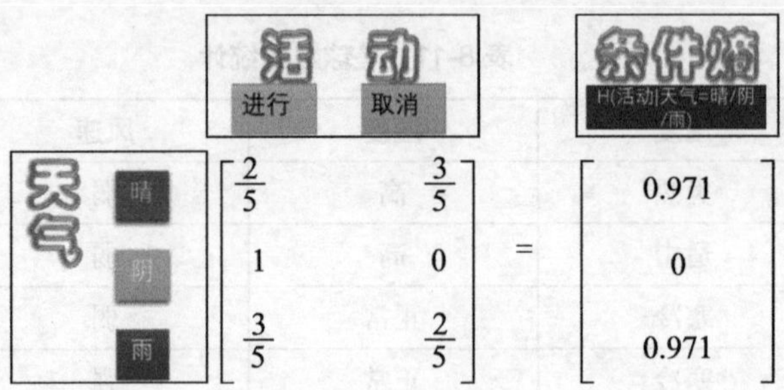

图 8-16 条件熵

根据不同天气的条件熵计算已知天气的活动条件熵如下：

H（活动 | 天气）=（5/14）H（活动 | 晴）+（4/14）H（活动 | 阴）+（5/14）H（活动 | 雨）≈0.694

步骤 4：重复步骤 3，分别计算得到湿度、温度、风速的活动条件熵，根据计算得到的条件熵来计算各个特征属性的信息增益，具体公式如下所示。

IG（活动 ; 天气）= H（活动）− H（活动 | 天气）= 0.94 − 0.694 = 0.246

IG（活动 ; 温度）= H（活动）− H（活动 | 温度）= 0.94 − 0.911 = 0.029

IG（活动 ; 湿度）= H（活动）− H（活动 | 湿度）= 0.94 − 0.789 = 0.151

IG（活动 ; 风速）= H（活动）− H（活动 | 风速）= 0.94 − 0.892 = 0.048

利用活动熵减去不同特征属性的条件熵，得到特征属性的信息增益。根据信息增益可知，天气的信息增益最大，所以选择天气作为特征树的根节点特征，得到如图 8-17 所示的特征子树。

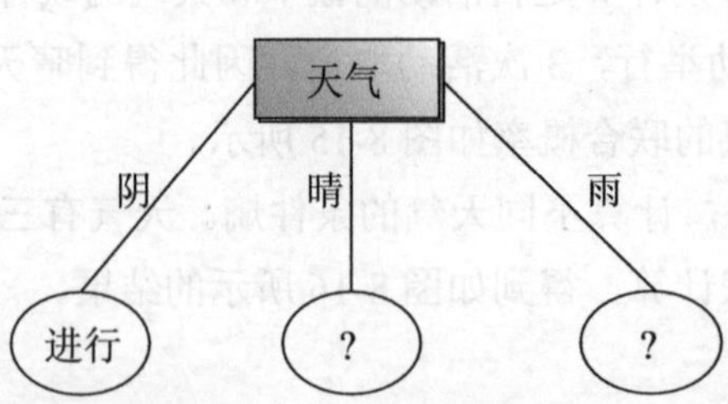

图 8-17 特征子树

步骤 5：按照天气进行分类（图 8-18）。

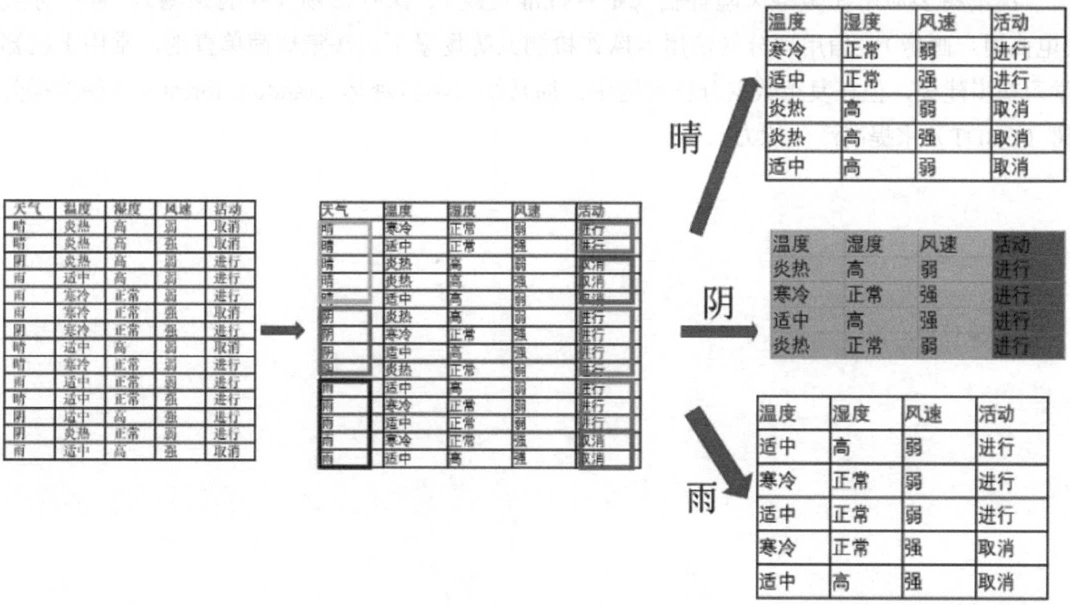

图 8-18 天气分类图

步骤 6：按照同样的方式，继续计算各特征的信息增益，最终得到如图 8-19 所示的决策树。天气作为根节点；在晴天条件下，选择湿度作为二次决策条件；在雨天条件下，选择风速作为二次决策条件。分支到达的叶子节点即为决策结果，即活动取消或举行。

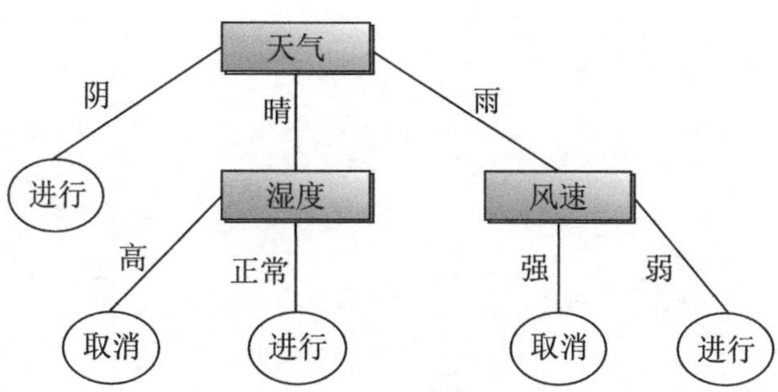

图 8-19 垒球分析决策树

根据构建好的决策树，就可以根据条件进行决策，即获得如图 8-20 所示的决策规则。

- 天气=**阴**⇒进行
- 天气=**晴**且湿度=**正常**⇒进行
- 天气=**晴**且湿度=**高**⇒取消
- 天气=**雨**且风速=**强**⇒取消
- 天气=**雨**且风速=**弱**⇒进行

图 8-20 分析决策

5. 结论

决策树多应用在金融风险评估（是否批准贷款）、医疗诊断（疾病预测）、客户分类（电商用户画像）、信用评分（信用卡欺诈检测）等场景下。决策树简单直观，常用于机器学习初步建模，但在复杂数据分析问题中，通常结合随机森林（random forest）或梯度提升树（GBDT）来提高泛化能力。

第 9 章 贝叶斯分类算法

9.1 贝叶斯定理的基本概念

首先来了解一下分类模型。分类问题是大数据分析中的一个主要问题。大数据内容丰富，蕴藏大量信息，可以用来做出智能的商务决策。其中，分类和预测是两种主要的数据分析形式，可以用于提取描述重要数据类的模型或预测未来的数据趋势。预测一般指建立连续值的函数模型，用来预测未知或者丢失的数值。例如，建立预测模型，给定潜在顾客的收入和职业，预测他们将会在计算机设备上的花费。分类是预测判断分类标号（一般是离散值，类别）。如可以建立一个分类模型，对银行贷款的安全或风险等级进行分类。在机器学习中，分类算法有很多。分类器总体来说可以分成结构型分类器和统计型分类器。结构型分类器如决策树、神经网络等。通过对分类模型的抽象，其总体上可以分为两类。

（1）一般分类模型：这类分类器通常可以看作一个函数，它把对象具有的特征映射到类的空间上。

$$f(x_{i1}, x_{i2}, x_{i3}, \cdots, x_{in}) \to y_i$$

（2）朴素贝叶斯分类：属于典型的统计型分类，通过计算和比较样本所属各类别的概率值，来确定分类的结果。

$$p(y_i \mid x_{i1}, x_{i2}, \cdots, x_{in})$$

下面介绍什么是贝叶斯分类。

贝叶斯分类是统计学分类方法。它可以预测类成员关系的可能性，也就是给定样本属于一个特定类的概率。分类算法的比较研究发现，一种称作朴素贝叶斯分类的简单贝叶斯分类算法可以与判定树和神经网络分类算法相媲美。用于大型数据库时，贝叶斯分类也已表现出高准确率与高速度。

贝叶斯分类基于贝叶斯定理。下面引入一个具体的实例，从概念介绍开始，逐步详细展开基于贝叶斯定理的贝叶斯分类问题。

用于分类的数据样本如表 9-1 所示，这里一共有 5 个属性，分别是年龄、收入、学生、信用、买了电脑，其中最后一个属性“买了电脑”称为类别属性，也叫类标签属性，即基于这个属性的取值不同进行分类。这个问题是将样本分为两类，“是”就是购买了电脑的一类，“否”就是不购买电脑的一类。前面的 4 个属性称为特征属性，依据这些特征属性对样本是否购买电脑进行分类。

表 9-1　分类的数据样本

年龄	收入	学生	信用	买了电脑
<30	高	否	一般	否
<30	高	否	好	否
30～40	高	否	一般	是
>40	中等	否	一般	是
>40	低	是	一般	是
>40	低	否	好	否
30～40	低	是	好	是
<30	中等	否	一般	否
<30	低	是	一般	是
>40	中等	是	一般	是
<30	中等	是	好	是
30～40	中等	否	好	是
30～40	高	是	一般	是
>40	中等	否	好	否

注：年龄的单位为岁，后文中省略。

通过构建分类模型，最终可以对未知类别样本进行分类，如某个样本具有如下信息，即年龄 <30，收入中等，是学生，信用一般，要判断该样本是否会购买电脑。

下面来看一下贝叶斯定理。

- 设 X 是类标号未知的数据样本。
- 设 H 是 X 属于类 C 的某个假定，上例中 H 可以取两个值，即对应两个假定。
- 确定 P（$H|X$）。对于分类问题，一般希望确定给定的观测数据样本 X，假定 H 成立的概率。
- P（H）称为先验概率，例如上例中，在不考虑年龄、收入等属性取值的情况下，X 将会购买计算机的概率是多少。
- P（X）是指具有某类属性特征值的样本的概率，如所有顾客中年龄在 35 岁收入是 4 万元的这类顾客的概率是多少。
- P（$X|H$）是在条件 H 下 X 的后验概率。例如，指给定 X 将会购买计算机，X 是年龄为 31～40, 中等收入的概率。

给定训练集 X，假设 H，计算 P（$H|X$），贝叶斯定理为

$$P(H \mid X)=P(X \mid H)\frac{P(H)}{P(X)}$$

最终如何判断样本属于哪个类别呢？预测 X 属于类 C_2，当且仅当概率 P（$C_2|X$）在所有的 P（$C_i|X$）中具有最大值。其中 i（i=1，2，…，m）为类标签的编号。

在实际中，应用贝叶斯定理需要众多的初始信息来估计大量的概率值，由于分类样本一般具有多个特征属性，因此应用贝叶斯公式计算实际问题，计算成本较大。

9.2 朴素贝叶斯分类

这一节将学习朴素贝叶斯分类算法。基于贝叶斯公式，即

$$P(A|B)=\frac{P(B|A)P(A)}{P(B)}$$

贝叶斯分类的基本思路如下。

- 现假设全体样本数据分为两种类别，即 C_1 和 C_2，给定实例 $X=\{x_1, x_2, \cdots, x_n\}$，要求得到 X 所属的类别是 C_1 还是 C_2。
- 分别计算后验概率，或称条件概率 $P(C_1|X)$ 和 $P(C_2|X)$ 的值，如果 $P(C_1|X)>P(C_2|X)$，则实例 X 属于 C_1，否则属于 C_2。

实质上，这里是计算在 X 出现的情况下（指一系列具体属性特征），X 属于哪种类别的概率更高。

下面进一步给出朴素贝叶斯分类的概念。

- 设 D 是训练元组的集合（具有类标号），贝叶斯分类算法属于有监督学习，对于训练样本，一定要知道其所属类别。每个元组用一个 n 维向量表示，即 $\boldsymbol{X}=(x_1, x_2, \cdots, x_n)$，这里 x 是描述由 n 个属性 $A=(A_1, A_2, \cdots, A_n)$ 对元组的 n 个测量，即 n 个属性的属性取值。
- 假定有 m 个类 C_i（$C_1, C_2, \cdots, C_m$），给定元组 $\boldsymbol{X}$，分类法将预测 $\boldsymbol{X}$ 属于具有最高后验概率的类（在 $\boldsymbol{X}$ 条件下），即最大的 $P(C_i|\boldsymbol{X})$。
- 根据贝叶斯定理，即

$$P(C_i|\boldsymbol{X})=\frac{P(\boldsymbol{X}|C_i)P(C_i)}{P(\boldsymbol{X})}$$

在公式中，分母 $P(\boldsymbol{X})$ 是指具有这类特征的样本占全体样本的比例，$P(\boldsymbol{X})$ 对所有类都是同一值，可视为常数，因此，仅当 $P(\boldsymbol{X}|C_i)P(C_i)$ 最大时即可。

其中，类的先验概率估计为 $P(C_i)=|C_{i,D}|/|D|$，即在全体样本中，C_i 类样本所占的比例。

从简单情况开始分析，如果只有一个特征属性时，即样本除类标签属性以外，只有一个属性，该公式可直观地表示如下：

$$P(\text{类别}|\text{特征})=\frac{P(\text{特征}|\text{类别})P(\text{类别})}{P(\text{特征})}$$

在公式中，先验概率 $P(C_i)$ 代表还没有训练数据前 C_i 拥有的初始概率。它是独立于样本的。

如果没有这一先验知识，那么可以简单地将每一候选类别赋予相同的先验概率。不过通常可以用样例中属于 C_i 的样例数 $|C_i|$ 与总样例数 $|D|$ 的比值来近似，即 $P(C_i)=|C_{i,D}|/|D|$。

$P(C_i|X)$ 被称为 C 的后验概率（posterior probability），即给定数据样本 $\boldsymbol{X}$ 时 C_i 成立的概率。后验概率 $P(C_i|\boldsymbol{X})$ 反映了在看到数据样本 $\boldsymbol{X}$ 后 C_i 成立的置信度。

下面通过一个例题进行说明。

假设某地区切片细胞中存在正常和异常两类，分别用 w_1 和 w_2 表示，先验概率分别为 $P(w_1)=0.9$，$P(w_2)=0.1$。现有一待识别细胞呈现出状态 X，由其类条件概率密度分布曲线查得 $P(X|w_1)=0.2$，$P(X|w_2)=0.4$，试对细胞 X 进行分类。

这个问题就是比较 $P(w_1|X)$ 和 $P(w_2|X)$ 的大小。

利用贝叶斯公式，分别计算出状态为 X 时 w_1 与 w_2 的后验概率。

$$P(w_1 \mid X)=\frac{P(X \mid w_1)P(w_1)}{\sum_{j=1}^{2} P(X \mid w_j)P(w_j)}=\frac{0.2\times 0.9}{0.2\times 0.9+0.4\times 0.1}=0.818$$

这个公式中的分母，是使用全概率公式计算的 $P(X)$ 值。

$$P(w_2 \mid X)=1-P(w_1 \mid X)=1-0.818=0.182$$

$$P(w_1 \mid X)>P(w_2 \mid X)$$

因此判定该细胞为正常细胞。

当样本有多个特征属性时，计算不同类别中具有某些组合特征概率 $P(X|C_i)$ 的开销可能非常大。

例如，假设有两个可用于判别的特征属性，即特征 1 和特征 2，贝叶斯公式为

$$P(\text{类别 1=| 特征 1，特征 2})=\frac{P(\text{特征 1 | 类别 1})P(\text{特征 2 | 类别 1})P(\text{类别 1})}{P(\text{特征 1，特征 2 | 类别 1})P(\text{类别 1})+P(\text{特征 1，特征 2 | 类别 2})P(\text{类别 2})}$$

为了降低计算的开销，可以作类条件独立的朴素假设。假定属性值具有条件的相互独立。在现实世界中，特征之间存在一定的依赖关系（例如一个人的年龄和年薪，在大多数情况下存在明显的依赖关系，如 9.1 节中学生和年龄、收入之间是存在联系的）。然而，朴素贝叶斯假设样本的特征之间彼此独立，没有相关关系。

因此，有

$$\begin{aligned}P(\boldsymbol{X} \mid C_i)&=P[(x_1, x_2, \cdots, x_n) \mid C_i]=P(x_1 \mid C_i)P(x_2 \mid C_i)\cdots P(x_n \mid C_i)\\&=\prod_{k=1}^{n} P(x_k \mid C_i)\end{aligned}$$

式中，$P(x_k|C_i)$ 是 C_i 类中属性值为 x_k 的元组数除以 C_i 类的元组数。

9.3 零概率问题的修正

朴素贝叶斯估计的每个条件概率必须是非零的，否则，预测概率将会是 0。这是由公式存在概率联乘的形式所导致的。

$$P(\boldsymbol{X} \mid C_i)=\prod_{k=1}^{n} P(x_k \mid C_i)$$

例如，数据集中类 C_1 购买电脑 = yes 有 1000 个元组。其中属性收入有 3 种取值，分别

为低、中、高，收入 = 低有 0 个，收入 = 中等有 990 个，收入 = 高有 10 个，因此在计算 C_1 类中，会出现具有收入为低这一特征的概率为 0 的问题。

$$P(\text{收入}=\text{低}\,|C_1)=0/1000=0$$
$$P(\text{收入}=\text{中等}\,|C_1)=990/1000=0.99$$
$$P(\text{收入}=\text{高}\,|C_1)=10/1000=0.01$$

在表 9-1 中也存在这一问题。观察表中的样本数据，没有买电脑的类别一共有 5 个样本。在这 5 个样本中，学生这个属性的取值都是否。

这时，如果要计算 P（w| 未买电脑），即

w =（年龄 <30，收入中等，是学生，信用一般），

就会出现 P（是学生 | 未买电脑）= 0/5 = 0，

P（w| 未买电脑）= 0.6 × 0.4 × 0 × 0.4 = 0。

最后应用贝叶斯公式进行分类时，有

P（$w|C_1$）P（C_1）= P（w| 未买电脑）P（未买电脑）= 0

如何解决这一问题，通常的做法是使用拉普拉斯校准方法，每个计数加 1，如前面例题中，每种特征中样本数增加一个，总样本数加 3，分母变成 1003，收入为低的概率值不为 0 了。

$$P(\text{收入}=\text{低})=1/1003=0.001$$
$$P(\text{收入}=\text{中等})=991/1003=0.988$$
$$P(\text{收入}=\text{高})=11/1003=0.011$$

这个校准的概率虽然变了，但是很接近未校准的概率。这里也能看出拉普拉斯平滑分母越大，效果越好。其公式表示如下：

$$P(w_i\,|\,C_i)=\frac{\text{count}(w_i\,|\,C_i)+\lambda}{\text{count}(C_i)+N\lambda}$$

校准前，概率可能为 0，分子中加入 λ，常取 λ=1。相应地，在分母中计入 $N\lambda$，其中 N 为属性的个数。校准后，概率接近原概率，但不会变成 0。

由于朴素贝叶斯分类在文本情感分类中经常使用，下面举例说明如何应用朴素贝叶斯分类以及拉普拉斯平滑方法进行文本的情感分类。

现假设所有的句子可以分为两类：积极态度（C_1）、消极态度（C_2）。

一个句子有特征 w_1、w_2、…、w_n，这 n 个特征相互独立。对于文本情感分类的任务，特征 w_1、w_2、…、w_n 分别代表该句子中对应的单词。

文本处理的步骤如下。

（1）先分词，然后去停用词。每一句话表示为特征词的集合，即 $\{w_1, w_2, \cdots, w_n\}$。

在每种情绪中单词出现的概率：

$$P(w_i\,|\,C_j)\approx\frac{C_j\text{中}w_i\text{的词频}}{\text{训练集中属于}C_j\text{的单词总数}}$$

（2）对于带标签训练集（量越多越好），可以近似计算以下参数。

每个单词出现的概率：

$$P(w_i) \approx \frac{w_i\text{的词频}}{\text{训练集的单词总数}}$$

每种情绪出现的概率：

$$P(C_j) \approx \frac{C_j\text{的句子总数}}{\text{训练集的句子总数}}$$

（3）在知道了这些概率之后，最终应用贝叶斯计算公式进行分类，默认每个单词的出现都相互独立，符合朴素贝叶斯假设。

$$P(C_j \mid w_1, w_2, \cdots, w_n) = \frac{P(C_j)P(w_1, w_2, \cdots, w_n \mid C_j)}{P(w_1, w_2, \cdots, w_n)} = \frac{P(C_j)\prod_{i=1}^{n} P(w_i \mid C_j)}{\prod_{i=1}^{n} P(w_i)}$$

当某个测试样本，其特征为 $\{w_1, w_2, \cdots, w_n\}$，那么就计算 P（C=1|W）和 P（C=2|W）的概率值。前者大，则该样本被认为是 1 类；后者大，则该样本被认为是 2 类。

举例说明，训练集表 9-2 中共 8 个样本，分成 2 类，其中 C_1 正向情感评价的有 5 个，C_2 负向情感评价的有 3 个。

表 9-2 训练集表

样本	分类
good!	C_1
a good movie!	C_1
good! good movie!	C_1
bad.	C_2
waste of time.	C_2
worth it!	C_1
I love this movie!	C_1
low movie!	C_2

现在假设某测试样本为“this is a good movie!”，朴素贝叶斯分类如下。

（1）分词去停用词获得 8 个特征词，即

{good，movie，bad，waste，time，worth，love，low}。

计算正向词总数 N_{pos} 和负向词总数 N_{neg}。

$$C_{1\text{Npos}}=4,\ C_{2\text{Nneg}}=5$$

这里的正向词指的是 good、movie、worth、love，负向词指的是 movie、bad、waste、time、low5 个。

（2）计算正向情感文本和负向情感文本的先验概率，分别为

$$P（C_1）=5/8, P（C_2）=3/8$$

（3）待分类文本特征为 $\{w_1$=good，w_2=movie$\}$。

由于在第 2 类中，负向情感句子中不存在 good 这个特征词，因此需要进行拉普拉斯校准。

在实际语言建模中，朴素贝叶斯情感分类经常使用修正的拉普拉斯平滑算法，分子加 1，分母加 V（词汇表中不同单词的个数）计算似然概率。

$$\hat{P}(w_i|C)=\frac{\text{count}(w_i,C)+1}{\sum_{w\in v}(\text{count}(w,C)+1)}=\frac{\text{count}(w_i,C)+1}{\left(\sum_{w\in v}\text{count}(w,C)\right)+|V|}$$

在这里，假设为 C_1 类的概率为

$$P(w_1,\ w_2|C_1)=P(C_1)P(w_1|C_1)P(w_2|C_1)=\frac{5}{8}\times\frac{3+1}{4+8}\times\frac{3+1}{4+8}=0.069$$

假设为 C_2 类的概率为

$$P(w_1,\ w_2|C_2)=P(C_2)P(w_1|C_2)P(w_2|C_2)=\frac{3}{8}\times\frac{0+1}{5+8}\times\frac{1+1}{5+8}=0.004$$

该样本属于 C_1 类，正向情感类别。

9.4 贝叶斯分类算法举例

应用朴素贝叶斯分类算法，对表 9-1 这个例子进行完整的计算和分析。

这个样本集中共 14 个训练实例，分为两个类别，即会买电脑和不会买电脑。除了分类属性外，每个训练实例都有 4 个属性。

现有待分类实例，其属性特征取值为（年龄 <30，收入中等，是学生，信用一般）。

要求应用朴素贝叶斯分类方法来判断，该实例属于哪一类？是购买电脑的一类，还是不购买电脑的一类？

首先计算先验概率 $P(C_i)=|C_{i,D}|/|D|$，它表示一个人会买电脑的可能性是多少。在这 14 个样本中，9 个是购买电脑的，因此，类 C_1 的先验概率为 $P(C_1)=9/14$。

不买电脑的可能性为 $P(C_2)=5/14$。

在本例中，具有某类特征的人会买电脑的可能性是多少？如一个收入高的人会买电脑的可能性是多少？学生购买电脑的可能性是多少？这类概率就是后验概率，即符合某类条件的概率。

在表 9-1 中属性收入取值为高的样本为 4 个，其中属于购买电脑一类的有 2 个，所以有

$$P(C_1|\text{收入高})=2/4=0.5$$

表 9-1 中样本是学生的有 6 个，而这 6 个人全部都购买了电脑，因此，有

$$P(C_1|\text{学生})=6/6=1$$

那么，一个年龄 <30、收入中等、是学生、信用一般的人会买电脑的可能性是多少呢？

待分类实例表示为（年龄<30，收入中等，是学生，信用一般），其计算和前面一样，只不过特征条件多了，所以计算的也是具有这些特征的人购买电脑的概率，即后验概率。

根据贝叶斯公式，首先要反过来算在类别 C_1 中，具有年龄<30、收入中等、是学生、信用一般这些特征的样本概率，即表达式为

$$P（年龄<30，收入中等，是学生，信用一般|C_1）$$
$$=P（收入中等|C_1）P（是学生|C_1）P（信用一般|C_1）$$
$$=（2/9）\times（4/9）\times（6/9）\times（6/9）=0.044$$

根据朴素贝叶斯条件独立假设，这个概率值等于在 C_1 类中各特征概率的乘积。

可以用同样的方法计算在 C_2 类中具有这些特征的样本所占的比例，然后乘以各类别的先验概率，根据贝叶斯公式比较这个概率值，其中最大的就是该实例所属类别。在计算的过程中，如果出现似然概率为 0 的情况，则采用拉普拉斯校准对它进行修正。

$$P(C_1|年龄<30,收入中等，是学生，信用一般)=\frac{P(年龄<30,收入中等，是学生，信用一般|C_1)P(C_1)}{P(年龄<30)P(收入中等)P(是学生)P(信用一般)}$$

$$P(C_2|年龄<30,收入中等，是学生，信用一般)=\frac{P(年龄<30,收入中等，是学生，信用一般|C_2)P(C_2)}{P(年龄<30)P(收入中等)P(是学生)P(信用一般)}$$

这里，已经计算出来两个类别的先验概率：

$$P（C_1）=9/14=0.643$$
$$P（C_2）=5/14=0.357$$

由于贝叶斯公式分母 $P（w）$ 对于两类都相同，因此不用计算。

计算 $P（w|C_1）$，在朴素性假设下，$w=$（年龄<30，收入中等，是学生，信用一般），表 9-1 中购买电脑的有 9 个。

$$P（年龄<30|C_1）=2/9=0.222$$
$$P（收入中等|C_1）=4/9=0.444$$
$$P（是学生|C_1）=6/9=0.667$$
$$P（信用一般|C_1）=6/9=0.667$$
$$\mathrm{P}（w|C_1）=0.222\times0.444\times0.667\times0.667=0.044$$
$$P（w|C_1）P（C_1）=0.044\times0.643=0.028$$

同理，计算 $P（w|C_2）$。

$$P（年龄<30|C_2）=3/5=0.6$$
$$P（收入中等|C_2）=2/5=0.4$$
$$P（是学生|C_2）=1/5=0.2$$
$$P（信用一般|C_2）=2/5=0.4$$
$$P（w|C_2）=0.6\times0.4\times0.2\times0.4=0.019$$
$$P（w|C_2）P（C_2）=0.019\times0.357=0.007$$

最后，比较两个概率值。

$P(w|C_1)P(C_1) > P(w|C_2)P(C_2)$

因此，这个样本最终被分为购买电脑的一类。

贝叶斯分类在应用中分为两个阶段，即准备工作阶段和应用阶段，如图 9-1 所示。首先确定属性特征，即确定分类属性和特征属性；然后获取训练样本，计算每个类别的先验概率 $P(C)$，再计算每个属性的条件概率，即似然概率 $P(X|C)$。这两个过程属于分类器的训练阶段。在应用阶段，根据待分类样本所具有的特征，计算 $P(X|C_i)P(C_i)$ 的乘积，最后选择最大项为 X 所属类别。

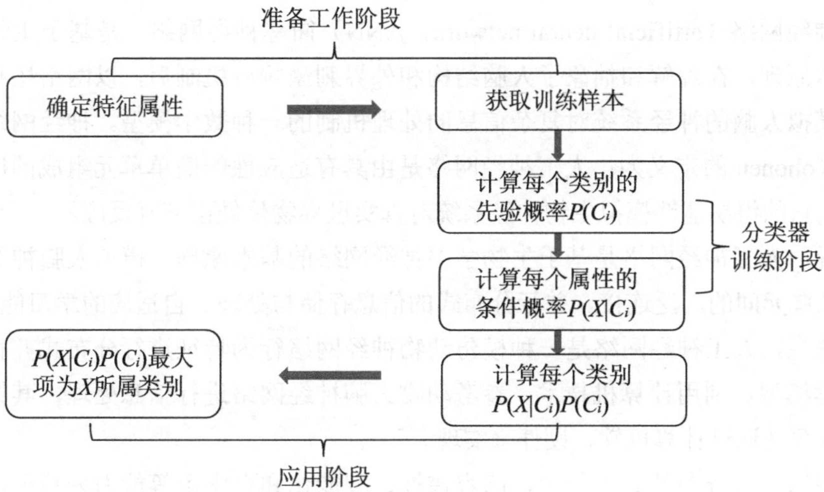

图 9-1 贝叶斯分类算法过程

以上讲述了贝叶斯分类的应用原理，在实际中可以使用已有的工具来实现。比如 sklearn，它是 Python 第三方提供的一个强大的机器学习库，包含了从数据预处理到训练模型的各个方面。sklearn 的 naive_bayes 模块中提供了 3 种朴素贝叶斯分类算法。这 3 种算法应用的对象特征值有所不同。

（1）高斯朴素贝叶斯（Gaussian NB）：特征变量是连续变量，符合高斯分布，比如说人的身高、物体的长度。

（2）多项式朴素贝叶斯（Multinomial NB）：特征变量是离散变量，符合多项式分布。例如，在文档分类中，特征变量体现在一个单词出现的次数，或者是单词的 TF-IDF 值等。

（3）伯努利朴素贝叶斯（Bernoulli NB）：特征变量是布尔变量，符合 0-1 分布，例如，在文档分类中特征是单词是否出现。

可以根据待分类问题特征属性值特点选择不同的贝叶斯模型。

第 10 章 人工神经网络

10.1 人工神经网络的概述

人工神经网络（artificial neural network，ANN）简称神经网络，是基于生物学中神经网络的基本原理，在理解和抽象了人脑结构和外界刺激响应机制后，以网络拓扑知识为理论基础，模拟人脑的神经系统对复杂信息的处理机制的一种数学模型。神经网络的定义很多，其中 Kohonen 的定义为：人工神经网络是由具有适应性的简单单元组成的广泛并行互连的网络，它的组织能够模拟生物神经系统对真实世界物体做出交互反应。

可以说，人工神经网络是基于生物学中神经网络的基本原理，模拟人脑神经细胞的工作特点，如单元间的广泛连接、并行分布式的信息存储与处理、自适应的学习能力等。

总体来说，人工神经网络是一种模仿动物神经网络行为特征进行分布式并行信息处理算法的数学模型。利用计算机技术，参考动物大脑神经网络进行信息处理，其核心是数学算法，这些算法通过计算机软、硬件来实现。

该模型以并行分布的处理能力、高容错性、智能化和自学习等能力为特征，将信息的加工和存储结合在一起，以其独特的知识表示方式和智能化的自适应学习能力，引起各学科领域的关注。它实际上是一个由大量简单元件相互连接而成的复杂网络，具有高度的非线性，能够进行复杂的逻辑操作和实现非线性关系。

人工神经网络的发展可以大致总结为四个阶段。

（1）第一阶段：从诞生到初步发展，这个阶段的特征主要是 MP 模型和感知机的提出。

1943 年，沃伦·麦卡洛克和沃尔特·皮茨首次提出了人工神经网络的概念以及人工神经元的数学模型——MP 模型。普遍认为，MP 模型是人工神经网络的起点。MP 模型结构如图 10-1 所示。

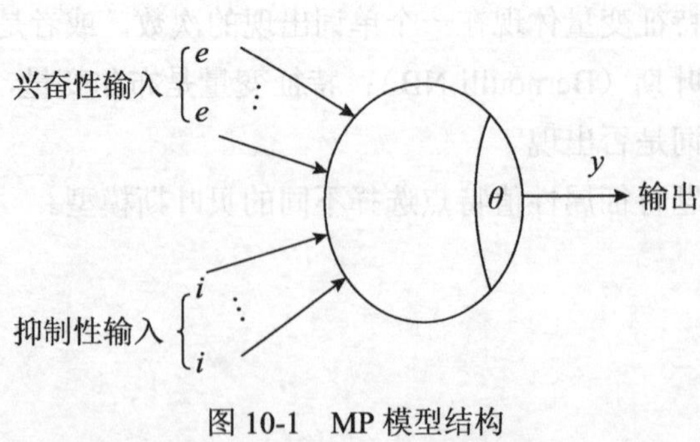

图 10-1 MP 模型结构

最初的MP模型没有调整权值的算法。1949年，赫布出版了《行为的组织》一书，为神经网络中的信息通过连接权值进行存储的观点奠定了基础。自此之后，权值的调整算法的研究得以展开，目前的神经网络，其不同功能的实现是通过调整人工神经网络的权值来实现的。

1957年，罗森布拉特提出了感知器的概念。本质上，感知器仍然是MP模型，但引入了学习的概念（图10-2），通过误差学习算法由人工调整权值，不断优化感知器的输出，使预测结果与实际结果逐渐接近，直至一致。可以认为感知器是第一个真正意义上的人工神经网络。感知器的提出掀起了20世纪60年代的神经网络研究热潮。当时人们认为只要将大量的神经单元组合在一起就可以解决任何问题。

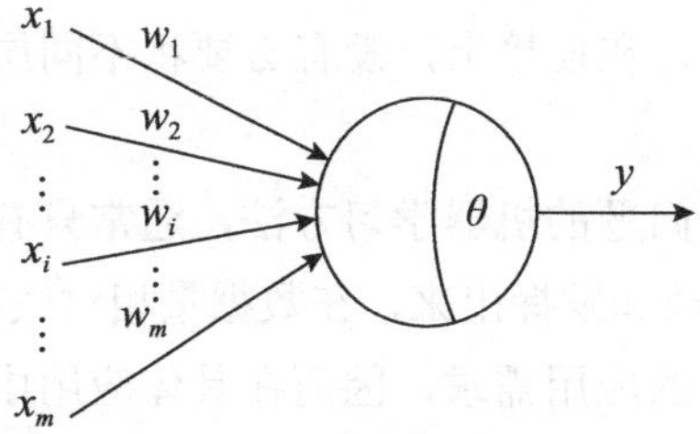

图10-2 感知器示意

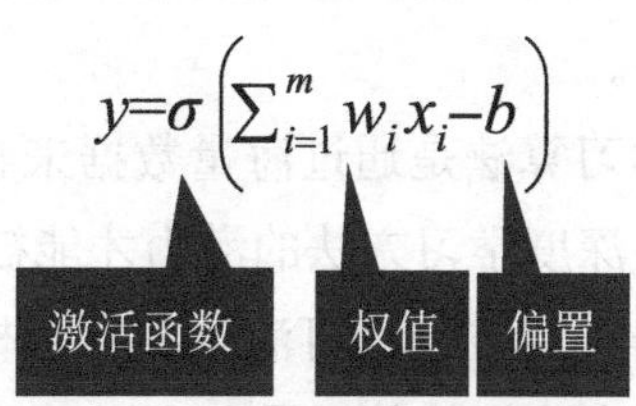

图10-3 感知器模型函数表达式

图10-3是感知器模型的函数表达式，这是模型结构，这里有m个输入，每个输入都附有权值w，在神经元内转换之后，输出一个y值。

（2）第二阶段：低潮期，始于1969年。

这一阶段，《感知机》一书出版，指出感知机模型无法解决非线性分类问题。感知机只能解决简单的线性问题，解决非线性问题必须使用多层网络，而多层网络的实际作用此时还无法证明。

由于明斯基在人工智能领域的巨大影响力，这一观点对人工神经网络的研究造成了直接冲击，相关研究迅速进入低潮。

（3）第三阶段：可以称为复兴期，多层感知机模型（图10-4）的提出，解决了非线性分类的问题。

这一阶段提出了新的神经网络模型，如Hopfield的两篇论文提出新的神经网络模型，还有人提出了误差反向传播算法（简称BP算法）。误差反向传播算法目前仍是人工神经网络中非常基础的算法之一，在现有人工神经网络模型中得到了广泛应用。

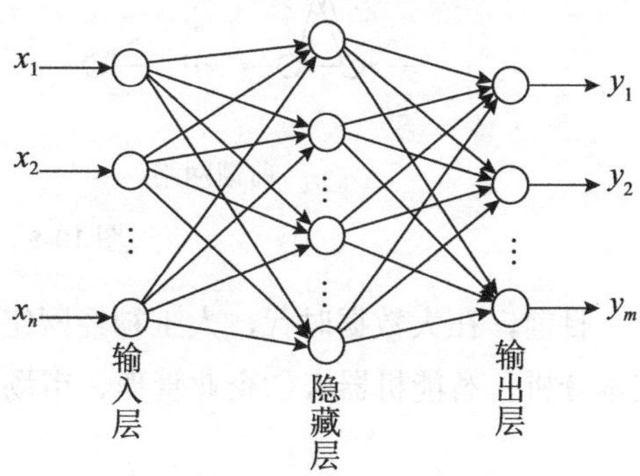

图10-4 多层神经网络模型

BP算法使人工神经网络具有了自学能力和概括能力，但也存在明显的缺陷，即在网络层数较多时，容易陷入局部最优解，也容易产生过拟合，并且当时的计算机系统也不能支持庞大的数据集运算。1995 年，有学者提出了支持向量机（SVM）模型，该方法没有局部最优问题，并且在样本数量较少的情况下，也能获得较为理想的结果，因此在 BP 算法发展遇到瓶颈时，部分研究人员转向了 SVM 的研究。

（4）第四阶段：大数据时期，大致从 2008 年开始到目前，其特征为深度学习。

这一阶段提出了深度学习（deep learning）概念。深度学习是从数据中学习表示的一种新方法，强调从连续的层中进行学习。深度学习包含的算法有卷积神经网络（CNN）、循环神经网络（RNN）等。

注意，深度学习中的深度指的并不是利用这种方法获取更深层次的理解，而是指一系列连续的表示层。数据模型中包含的层数，被称为模型的深度（depth）。

深度学习中使用的神经网络具有更多的隐藏层。这些隐藏层位于神经元的第一层（即输入层）和最后一层（即输出层）之间。另外，在连接上，没有必要将不同层的所有神经元连接起来。

深度学习算法是通过海量数据来解决复杂问题的机器学习方法，通常只有在海量数据的支持下，深度学习方法的潜力才能被充分释放和发挥出来，在数据量相对较小的情况下，普通的机器学习方法即可满足数据建模与预测的应用需求，因而在具体应用中，通常需要根据特定研究目标的数据量与应用需求来选取合适的算法。

目前，随着对神经网络的研究越来越多，神经网络模型种类也非常多，可以从不同的角度对人工神经网络进行分类。例如，从网络性能角度可分为连续型网络与离散型网络、确定性网络与随机性网络。从学习方式角度可分为有导师学习网络和无导师学习网络。按连续突触性质可分为一阶线性关联网络和高阶非线性关联网络。从网络结构角度可分为前向网络与反馈网络，如图 10-5 所示。

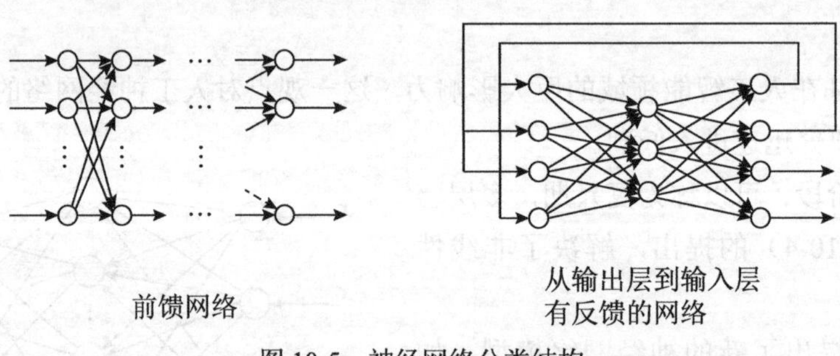

图 10-5　神经网络分类结构

目前，在大数据时代，人工神经网络广泛应用于语音识别、图像识别、自然语言处理、文本分析、智能机器人、企业管理、市场分析、决策优化、自动驾驶等很多方面。

10.2 线性分类器的训练

本节的内容是神经网络算法的一个引导，主要介绍如何训练一个简单的线性分类器。

什么是线性分类？图 10-6 是一个线性回归模型，可以用 $y=a+bx$ 的线性函数形式表示这条直线，图中这些点分布在这条直线的周围，用这条直线拟合这些点，就是找出 x 和 y 的函数关系，当知道一个值时，可以预测另一个值。这是典型的预测。图 10-7 是线性分类模型，浅灰色点表示一类，深灰色点表示另一类，用中间这条直线将两类划分开来。这条直线就是要找的线性分类模型。那么，如何来找这条直线呢？

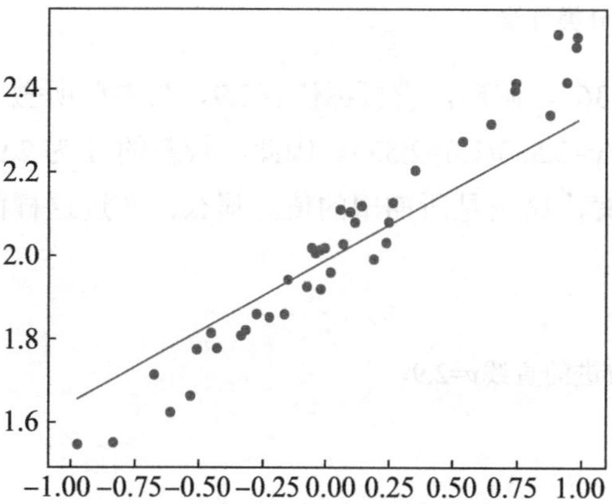

图 10-6 线性回归模型

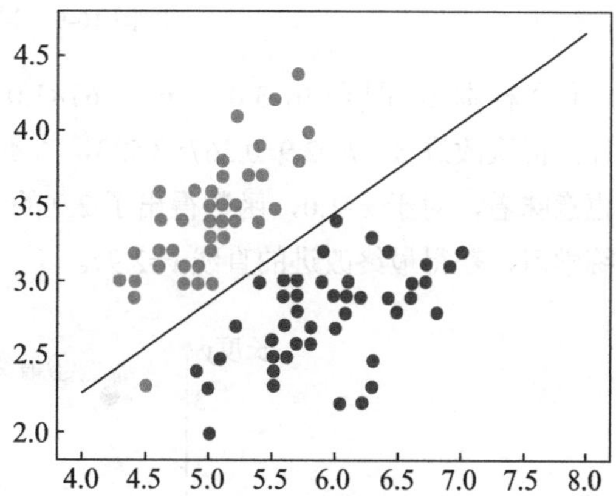

图 10-7 线性分类模型

下面来看一下如何训练简单的线性分类器。假设要对两种小虫进行分类，样本如表 10-1 所示，选取宽度和长度两个特征对其进行分类。首先在图 10-8 中画出这两个样本，浅灰色点表示样本 1，黑色点表示样本 2。

表 10-1 分类样本数据

样本	宽度	长度	小虫
1	3.0	1.0	瓢虫
2	1.0	3.0	毛虫

分类器的线性函数形式为 $y=Ax$，设斜率 A 初始值为随机值，y 为计算输出值，t 为期望目标值，误差值 $E=t-y$，现在要通过微调 A 值，使 $t=(A+\Delta A)x$。代入误差函数中，即 $E=t-y=(A+\Delta A)x-Ax=(\Delta A)x$，这时可知 $\Delta A=E/x$，即所需调整分界线斜率 A 的量。

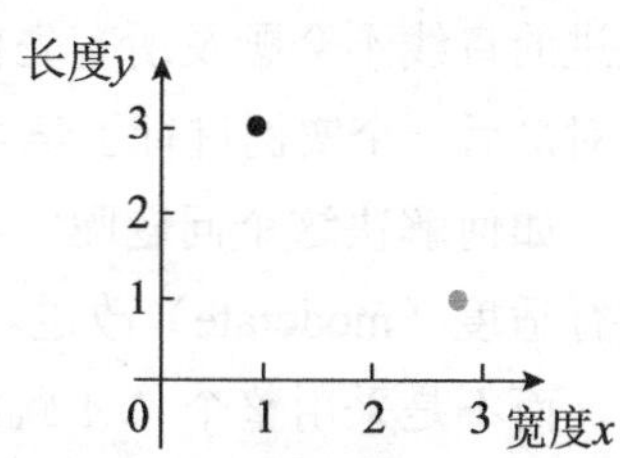

图 10-8 分类样本

A 的初始值为随机值，例如设 $A=0.25$，初始直线 $y=0.25x$，代入样本 1，即（3.0，1.0），$y=0.25\times3.0=0.75$。设目标值 $t=1.1$（注意，为什么不能是 1？如果是 1，训练的直线会恰好经过这个坐标点，一般希望的是直线处于坐标点的上方，是两个样本点之间的分界线，而不是给定宽度，预测长度的一个预测器），这时 $E=1.1-0.75=0.35$，$\Delta A=E/x=0.35/3.0=0.117$，修正后的 $A=A+\Delta A=0.25+0.117=0.367$。

改进后的直线为 $y=0.367x$，如图 10-9 所示。

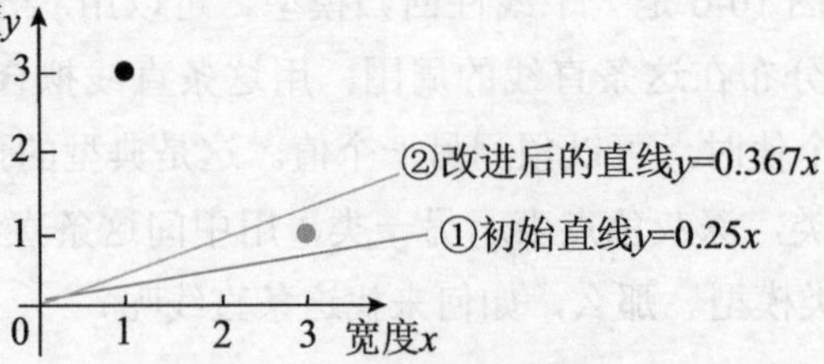

图 10-9 样本分类直线

代入样本 2，即（1.0，3.0），y=0.367×1.0=0.367。同理，设目标值 t=2.9，与先前所做的一样，再次改进 A。E=2.9−0.367=2.533，$\Delta A=E/x$=2.533/1.0=2.533。因此，较新的 A 为 2.9，这也意味着，对于 x=1.0，函数得出了 2.9 的答案，这正是所期望的值。那么，通过这样的训练学习，获得最终改进的直线 y=2.9x。

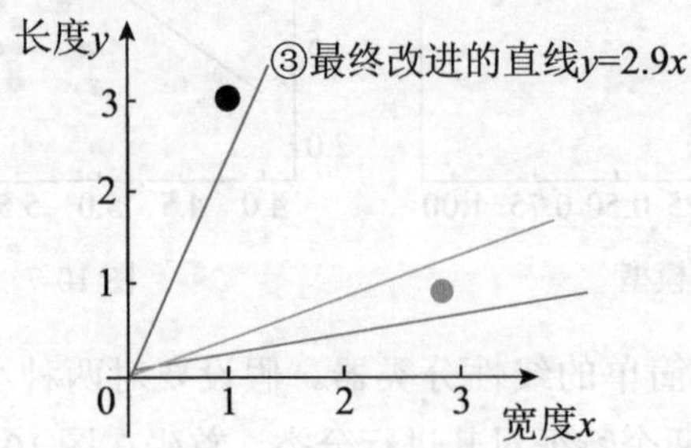

图 10-10 改进的分类直线

观察图 10-10，似乎并没有让直线以所希望的方式倾斜。一般更希望这条直线在两个点的中间。

注意：分界线 y=2.9x 并没有整齐地划分出瓢虫和毛虫。基于样本，改进直线，以得出各个所需的 y 值。这种想法有什么错误呢？如果继续这样操作，使用各个训练数据样本进行改进，那么所得到的最终改进的直线与最后一次训练数据样本非常匹配。实际上，最终改进的直线不会顾及所有先前的训练样本，而是抛弃了所有先前训练样本的学习结果，只是对最后一个实例进行了学习。

如何解决这个问题呢？其实很简单。在机器学习中，这是一个重要的思路。一般应该进行适度（moderate）改进。也就是说，不要使改进过于激烈，采用几分之一的一个变化值，而不是采用整个 ΔA 跳跃到每一个新的 A 值。使用这种方法，小心谨慎地向训练样本所指示的方向移动，保持先前训练迭代周期中所得到的值的一部分。这种自我节制的调整，带来了一个非常强大、行之有效的作用。当训练数据本身不能确信为完全正确，并且包含了现实世界测量中普遍出现的错误或噪声这两种情况时，有节制的调整可以抑制这些错误或噪声的影响。这种方法使得错误或噪声得到了调节和缓和。

在改进公式中，添加一个调节系数 L，使 $\Delta A=L$（E/x），调节系数通常被称为学习率（learning rate）。

选取 $L=0.5$ 作为一个合理的系数开始学习过程。简单来说，这就意味着只需更新原更新值的一半，再一次重复上述过程。有一个初始值为 $A=0.25$。使用第一个训练样本，得到 $y=0.25\times3=0.75$，期望值为1.1，得到了误差值0.35。加入学习率后，ΔA 等于0.0583。更新后的 A 为0.3083。尝试使用新的 A 计算训练样本，在 $x=3$ 时，得到 $y=0.3083\times3=0.9249$。现在，由于这个值小于1.1，因此这条直线落在了训练样本错误的一边。但是，如果将这视为后续众多调整步骤的第一步，则这个结果不算太差。与初始直线相比，这条直线确实向正确方向移动了。接着继续使用第二个训练数据实例，$x=1$。使用 $A=0.3083$，得到 $y=0.3083$。所需值为2.9，因此误差值是 $2.9-0.3083=2.5917$。$\Delta A=L(E/x)=1.2959$。当前，第二个更新的 $A=0.3083+1.2959=1.6042$。

再次观察初始直线、改进后的直线和最终直线（图10-11），观察这种有节制的改进在分类样本点区域之间是否得到了更好的分界线。即使使用这两个简单的训练样本，利用带有调节学习率的一种相对简单的改进方法，也非常迅速地得到了一条很好的分界线 $y=Ax$，其中 A 为1.6042。

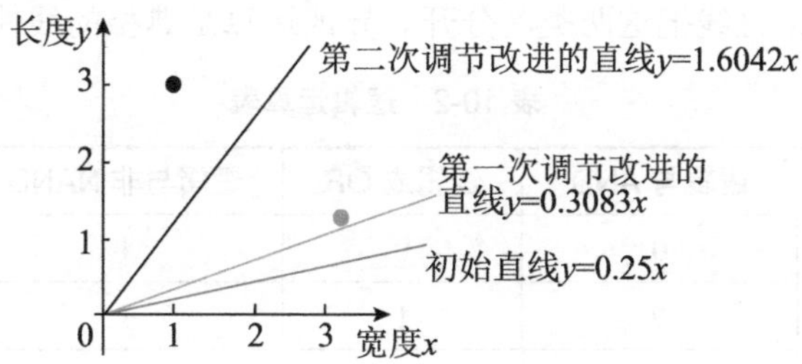

图10-11 加入学习率的分类直线

这种简单的感知机模型是线性分类模型，使用感知机模型可解决如图10-12所示的二维平面中线性可分的二分类问题。

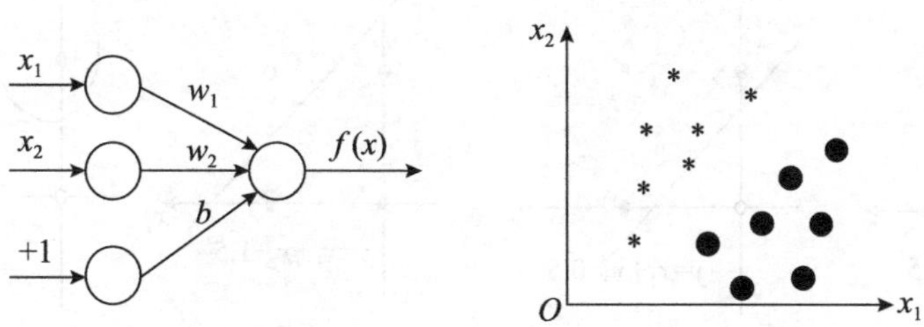

图10-12 感知机与线性分类

感知机的主要问题是无法解决线性不可分问题和多分类问题。如图10-13所示，深色点是一类，浅色点是一类，感知机分类模型是一条直线，没办法对这样分布的样本进行分类，这个问题属于非线性分类问题，解决的方法是构造多层感知机，如图10-14所示。

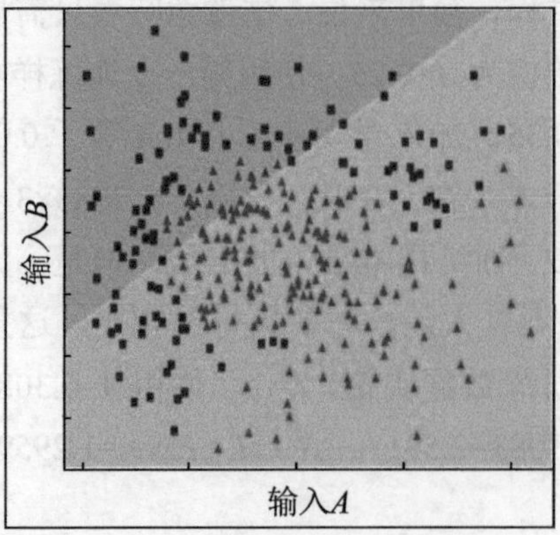

图 10-13　感知机的分类效果

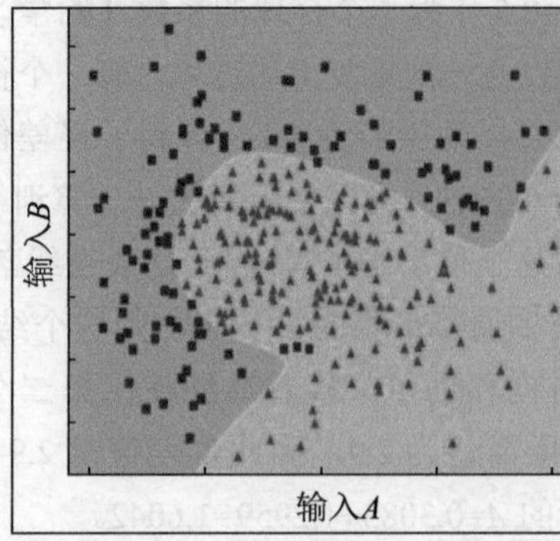

图 10-14　多层感知机分类效果

下面具体分析一下感知机模型的缺陷，以布尔逻辑函数为例，表 10-2 给出两个输入 A 和 B 的取值，以及常见的 4 种逻辑运算。通过图 10-15 可以看出，形如 $y=a+bx$ 这种简单的线性分类器可以学习到逻辑与、逻辑或和逻辑与非函数，但是感知机模型无法实现异或运算。也就是说不能用一条直线把这两类区分开。异或运算是典型的线性不可分问题。

表 10-2　逻辑运算表

输入 A	输入 B	逻辑与 AND	逻辑或 OR	逻辑与非 NAND	逻辑异或 XOR
0	0	0	0	1	0
0	1	0	1	1	1
1	0	0	1	1	1
1	1	1	1	0	0

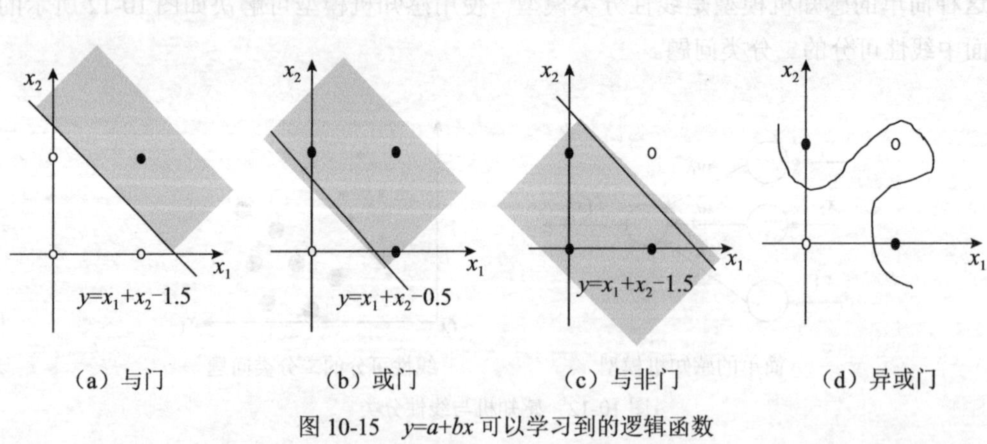

（a）与门　（b）或门　（c）与非门　（d）异或门

图 10-15　$y=a+bx$ 可以学习到的逻辑函数

在一些任务中，根本性问题不是线性可分的，也就是说单一的一条直线无法解决这个问题。一般希望神经网络能解决这个问题。比如使用两条直线对不同的区域进行划分，即可以使用多个分类器一起工作，这就是神经网络的核心思想。多层感知机就是由多个感知机模型组合连接而成的。多层感知机实际上就是神经网络的雏形，只是还没引入激活函数。

下面总结一下本节关键知识点。

理解线性分类器输出误差值和可调节斜率参数之间的关系，即在何种程度上调整斜率，可以消除输出误差值。

使用朴素的调整方法会出现一个问题，即改进后的模型只与最后一次训练样本最匹配，“有效地”忽略了所有以前的训练样本。解决这个问题的一种好方法是使用学习率，调节改进速率，这样单一的训练样本就不能主导整个学习过程。

来自真实世界的训练样本可能充满噪声或包含错误，加入学习率这种适度更新有助于限制这些错误样本的影响。

如果数据本身不是由单一线性过程支配，那么一个简单的线性分类器就不能对数据进行划分。

10.3 神经元与人工神经网络

这一节主要讨论神经元与人工神经网络的基本结构问题。生物大脑中的基本单元是神经元。虽然计算机拥有大量的电子计算元件、巨大的存储空间，并且这些计算的运行频率比生物大脑要快得多，但是即使是像鸽子一样小的大脑，其能力也远远大于这些电子计算机。

据估计，人脑神经系统的神经细胞约为1011个。一只果蝇拥有约10万个神经元，能够飞翔、觅食、躲避危险、寻找食物以及执行许多相当复杂的任务。传统的计算机按照严格的串行顺序，相当准确具体地处理数据。对于计算机而言，不存在模糊性或不确定性。动物的大脑表面上看起来以慢得多的节奏运行，却似乎以并行方式处理信号，模糊性是其计算的一种特征。

生物神经元的组成结构如图10-16所示。神经元主要由三个部分组成：细胞体、轴突、树突。细胞体是神经元的新陈代谢中心，接收并处理从其他神经元传递过来的信息。轴突是由细胞体向外伸出的最长的一条分枝，每个神经元一个，其作用相当于神经元的输出电缆，它通过尾部分出的许多神经末梢以及梢端的突触向其他神经元输出神经冲动。树突是由细胞体向外伸出的除轴突外的其他分枝，长度一般均较短，但分枝很多。它相当于神经元的输入端，用于接收从四面八方传来的神经冲动。

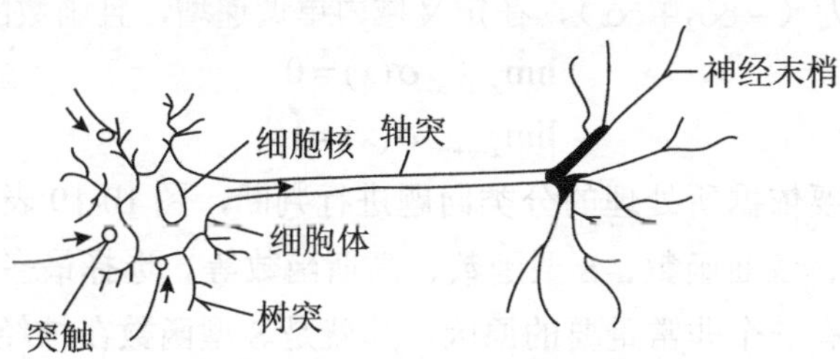

图10-16 生物神经元基本结构

一个神经元是如何工作的？神经元都是将电信号从一端传输到另一端，在每一个神经元中，信息都是以预知的确定方向流动的，即树突接收信号，经细胞体，沿着轴突将电信号从神经末梢传到下一个神经元的树突。这些信号从一个神经元传递到另一个神经元。这就是身体感知光、声、触压、热等信号的机制。来自专门的感觉神经元的信号沿着神经系统，传输到大脑，而大脑本身主要也是由神经元构成的。

观察表明，树突收集了这些电信号，将其组合形成更强的电信号。如果信号足够强，超过阈值，神经元就会发射信号，沿着轴突，到达终端，将信号传递。也就是说，神经元不会立即反应，而是会抑制输入，直到输入增强，强大到可以触发输出。神经元不希望传递微小的噪声信号，而只是传递有意识的明显信号。只有输入超过了阈值，足够接通电路，才会产生输出信号。基于这些基本特征，思考如何建模人工神经元。

从上文可知，生物神经元可以接收许多输入，而不仅仅是一个输入。对于所有这些输入，将它们进行相加，得到最终总和，作为处理单元的输入，然后输出结果。这实际上反映了神经元的工作机制。人工神经元的结构如图 10-17 所示。

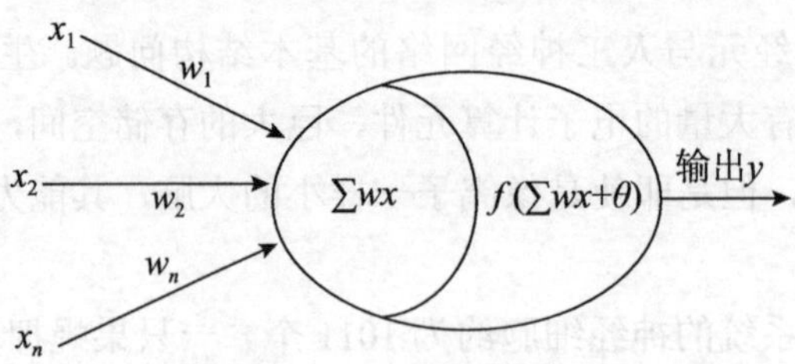

图10-17 人工神经元的结构

图 10-17 说明了这种组合输入和使用阈值的思路。人工神经元的工作过程一般如下。

（1）从各输入端接收输入信号 x_i。

（2）根据连接权值 W_i，求出所有输入的加权和 $\sum wx$。

（3）用某一激活函数（又称变换函数）f 进行转换，得到输出 y。

首先解释一下激活函数，激活函数负责把输入信息转换成所需的输出信息。

激活函数给神经元引入了非线性因素，为保证神经网络的映射是非线性的，激活函数通常是非线性函数。最常用的如 S 型函数（图 10-18），定义为

$$f(x)=\frac{1}{1+\mathrm{e}^{-x}}$$

该函数的定义域为（$-\infty,+\infty$），在定义域内单调递增，且函数的导数为

$$\lim_{x\to-\infty}\sigma(x)=0$$

$$\lim_{x\to+\infty}\sigma(x)=1$$

激活函数的选择要依据所处理的分类问题进行判断，图 10-19 表示了几种常见的激活函数，包括阈值函数、双曲函数、S 型函数、高斯函数等。选择最多的还是 S 型函数，使用这种 S 型函数，还有一个非常重要的原因，那就是 S 型函数在神经网络学习过程中计算起来容易得多，在后面的学习中，将继续讨论这一问题。

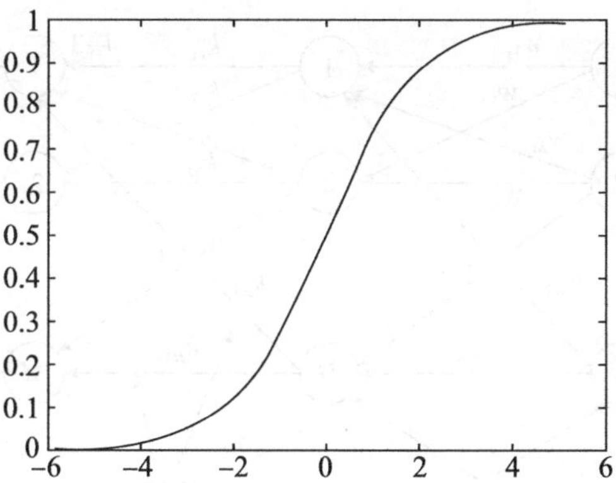

图 10-18　S 型函数

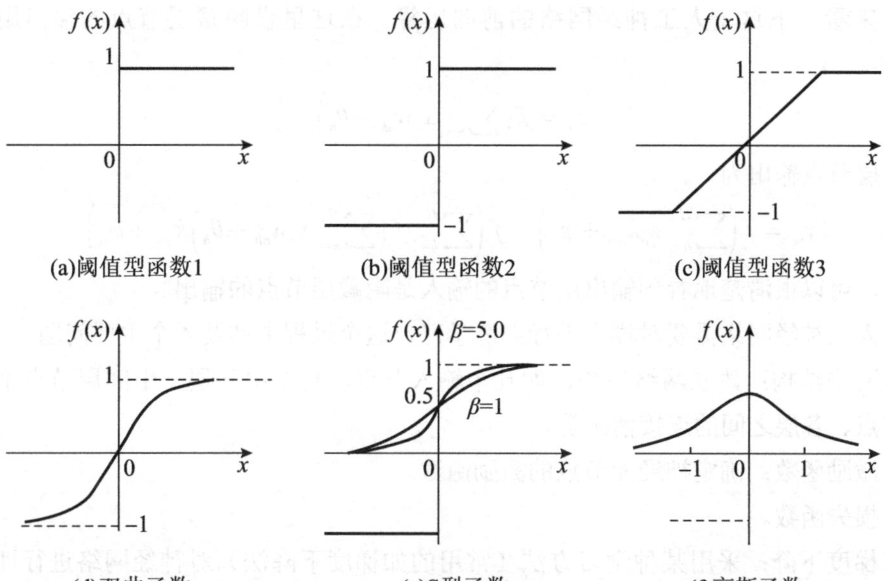

图 10-19　几种常见的激活函数

人工神经网络是由大量处理单元，即人工神经元经广泛互连而组成的人工网络，用来模拟脑神经系统的结构和功能。在网络中，信息的处理是由神经元之间的相互作用来实现的。知识与信息的存储表现为网络元件互连间分布式的物理联系。网络的学习和识别取决于各神经元连接权值的动态演化过程。

前面介绍过人工神经网络有不同的结构，如图 10-20 所示就是一个前馈式人工神经网络的一般结构。图中显示的是一个三层前馈式神经网络，信息从前向后逐层计算输出。第 1 层称为输入层，有 N 个节点，即 N 个输入。第 2 层称为隐藏层或者中间层，有 H 个节点。第 3 层是输出层，有 M 个节点，w_{ij} 表示输入层到隐藏层节点的连接权，如 w_{12} 表示输入层第 1 个节点到隐藏层第 2 个节点的连接权；k_{ij} 表示隐藏层到输出层节点的连接权，如 k_{11} 表示隐藏层第 1 个节点到输出层第 1 个节点的连接权。

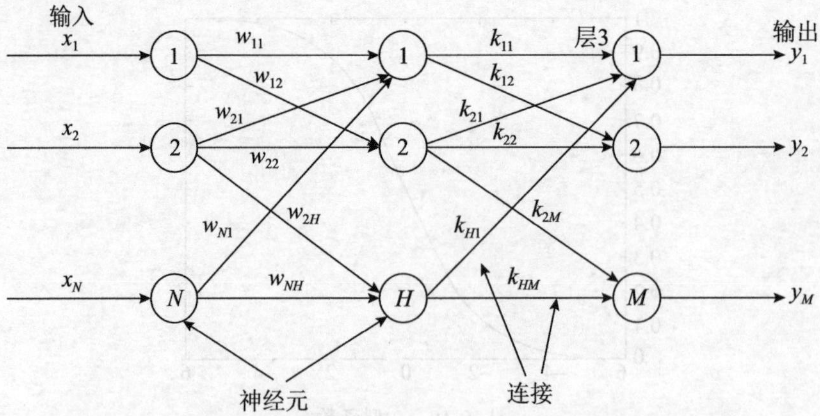

图 10-20 前馈式人工神经网络的一般结构

接下来看一下这个人工神经网络的前向运算。在这里设隐藏层节点的输出用 z 来表示，则

$$z_h = f\left(\sum\nolimits_{n=1}^{N} x_n w_{nh} + \theta_h\right)$$

输出层节点输出为

$$y_m = f\left(\sum\nolimits_{h=1}^{H} z_h k_{hm} + \varphi_m\right) = f\left(\sum\nolimits_{h=1}^{H} f\left(\sum\nolimits_{n=1}^{N} x_n w_{nh} + \theta_h\right) k_{hm} + \varphi_m\right)$$

这里，可以很清楚地看到输出层节点的输入是隐藏层节点的输出。

构建人工神经网络需要对样本进行训练学习，这个过程中涉及 4 个主要问题。

（1）网络结构：建立网络结构，如几个输入节点、几个中间层、中间层节点个数、几个输出节点、各层之间的连接情况等。

（2）激励函数：确定神经元节点的激励函数。

（3）损失函数。

（4）梯度下降：采用某种学习方法（常用的如梯度下降法）对神经网络进行训练，也就是确定其所有的连接权值和其他参数的过程。这些内容会在下文中进行详细讨论。

10.4 基于梯度下降的反向传播算法

反向传播算法一般也称为 BP 模型，是一种用于前向多层神经网络的反向传播学习算法。这种网络中不仅有输入层节点及输出层节点，而且还有一层至多层隐藏层节点。三层前馈神经网络结构如图 10-21 所示。这和前一节中提到的前馈式神经网络模型是一样的。

线性分类器是使用误差值，通过调整节点线性函数的斜率参数 A 来进行调整的。人工神经网络模型采用同样的解决思路。

BP 算法的基本思想是：通过不断处理一个训练样本集，并将网络处理结果与每个样本的已知类别相比较，利用所获得比较误差来帮助完成学习任务。对每个训练样本，不断修改节点的连接权重，以使网络的输出与实际类别之间的均方差最小。

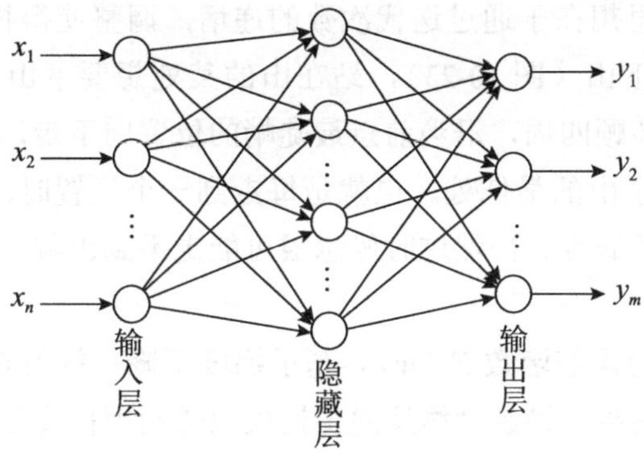

图 10-21 三层前馈神经网络结构

权重的修改是以从后向前的方式进行的，故被称为反向传播算法。

反向传播的目的是更新各层的权重值，使神经网络模型的计算输出值与期望输出值尽可能接近。这其实就是神经网络的训练过程。即将输出节点的误差沿原来的连接返回，从后向前利用梯度下降和链式求导法则，调整权重。

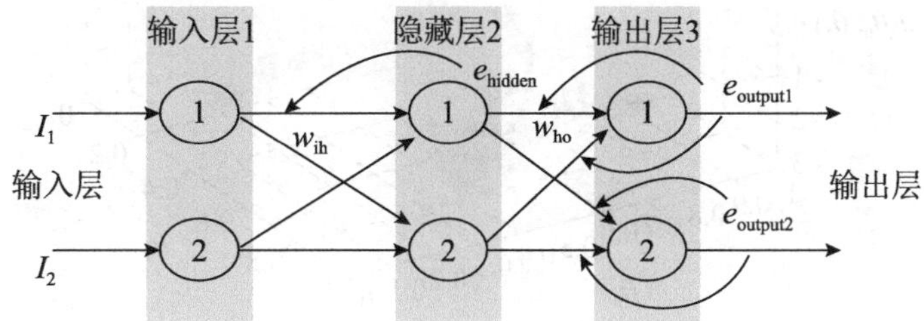

图 10-22 神经网络误差反向传导

下面结合图 10-22 来介绍。神经网络训练过程的前向计算即从前往后逐层计算出输出值 y。图 10-22 中包含两个输出节点，设输出层节点 1 的输出误差用 $e_{output1}$ 来表示，这个误差来源于随机选取的这些连接权值。因此，要把误差 $e_{output1}$ 沿原来的连接逐层返回。首先返回到隐藏层节点 1。这个过程相当于把 $e_{output1}$ 按某个规则分解传递给前一层，注意要按照原来前向计算时的连接。同样的办法处理第 2 个输出节点的误差 $e_{output2}$，沿着原来两条连接路径返回，如图 10-22 所示。设隐藏层节点的误差为 e_{hidden}，隐藏层节点 1 的误差等于沿这两条连接返回的误差的和。同理，再把这一误差按原来的连接返回，即分解到前一层连接之中去。这就是误差的反向传播过程。然后根据沿每条连接返回的误差值来调整这条连接上的权值，向减小误差的方向来调整这些权值。采用的方法就是梯度下降和链式求导。

设误差函数为 E（w），在理想情况下，需要知道能够让函数值 E 达到最小值时的 w。为了找到函数 E 的最优点，可以将 E 相对于权重 w 求微分，并使其为 0，即 $\frac{\partial E}{\partial w}=0$。然后需要找到一个满足这个等式的 w，但有时候这个问题没有显式解。如何寻找这个解？可以采用梯度下降法。

1. 基于梯度下降的学习过程

梯度下降法是一种广泛用于求解线性和非线性模型最优解的迭代算法，是机器学习中的常用算法。它的中心思想在于通过迭代次数的递增，调整使得损失函数最小化的权重。比较形象地解释，就像下山（图 10-23），站在山的某处想要下山，于是决定走一步算一步，此时最快的方法是环顾四周，沿当前点最陡峭的位置向下走，一直执行这个策略，在第 N 个循环后，就到达了山的最低处。也就是每走到一个位置时，求解当前位置的梯度，沿着梯度的负方向找到最低点。当然这时候也很可能走不到山脚下，而是走到某个局部的山峰最低处。

在这里，损失函数为误差函数 E（w）。基于梯度下降，权值首先被初始化为随机值，然后向误差减小的方向调整。神经网络反向传播模型是利用梯度下降法，一次一次地反复迭代寻找使误差函数达到最小值要求的连接权值。

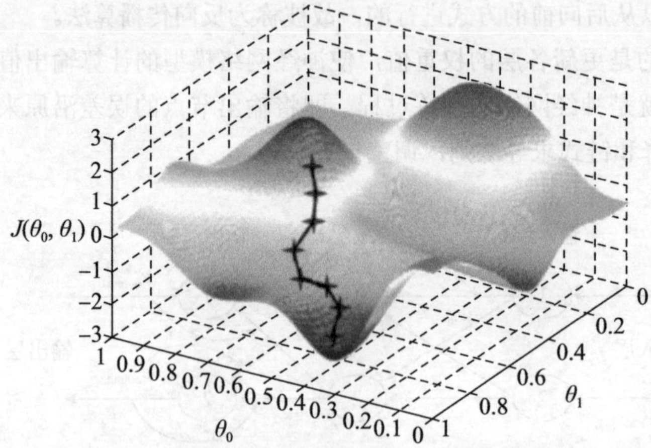

图 10-23　梯度下降法示意

这也是迭代求导找满足最小值 E 的 w 的过程。执行中一个更灵活的方法是选择任意一个起点，并确定在哪一个方向上减少损失（如图 10-24 所示），即当前情况下是选择向左还是向右。具体来说，可以计算出函数在这一点上的斜率。如果斜率为负，则向右移动；如果斜率为正，则向左移动。然后重复此过程，直到收敛。

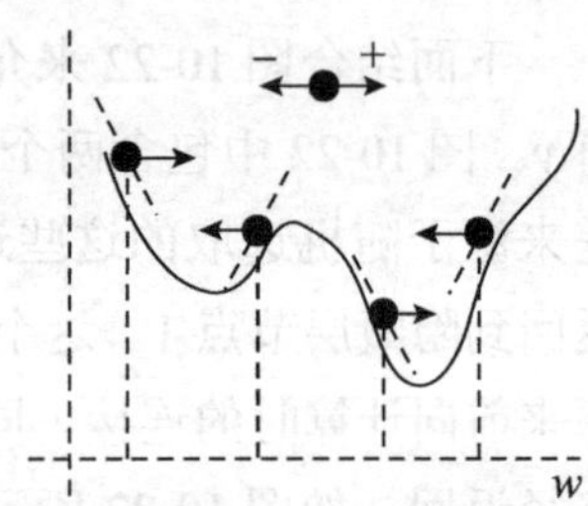

图 10-24　梯度下降方向

2. 梯度下降的基本原理

梯度下降法又称最速下降法，如图 10-25 所示。函数 J 在某点 a_k 的梯度是一个向量，其正方向是 J 增长最快的方向。显然，负梯度方向是 J 减少最快的方向。

在梯度下降法中，求某函数极大值时，沿着梯度方向走，可以最快达到极大点；反之，沿着负梯度方向走，则可以最快地达到极小点。

要朝着导数的相反方向“前进”，因为正试图“远离”误差，“走”的过程中，要注意改变“步子”大小，避免超调，就是避免在最小值的地方来回反弹，这是一个必要的优化。如果距离真正的最小值只有 0.5m，但是采用 2m 的步长，那么由于向最小值的方向走的每一步都超过了最小值，就会错过最小值。如果调节步长，与梯度的大小成比例，那么在接近最小值时，就可以采用小步长。这假设的基础是，当接近最小值时，斜率也变得平缓了。对于大多数光滑的连续函数，这个假设是合适的。但是对于有时突然一跃而起、有时突然急剧下降的锯齿函数而言，也就是说存在所谓的间断点，这不是一个合适的假设。

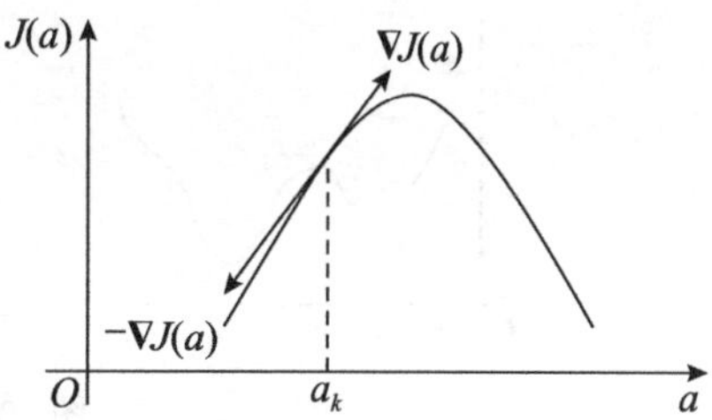

图 10-25 梯度下降

步长是指每一步梯度下降时向目标方向前行的长度。用上面下山的例子解释，步长就是在当前这一步所在位置沿着最陡峭、最易下山的位置走的那一步的长度。

前进一步意味着新的权值等于原来的权值加上这一步的长度，这一步包含长度和方向。长多少，方向又如何呢？这一步长度等于 a 乘以这点的梯度值，a 是学习率，步长、导数的相反方向意味着减去这个长度。这时候就获得了调整后的权值。

前进一步意味着：$w^{\text{new}} = w^{\text{old}} + \text{step}$。

导数的相反方向意味着：$w^{\text{new}} = w^{\text{old}} - \alpha \dfrac{\partial E}{\partial w}$。

式中，α 为学习率，即步长。

不同的场景中步长的选择需要实验和权衡。步长越长，导数的权重就越大，在陡峭区域下降得越快，这样算法的每次迭代步长都较大，但在平缓区容易出现反复抖动而找不到最优点；步长越短，每次迭代步长较小，越不易产生抖动，但是容易陷入局部最优解，如图 10-26 所示。如果步长太小，算法收敛时间会很长；如果步长太大，算法会不断错过最优参数。显然，在建立神经网络时，学习率是一个重要的参数。

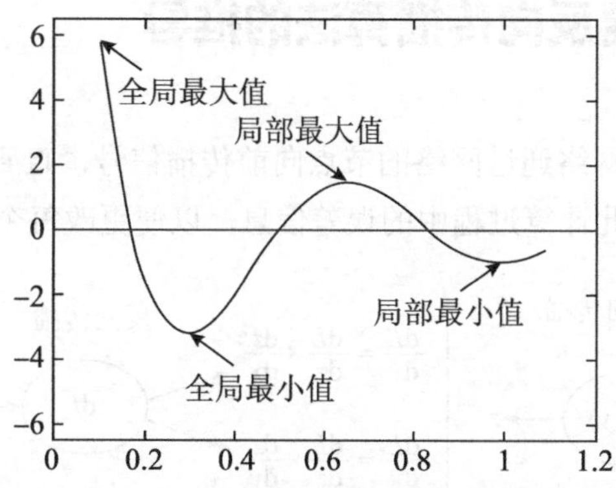

图 10-26 曲线全局最大与局部最优

如何解决这个问题呢？一个建议是使用批量和随机梯度下降。这个想法听起来很复杂，但其实很简单，就是每次只使用训练样本集中的一个子集数据，而不是使用整个数据集，这样在每次迭代过程中损失函数的曲面都会部分变形。

首先，从完整损失函数曲面开始，随机分配的网络权重提供初始值。然后选择一批数据，例如整个数据集的 10%，并构建一个新的损失函数曲面。接着对这批数据执行梯度下降并更新，如图 10-27 所示。

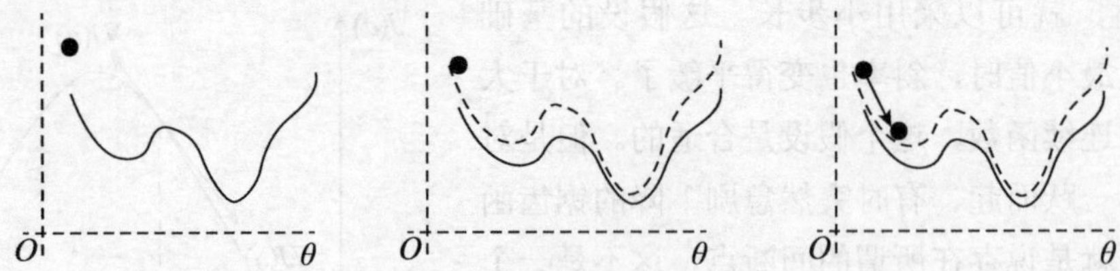

图 10-27　批量与随机梯度下降 1

此时处在一个新的位置。从完整数据集中选择一个新的随机子集，然后再次构造损失函数曲面。接着在这批数据上执行梯度下降和更新。使用新数据重复以上过程。这个过程需要多次迭代。直到网络开始收敛至全局最小值结束，如图 10-28 所示。

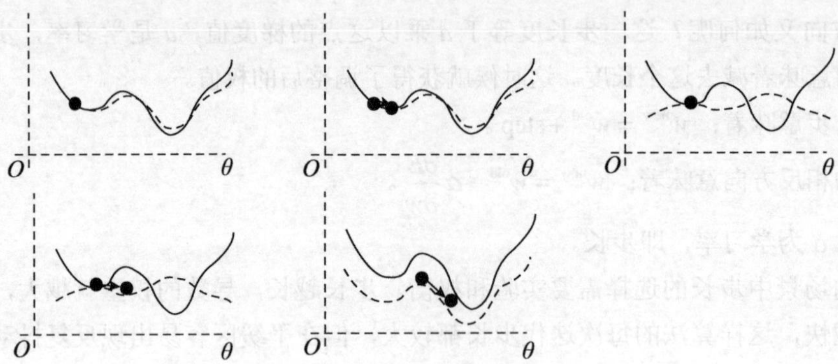

图 10-28　批量与随机梯度下降 2

10.5　多层感知器反向传播算法的推导

在训练过程中，神经网络通过网络的节点向前传播信号，直到到达做出决定的输出层。然后，网络反向传播有关此计算过程中的误差信息，以便更改每个参数，如图 10-29 所示。

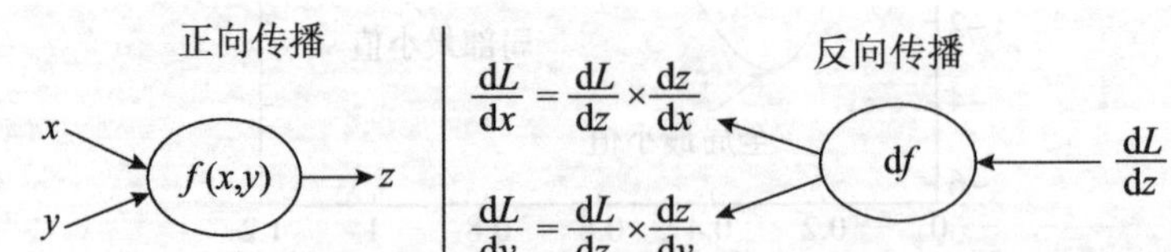

图 10-29　正向计算与误差反向传播

首先考虑误差函数的设置。误差函数的设置有多种形式，比如误差绝对值形式，这里设误差函数为实际值 t 与计算输出值 o 的差值的平方形式，即

$$E=(t-o)^2$$

选择该误差函数的原因有以下几点。

①使用误差的平方，可以很容易用代数计算出梯度下降的斜率。

②这个误差函数平滑连续，使得梯度下降法很好地发挥作用，没有间断，也没有突然的跳跃。

③越接近最小值，梯度越小，这意味着，如果使用这个函数调节步长，超调的风险就会变得较小。

因此，在神经网络训练过程中经常使用误差平方这种函数形式。确定了误差函数之后，下面进行多层感知器反向传播算法的推导。

为推导方便，构建如图 10-30 所示的三层神经网络。这里输入层节点用 i 来表示，隐藏层节点用 j 表示，输出层节点用 k 表示，w_{ij} 表示的是输入层到隐藏层节点的连接权，w_{jk} 表示隐藏层到输出层节点的连接权，隐藏层节点的输出用 o_j 表示，输出层节点的输出用 o_k 来表示。

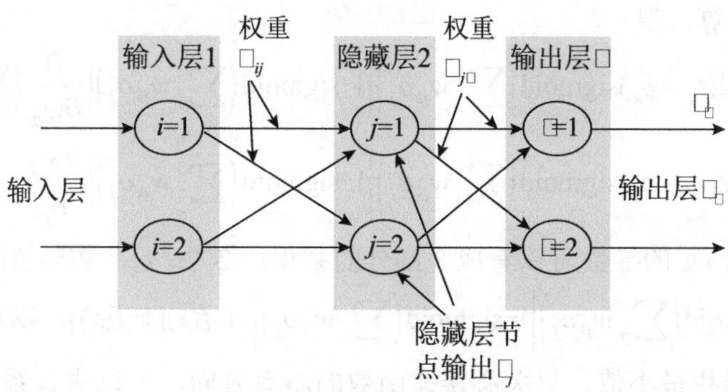

图 10-30　三层神经网络示例

如前所述，人工神经网络的前向运算如下。

隐藏层节点输出：

$$o_j = f\left(\sum_{i=1} x_i w_{ij}\right)$$

输出层节点输出：

$$\begin{aligned} o_k &= f\left(\sum_j o_j w_{jk}\right) \\ &= f\left(\sum_j f\left(\sum_{i=1} x_i w_{ij}\right) w_{jk} + \varphi_m\right) \end{aligned}$$

这是个复合函数形式。

基于所选择的误差函数 $E=(t-o)^2$，首先计算 E 对隐藏层到输出层权重 w_{jk} 的导数 $\dfrac{\partial E}{\partial w_{jk}}$，这个导数实质上是误差函数 E 的斜率，表示当权重 w 改变时，误差 E 如何改变，也就是使用梯度下降的方法到达最小值的方向。下面计算一下这个导数的具体值。

代入误差函数，对 w_{jk} 求导：

$$\frac{\partial E}{\partial w_{jk}} = \frac{\partial}{\partial w_{jk}}(t_k - o_k)^2$$

这属于复合函数求导，根据链式法则，得

$$\frac{\partial E}{\partial w_{jk}} = \frac{\partial}{\partial w_{jk}}(t_k - o_k)^2 = \frac{\partial E}{\partial o_k} \times \frac{\partial o_k}{\partial w_{jk}} = -2(t_k - o_k)\frac{\partial o_k}{\partial w_{jk}}$$

激活函数选择 S 型函数$f(x)=\dfrac{1}{1+\mathrm{e}^{-x}}$。

把 o_k 代换一下，得

$$\frac{\partial E}{\partial w_{jk}}=-2(t_k-o_k)\frac{\partial}{\partial w_{jk}}\text{sigmoid}\left(\sum\nolimits_j w_{jk}o_j\right)$$

推导过程暂不考虑偏置量的问题。注意：激活函数 S 型函数中的 o_j 是前一个隐藏层节点的输出，而不是最终层的输出 o_k。

首先计算 S 型函数微分。

$$f'(x)=\frac{1}{1+\mathrm{e}^{-x}}\left(1-\frac{1}{1+\mathrm{e}^{-x}}\right)=f(x)[1-f(x)]$$

这里可以看出它的导数可整理为$f(x)[1-f(x)]$，简单且易于使用。

将其代入后计算，得

$$\begin{aligned}\frac{\partial E}{\partial w_{jk}}&=-2(t_k-o_k)\text{sigmoid}\left(\sum\nolimits_j w_{jk}o_j\right)\left[1\text{-sigmoid}\left(\sum\nolimits_j w_{jk}o_j\right)\right]\frac{\partial}{\partial w_{jk}}\left(\sum\nolimits_j w_{jk}o_j\right)\\&=-2(t_k-o_k)\text{sigmoid}\left(\sum\nolimits_j w_{jk}o_j\right)\left[1\text{-sigmoid}\left(\sum\nolimits_j w_{jk}o_j\right)\right]\frac{\partial w_{jk}}{o_j}\end{aligned}$$

最终误差 E 对 w_{jk} 的导数可以看成 3 部分的乘积：-2（t_k-o_k）实际值减计算输出值，激活函数的导数 $\text{sigmoid}\left(\sum\nolimits_j w_{jk}o_j\right)\left[1\text{-sigmoid}\left(\sum\nolimits_j w_{jk}o_j\right)\right]$即 $f(x)[1\text{-}f(x)]$，以及最后一项 o_j。

基于梯度下降找最小值，只关心误差函数的斜率方向，可以去掉系数 2，使公式简洁更易于理解。把这个表达式写成矩阵乘积的形式，且令 $\boldsymbol{E}_k=-(\boldsymbol{t}_k-\boldsymbol{o}_k)$，得

$$\Delta\boldsymbol{w}_{jk}=\boldsymbol{E}_k\boldsymbol{o}_k(1-\boldsymbol{o}_k)\boldsymbol{o}_j$$

第 2 部分相当于输出节点 k 输出值 o_k（1-o_k）。第 3 部分是这条连接的输入值 o_j。通常把前两个部分的乘积称为输出单元误差，设 $\boldsymbol{Err}$ 为输出单元误差，则有

$$\boldsymbol{Err}_k=\boldsymbol{E}_k\boldsymbol{o}_k(1-\boldsymbol{o}_k)$$

$$\Delta\boldsymbol{w}_{jk}=\boldsymbol{Err}_k\boldsymbol{o}_j$$

这种形式可以让我们通过计算机编程语言高效地实现矩阵运算。应注意，连接权重 w_{jk} 连接了当前层节点 j 和下一层节点 k。表达式中的前面项使用输出层节点 k 的值，最后一项使用前一层节点 j 的值。

同理计算输入层到隐藏层的误差斜率。这部分的计算基本上和前面的过程相同，需要注意的是，这里的误差函数有所不同，误差函数变为$\sum\nolimits_k(t_k-o_k)^2$，而不能是单一输出节点的误差了。代入后，还是采用复合函数链式求导法则，逐层求导。

$$\begin{aligned}\frac{\partial E}{\partial w_{ij}}&=\frac{\partial}{\partial w_{ij}}\left[\sum\nolimits_k(t_k-o_k)^2\right]=-2\sum\nolimits_k(t_k-o_k)\frac{\partial o_k}{\partial w_{ij}}=-2\sum\nolimits_k(t_k-o_k)\,o_k(1-o_k)w_{jk}\frac{\partial o_j}{\partial w_{ij}}\\&=-2\sum\nolimits_k(t_k-o_k)\,o_k(1-o_k)w_{jk}o_j(1-o_j)o_i\end{aligned}$$

设 Err_j 为隐藏层单元误差，则有

$$Err_j=\sum\nolimits_k Err_k w_{jk}o_j(1-o_j)$$

$$\Delta w_{ij} = Err_j o_i$$

若 S 型函数有偏移量参数 θ，即 $\text{sigmoid}\left(\sum wo+\theta\right)$ 可同理进行推导。

最后调整权值，权重的改变方向与梯度方向相反。新的权值等于原来的权值减去 a 这一点的梯度。α 称为学习率，调节变化速度，确保不会超调。

$$w_{jk}\text{new} = w_{jk}\text{old} - \alpha\frac{\partial E}{\partial w_{jk}},\ w_j\text{new} = w_{ij}\text{old} - \alpha\frac{\partial E}{\partial w_{ij}}$$

这就是多层感知器反向传播算法权值调整的推导过程，通过多次迭代运算，直到满足训练学习结束要求为止。

例如，神经网络如图 10-31 所示，这是一个已给定的三层神经网络，有 3 个输入节点，2 个中间层节点，1 个输出层节点，分别用 1 ～ 6 数字进行标号。给出一个训练样本 $\boldsymbol{X}$，学习率 l=0.9，初始权值 w 和偏移量随机设置如表 10-3 所示。完成一次误差的反向调整。

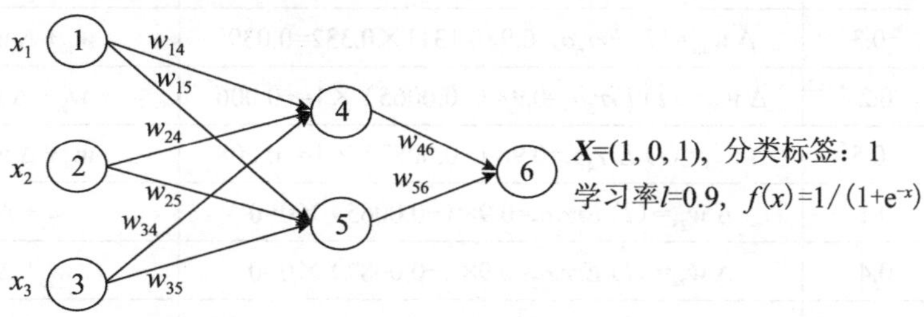

图 10-31　给定的三层神经网络及训练样本和学习率设置

表 10-3　初始权值 w 和偏移量随机设置

w_{14}	w_{15}	w_{24}	w_{25}	w_{34}	w_{35}	w_{46}	w_{56}	θ_4	θ_5	θ_6
0.2	−0.3	0.4	0.1	−0.5	0.2	−0.3	−0.2	−0.4	0.2	0.1

首先进行前向计算，这里有两个隐藏层节点 o_4、o_5 的输出，输出层节点 o_6 的输出值如表 10-4 所示。

表 10-4　输出层节点 o_6 的输出值

单元 j	节点输入值 I_j	输出 o_j
1	1	I_1=1
2	0	I_2=0
3	1	I_3=1
4	$o_1w_{14}+o_2w_{24}+o_3w_{34}+\theta_4$ =0.2+0−0.4−0.5=−0.7	$1/(1+e^{-I4})=1/(1+e^{0.7})$ =0.332
5	$o_1w_{15}+o_2w_{25}+o_3w_{35}+\theta_5$=−0.3+0+0.2+0.2= 0.1	$1/(1+e^{-I5})=1/(1+e^{-0.1})$ =0.525
6	$o_4w_{46}+o_5w_{56}+\theta_6$ $=[1/(1+e=-0.105^{0.7})]\times(-0.3)+[1/(1+e^{-0.1})]\times(-0.2)+0.1$	$1/(1+e^{-I6})=1/(1+e^{0.105})$ =0.474

下面计算的是隐藏层节点和输出层节点的误差。Err_4、Err_5 分别表示隐藏层节点 4、5 的误差，Err_6 为输出层节点误差，根据推导的公式，把值代入计算，如表 10-5 所示。

表 10-5 隐藏层节点和输出层节点的误差

单元 j	Err_j
6	$o_6(1-o_6)(T_6-o_6)=0.474\times(1-0.474)\times(1-0.474)=0.1311$
5	$o_5(1-o_5)(Err_6w_{56})=0.525\times(1-0.525)\times[0.1311\times(-0.2)]=-0.0065$
4	$o_4(1-o_4)(Err_6w_{46})=0.332\times(1-0.332)\times[0.1311\times(-0.3)]=-0.0087$

最后，根据推导公式，进行权值 w 和偏移量的更新，计算如表 10-6 所示。这就是使用一个样本进行一次权值调整的过程。

表 10-6 权值 w 和偏移量的更新计算

权重或偏置	原值	变化率	更新后的权重
w_{56}	−0.2	$\Delta w_{56}=(l)Err_6o_5=0.9\times0.1311\times0.525=0.062$	$w_{56}+\Delta w_{56}=-0.138$
w_{46}	−0.3	$\Delta w_{46}=(l)Err_6o_4=0.9\times0.1311\times0.332=0.039$	$w_{46}+\Delta w_{46}=-0.261$
w_{35}	0.2	$\Delta w_{35}=(l)Err_5o_3=0.9\times(-0.0065)\times1=-0.006$	$w_{35}+\Delta w_{35}=0.194$
w_{34}	−0.5	$\Delta w_{34}=(l)Err_4o_3=0.9\times(-0.0087)\times1=-0.008$	$w_{34}+\Delta w_{34}=-0.508$
w_{25}	0.1	$\Delta w_{25}=(l)Err_5o_2=0.9\times(-0.0065)\times0=0$	$w_{25}+\Delta w_{25}=0.1$
w_{24}	0.4	$\Delta w_{24}=(l)Err_4o_2=0.9\times(-0.0087)\times0=0$	$w_{25}+\Delta w_{25}=0.4$
w_{15}	−0.3	$\Delta w_{15}=(l)Err_5o_1=0.9\times(-0.0065)\times1=-0.006$	$w_{15}+\Delta w_{15}=-0.306$
w_{14}	0.2	$\Delta w_{14}=(l)Err_4o_1=0.9\times(-0.0087)\times1=-0.008$	$w_{14}+\Delta w_{14}=0.192$
θ_6	0.1	$\Delta\theta_6=(l)Err_6=0.9\times0.1311=0.118$	$\theta_6+\Delta\theta_6=0.218$
θ_5	0.2	$\Delta\theta_5=(l)Err_5=0.9\times(-0.0065)=-0.006$	$\theta_5+\Delta\theta_5=0.194$
θ_4	−0.4	$\Delta\theta_4=(l)Err_4=0.9\times(-0.0087)=-0.008$	$\theta_4+\Delta\theta_4=-0.408$

本节关键点如下。

（1）神经网络的误差是内部连接权重的函数。改进神经网络，意味着通过改变权重来减少这种误差。

（2）通过误差函数的梯度下降，采取小步长，迭代地改进权重。所迈出的每一步的方向都是在当前位置向下斜率最大的方向，这就是所谓的梯度下降。

（3）使用微积分可以很容易地计算出误差斜率。

10.6 输入、输出、初始权重的设定

要使神经网络具有更好的性能，需要考虑如何最好地准备训练数据、随机初始权重、设计输出值。并不是所有使用神经网络的尝试都能够成功，这有许多原因。一些问题可以通过改进训练数据、随机初始权重，设计良好的输出方案来解决。本节将对这几个问题逐个进行讨论。

首先，看一下输入。仔细观察图 10-32（a）的 S 型激活函数可以发现，如果输入值 x 变大，激活函数就会变得非常平坦。由于使用梯度来更新权值，一个平坦的激活函数就会出问题。x 值越大，其梯度越小，相对而言就是降低学习能力。权重的改变取决于激活函数的梯度。小梯度意味着限制神经网络学习的能力。这就是所谓的饱和神经网络。因此，应该尽量保持小的输入。

另外，从已推导的公式中可以看出 Δw 这个表达式也取决于输入信号 o_j。因此，不应该让输入信号太小。当计算机处理非常小或非常大的数字时，可能会丧失精度，因此使用非常小的值也会出现问题。

一个好的建议是重新调整输入值，将其范围控制在 0 ～ 1。如果输入值为 0，则会令 o_j=0，这样权重更新表达式就会等于 0，从而造成学习能力的丧失。因此在某些情况下，一般会将此输入加上一个小小的偏移，如 0.01，避免输入 0 带来麻烦。

再来看一下输出。神经网络的输出是最后一层节点弹出的信号。如果使用的激活函数不能生成大于 1 的值，那么尝试将训练目标值设置为比较大的值就不合适了。注意，逻辑函数甚至不能取到 1，只能接近 1。数学家称之为渐近于 1。比如，在图 10-32（b）中，S 型函数的输出值根本不可能大于 1、小于 0。

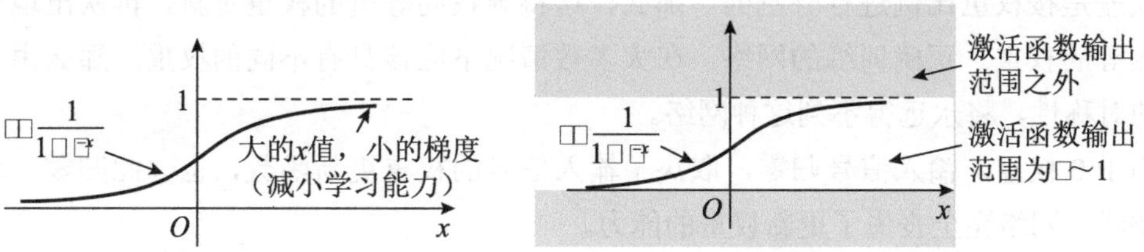

（□）□型函数示意　　（□）激活函数分区

图 10-32　S 型函数示意和激活函数分区

如果将目标值设置在这些不可能达到的范围，训练网络将会驱使更大的权重，以获得越来越大的输出，而这些输出实际上是不可能由激活函数生成的。这使得网络饱和。因此，应该重新调整目标值，匹配激活函数的可能输出，注意避开激活函数不可能达到的值。常见的使用范围为 0 ～ 1，但也有驱动产生过大权重的风险，因此在训练中有人也使用 0.01 ～ 0.99 的范围。

接下来讨论一下随机初始权重。与输入和输出一样，同样的道理也适用于初始权重的设置。大的初始权重会造成大的信号传递给激活函数，导致网络饱和，从而降低网络学习到更好的权重的能力，因此应该避免大的初始权重值。

可以从 -1 ～ 1 之间随机均匀地选择初始权重。避免使用非常大的范围，比如说 -1000 ～ 1000。在一些实践应用中，对于给定特定形状的网络和特定的激活函数，数学家和计算机科学家曾进行过数学计算，制定出了经验法则，设置了随机初始权重。但注意，这仅适用于特定的情况。

在此处，我们不纠结于计算细节，但其核心思想是：如果很多信号进入一个节点，这也是在神经网络中出现的情况，并且这些信号的表现已经不错了，不会太大，也不会分布得奇奇怪怪，那么在对这些信号进行组合并应用激活函数时，权重应该支持保持这些表现良好的信号。换句话说，一般不希望权重破坏了精心调整输入信号的努力。

目前所得的经验规则是，可以在一个节点传入连接数量平方根倒数的大致范围内随机采样，初始化权重。比如，如果每个节点具有3条传入连接，那么初始权重的范围应该在$-1/\sqrt{3} \sim 1/\sqrt{3}$，即$-0.577 \sim 0.577$之间。如果每个节点具有100条传入连接，那么权重的范围应该在$-1/\sqrt{100} \sim 1/\sqrt{100}$，即$-0.1 \sim 0.1$之间。

这样进行权重的选择具有一定的意义。一些过大的初始权重将会在偏置方向上偏置激活函数，非常大的权重将会使激活函数饱和。一个节点的传入连接越多，就有越多的信号被叠加在一起。因此，如果连接更多，那么减小权重的范围，显然是有道理的。从概率分布的采样角度看，这一经验法则实际上讲的是，从均值为0、标准差等于节点传入连接数量平方根倒数的正态分布中进行采样。

注意：禁止将初始权重设定为相同的恒定值，特别是禁止将初始权重设定为0。如果这样做，那么在网络中的每个节点都将接收到相同的信号值，每个输出节点的输出值也是相同的，在这种情况下，如果在网络中通过反向传播误差更新权重，误差必定得到平分，因为误差是按权重比例进行分割的。那么，这将导致同等量的权重更新，再次出现与另一组值相等的权重。正确训练的网络，在大多数情况下应该具有不同的权重。那么由于这种权重的对称性，将永远得不到这种网络。

由于0权重，输入信号归零，取决于输入信号的权重更新函数，也因此归零，这种情况更糟糕，网络完全丧失了更新权重的能力。

本节的关键有如下几点。

如果输入、输出和初始权重数据的准备与网络设计和实际求解的问题不匹配，那么神经网络将难以正常工作。

一个常见的问题是饱和。这个时候，大信号是由大权重带来的，导致应用在信号上的激活函数的斜率变得非常平缓。这降低了神经网络学习到更高权重的能力。

另一个问题是零值信号或零值权重。这也可以使网络丧失学习更高权重的能力。内部连接的权重应该是随机的，值较小，但要避免零值。如果节点的传入连接较多，可使用相对复杂的规则，如减小这些权重的大小。输入应该调整到较小值，但不能为零。一个常见的范围为$0.01 \sim 0.99$，或$-1 \sim 1$，使用哪个范围，取决于是否匹配了目标问题。输出应该在激活函数能够生成的值的范围内。S型函数是不可能生成小于等于0或大于等于1的值。将训练目标值设置在有效的范围之外，将会驱使产生越来越大的权重，导致网络饱和。一个合适的范围为$0.01 \sim 0.99$。

后面的内容还会涉及如何具体地进行输入、输出值的转化问题。

10.7 BP算法的一般总结

反向传播算法学习的基本步骤如下。

①从训练样例集中取一样例，把输入信息输入到网络中。

②由网络分别计算各层节点的输出。

③计算网络的实际输出与期望输出的误差。

④从输出层反向计算到第一个隐藏层，按一定原则向减小误差方向调整网络的各个连接权值。

⑤对训练样例集中的每一个样例重复以上步骤，直到整个训练样例集的误差达到要求时为止。

反向传播算法每次迭代分为两步。第一阶段：用现有参数进行正向传播，计算出每个样本的损失函数值，即所选择的误差函数的值，这一步完成后每一层的输出值以及激活函数导数值都是已知的。第二阶段：反向传播，从输出层开始，计算误差项，根据误差项计算对权重、偏置的导数，再更新权重。

因此，神经网络的训练算法可以归结为复合函数求导 + 梯度下降。

从计算角度讲，BP 算法的两个阶段分别是：正向传播阶段，实现信息的逐层状态更新；反向传播阶段，完成误差的反向传导和权值更新。

BP 算法的学习过程如下。

（1）设图 10-33 中某层任一神经元 j 的输入为 net_j，输出为 y_j。

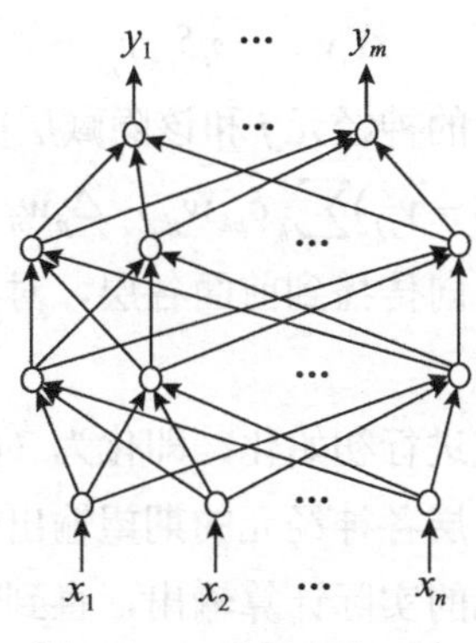

图 10-33 神经网络示意

（2）相邻低一层，也就是前一层中任一神经元 i 的输出为 y_i。

（3）神经元 j 的输入 $\text{net}_j=\sum w_{ij}y_i$，输出 $y_j=f$（net$j$）。式中，w_{ij} 是神经元 i 与 j 之间的连接权重；$f(\bullet)$ 是神经元的激活函数。

S 型输出函数：

$$y_j=f(\text{net}_j)=\frac{1}{1+\mathrm{e}^{-(\text{net}_j+\theta_j)/e^h_0}}$$

式中，θ_j为神经元阈值，偏移量；h_o为修改输出函数形状的参数。

设与输出层相邻的隐藏层中任一神经元j的输出为y_j，输出层中第k个神经元的实际输出为y_k，输入为net_k。

$$\text{net}_k=\sum\nolimits_j w_{jk}y_j\text{，}y_k=f(\text{net}_k)$$

对于输入模式x_p，若输出层中第k个神经元的期望输出为d_{pk}，实际输出为y_{pk}。输出层的输出方差：

$$E_p=\frac{1}{2}\sum\nolimits_k(d_{pk}-y_{pk})^2$$

若输入N个模式，网络的系统均方差为

$$E=\frac{1}{2N}\sum\nolimits_p\sum\nolimits_k(d_{pk}-y_{pk})^2=\frac{1}{N}\sum\nolimits_p E_p$$

当输入x_p时，w_{jk}的修正增量为

$$\Delta_p w_{jk}=-\eta\frac{\partial E_p}{\partial w_{jk}}$$

式中，$-\frac{\partial E_p}{\partial w_{jk}}=-\frac{\partial E_p}{\partial \text{net}_k}\times\frac{\partial \text{net}_k}{\partial w_{jk}}$，由$\text{net}_k=\sum\nolimits_j w_{jk}y_j$得到

$$\frac{\partial \text{net}_k}{\partial w_{jk}}=\frac{\partial}{\partial w_{jk}}\sum\nolimits_j w_{jk}y_{pj}=y_{pj}$$

令$\delta_{pk}=-\partial E_p/\partial \text{net}_k$，可得输出单元的误差

$$\delta_{pk}=(d_{pk}-y_{pk})y_{pk}(1-y_{pk})$$

连接这个输出单元的权值修正增量：

$$\Delta_p w_{jk}=\eta\delta_{pk}y_{pj}$$

对于与输出层相邻的隐藏层中的神经元j和该隐藏层前低一层中的神经元i，有

$$\delta_{pj}=y_{pj}(1-y_{pj})\sum\nolimits_k\delta_{pk}w_{jk}\text{，}\Delta_p w_{ij}=\eta\delta_{pj}y_{pi}$$

输出层中神经元输出的误差反向传播到前面各层，对各层之间的权值进行修正。

BP算法建模步骤如下。

第一步：对权值和神经元阈值进行初始化，即化为（0，1）上分布的随机数。

第二步：输入样本，指定输出层各神经元的期望输出值d_j。

第三步：依次计算每层神经元的实际计算输出，直到输出层。

第四步：从输出层开始修正每个权值，直到第一个隐藏层。

$$w_{ij}(t+1)=w_{ij}(t)+\eta\delta_j y_i\text{，}\quad 0<\eta<1$$

若j是输出层神经元，则$\delta_j=y_j(1-y_j)(d_j-y_j)$。

若j是隐藏层神经元，则$\delta_j=y_j(1-y_j)\sum\nolimits_k\delta_k w_{jk}$。

这里注意，这个公式中两部分之间是加号，因为在前面的推导时，把输出单元误差这项在前面加了一个负号，计算时直接计算的是负梯度。这与之前推导的公式是一致的。

第五步：转到第二步，循环至权值稳定为止。

改进的权值修正如下：

$$w_{ij}(t+1)=w_{ij}(t)+\eta\delta_j y_i+\alpha[w_{ij}(t)-w_{ij}(t-1)]$$

比较前面的推导公式，这个公式里多了一项，就是最后面的部分。其中，α 为平滑因子，取值为 $0<\alpha<1$。添加这项的目的是可以加快收敛速度，而权值的变化比较平滑。

BP 算法存在问题包括：局部极小值问题；算法收敛速度慢；隐藏层单元数目的选取无一般指导原则；新加入的学习样本会影响已学完样本的学习结果。

最后，这里用流程图的方式给出神经网络的训练过程，如图 10-34 所示。可根据这个流程图，编写神经网络训练程序。

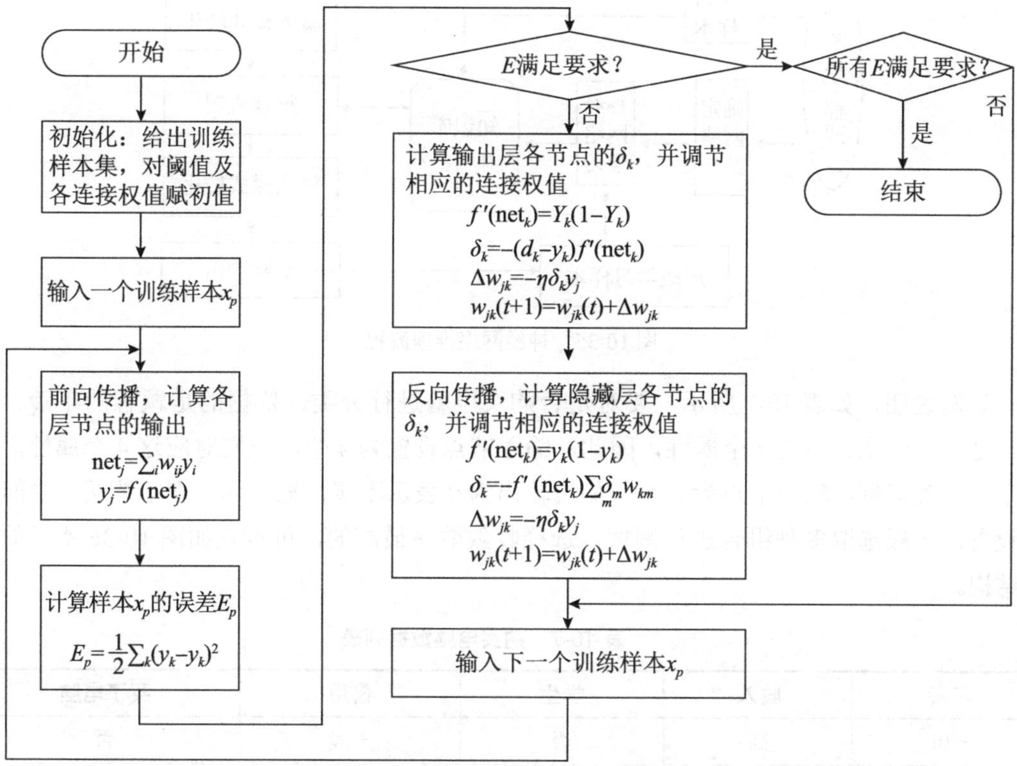

图 10-34　神经网络训练流程

10.8　基于人工神经网络的支持系统结构

在实践中，基于神经网络的支持系统结构由两部分构成，即开发环境和运行环境，结构如图 10-35 所示。开发环境由三部分组成，通过样本进行学习得到知识库。开发环境包括确定网络框架、学习样本、神经元学习。运行环境实质是专家系统，用来解决实际问题，包括实际问题参数、输入模式转化、推理机制、知识库和输出模式转化。

构建神经网络，首先确定网络结构，包括神经元个数、网络层次、连接方式；收集学习样本，要考虑样本个数问题，同时考虑分类器类型，如线性、非线性；设计学习算法，不同网络模型采用不同的学习算法，比如前面讲的基于梯度下降的反向传播算法。

网络结构需要确定神经元个数、网络层次以及连接方式。其中，输入层节点个数的设置，一般是选取特征属性的个数 n；输出层节点个数一般是类别的个数，如果是二分类，则设置为 1。在这里隐藏层的层数和节点个数的设置上，目前没有一致的方法，通常根据具体的分类问题，选取多种组合进行测试，一般选择收敛效率高的。

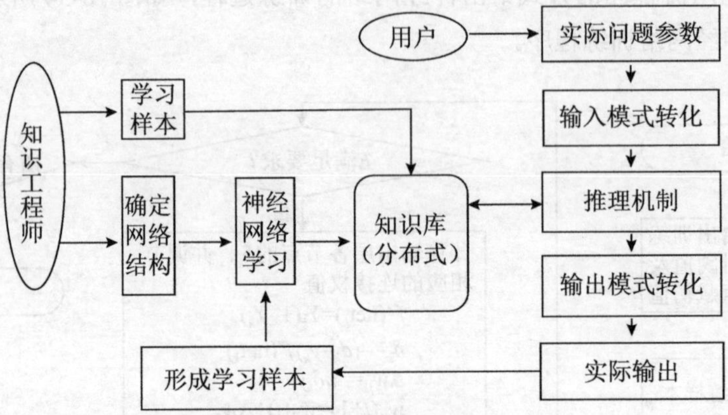

图 10-35　神经网络推理流程

举例说明，如表 10-7 所示，要对是否购买电脑进行分类，依据的是顾客的年龄、收入、是否是学生、信用 4 个属性，因此，输入节点设置为 4 个，分别对应这 4 个属性，这是个二分类问题，输出节点为一个，如设输出为 0 表示不买，输出为 1 表示购买。中间层的设置，一般选取多种组合进行测试，选择收敛效率最高的，可设置如图 10-36 所示的网络结构。

表 10-7　购买电脑数据列表

年龄	收入	学生	信用	买了电脑
<30	高	否	一般	否
<30	低	是	好	否
30 ～ 40	高	否	一般	是
>40	中等	否	一般	是

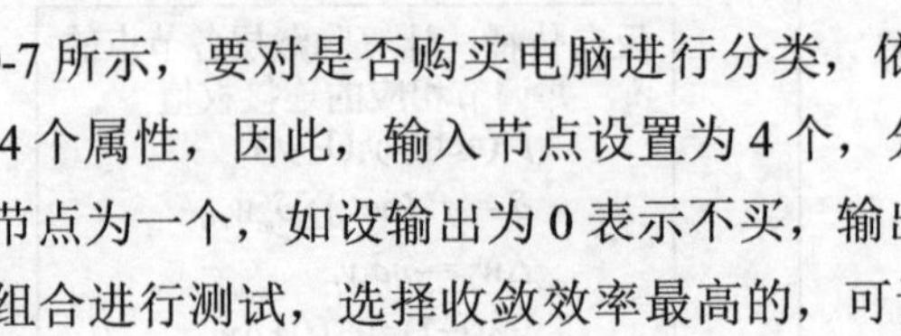

图 10-36　神经网络系统结构

下面讨论一下输入输出模式转换的问题。实际问题的输入一般是以某种概念形式表示，神经元输入要求以（$-\infty$，$+\infty$）间数值形式表示，这需要将物理概念转化为数值。同样，实际问题的输出一般是以一种概念形式表示，神经元的输出一般是在 [0，1] 间的数值形式。

下面举一个例子。例如构建城市医疗服务能力评价系统，评价城市医疗服务能力，输入数据包括 5 个方面，即病床数、医生数、医务人员数、门诊数、死亡率。输出模式设为 4 个级别：非常好（v）、好（g）、可接受（a）、差（b）。首先，根据问题描述构建神经网络模型，如图 10-37 所示，从下往上看，包括 5 个输入节点、4 个输出节点、1 个隐藏层。

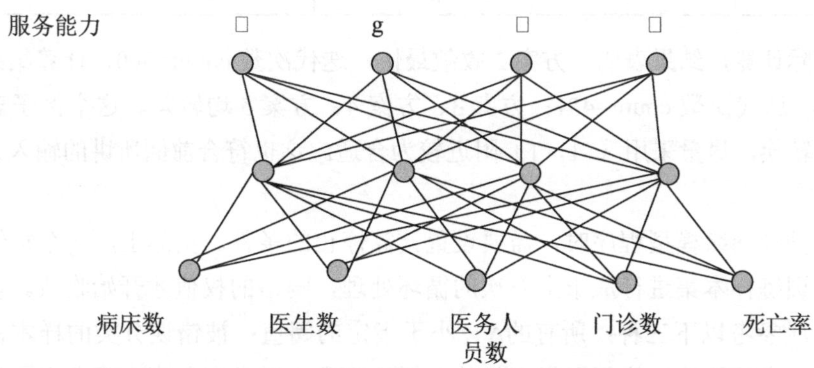

图 10-37　城市医疗服务能力评价系统神经网络模型

选择 10 个城市数据作为训练集，使模型学习之后对其他城市进行评价。训练样本如表 10-8 所示，这里 6 个属性都是非数值的，是描述型的物理概念，要把它们转换成数值型属性。

表 10-8　城市医疗服务能力指标值

项目	上海	北京	沈阳	武汉	哈尔滨	重庆	成都	青岛	鞍山	兰州
病床数 / 万人	g	a	b	g	v	g	a	v	g	g
医生数 / 万人	v	v	b	g	g	g	g	g	b	a
医务人员数 / 万人	v	v	b	g	a	b	g	a	v	a
门诊数 / 万人	v	v	a	a	b	b	a	g	v	b
死亡率	b	g	g	b	a	b	a	v	a	v
医疗服务能力	v	v	b	a	a	b	a	v	g	g

网络中的 5 个输入节点，分别表示病床数、医生数、医务人员数、门诊数、死亡率 5 个指标，将表 10-8 中给出的指标值（v，g，a，b）4 种值转化为数值形式。神经网络的输入数据范围可以是（$-\infty$，$+\infty$），输出数据范围为 [0，1]。为方便输出数据的判别，输出 4 个节点，每个用 {0，1} 来表示，1000、0100、0010、0001 分别表示非常好、好、可接受、差 4 个级别。输入节点数据转化设计了 5 种方案，如表 10–9 所示。比如第 1 种方案，设

v=3，g=1，a=−1，b=−3；第 2 种方案，设 v=1.5，g=0.5，a=−0.5，b=−1.5。

表 10-9　输入模式转化

方案	输入节点数据			
方案 1	v=3	g=1	a=−1	b=−3
方案 2	v=1.5	g=0.5	a=−0.5	b=−1.5
方案 3	v=6	g=2	a=−2	b=−6
方案 4	v=1	g=0.66	a=0.33	b=0
方案 5	v=10	g=7	a=4	b=1

通过实际计算，结果表明，方案 2 收敛最快，迭代次数 count=360，计算结果合理；其次是方案 1，迭代次数 count=451；方案 3、方案 4、方案 5 均较差。这个例子表明，物理概念的数值转换，尽量采用（−1，1）附近较为合适。这也符合前面所讲的输入、输出值设置规则。

在编写神经网络模型程序时，需要设置计算停止的条件。实际上，一个神经网络常常需要对整个训练样本集进行成千上万次的循环处理，网络的权值才开始收敛。训练过程停止的条件一般参考以下三种：所有的Δw小于指定的阈值；被错误分类的样本占总样本数的比例小于指定的阈值；执行了指定的处理循环次数。通常在程序中都会设置最大循环处理次数，这样也可避免不收敛时导致的麻烦。

10.9　人工神经网络的优缺点

人工神经网络有以下主要特征：可处理非线性分类问题；具有大规模并行协同处理能力（在并行结构中，对神经网络中的每一个神经元来说，其运算都是一样的，这样的结构最便于计算机并行处理）；具有很强的自适应学习能力（神经网络的推理只与输入及网络自身的参数有关，而这些参数又是通过使用学习算法对网络进行训练得到的，因此它是一种自适应推理）；具有较强的容错能力和联想能力。下面通过例子详细介绍一下。

对于神经网络的大规模并行处理能力，比如在手写数字识别的应用中，这属于图像分类技术。在常用的 MNIST 数据集里，0 ～ 9 手写数字图像为 28×28 像素，将所有像素拼接起来形成 784 维的特征向量，作为神经网络的输入。神经网络的隐藏层可以有多个，每个层的神经元数量可以自己设置。输出层有 10 个神经元，代表 0 ～ 9 这 10 个阿拉伯数字类型。图像识别时，寻找输出层输出值向量的最大值，最大值的分量号作为图像识别的结果。

图 10-38 显示的是构建的神经网络模型结构，输入层有 784 个神经元，输出层有 10 个神经元。图中设置了 2 个隐藏层，每个隐藏层的个数需要反复实验来确定。神经网络对这些输入信息的处理都是从前向后同时进行的，具有大规模的并行处理能力。目前在大数据阶段，已有应用中神经网络的神经元个数可达 100 多万个。

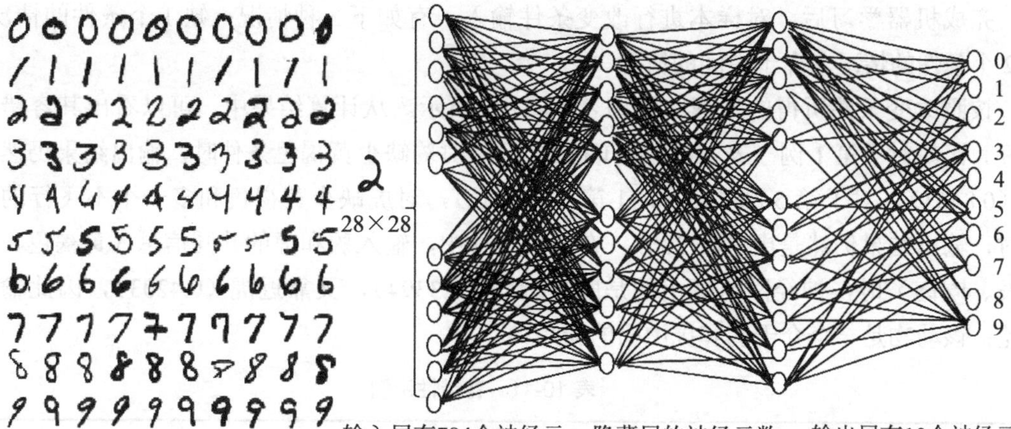

图 10-38 手写识别神经网络结构示意

同时，神经网络具有较强的容错能力和联想能力。下面举例来说明这个问题。设有 4 个动物的样本，每种动物有 10 个属性，0 表示无该属性，1 表示有该属性。表 10-10 中给出了 4 种动物的输出样本编码。

表 10-10 动物分类样本编码

样本输入										样本输出				
暗斑点	黄褐色	有毛发	吃肉	黑条纹	不飞	黑白色	会游泳	有羽毛	善飞	编码				动物名
1	1	1	1	0	0	0	0	0	0	1	0	0	0	豹
0	1	1	1	1	0	0	0	0	0	0	1	0	0	虎
0	0	0	0	0	1	1	1	1	0	0	0	1	0	企鹅
0	0	0	0	0	0	0	0	1	1	0	0	0	1	信天翁

为识别这 4 种动物，构建神经网络模型如图 10-39 所示。10 个输入节点代表表 10-10 中的 10 个属性，4 个输出节点代表 4 种动物。

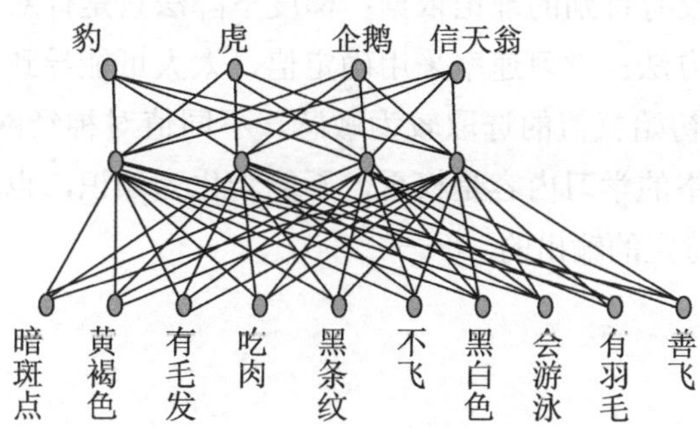

图 10-39 神经网络结构模型

完成机器学习后，对样本进行改变条件输入，有如下 3 种情况：缺 1 个条件的情况，缺 2 个条件的情况，介于中间的情况。

按照改变条件所得的推理结果如表 10-11 中所示。从计算结果中，可以看出其容错性很好。比如对于第 1 例（表 10-11 第 1 行数据），对豹缺少黄褐色条件时，输出结果仍然是豹（0.8463）。对于第 5 例（表 10-11 第 5 行数据），对虎缺少黄褐色和多一个不飞行的条件时，输出结果仍然是虎（0.9286）。在最后一行中，输入豹和虎的共同信息（黄褐色、有毛发、吃肉）时，神经网络输出的是既靠近豹（0.3394），又靠近虎（0.4203），因此输出结论：该动物是一个介于豹和虎中间的新品种。

表 10-11 容错性示例

输入										输出				
暗斑点	黄褐色	有毛发	吃肉	黑条纹	不飞	黑白色	会游泳	有羽毛	善飞	豹	虎	企鹅	信天翁	动物名
1	0	1	1	0	0	0	0	0	0	0.8463	0.0245	0.0481	0.0950	豹
0	1	0	1	1	0	0	0	0	0	0.0200	0.9473	0.0204	0.0030	虎
0	0	0	0	1	1	1	1	1	0	0.0148	0.2133	0.8971	0.0978	企鹅
0	0	0	0	0	0	0	0	1	0	0.1156	0.0298	0.1262	0.6662	信天翁
0	0	1	1	1	1	0	0	0	0	0.0140	0.9286	0.0368	0.0029	虎
1	0	0	1	0	0	0	0	0	0	0.8486	0.0193	0.0550	0.1618	豹
0	0	0	0	0	0	1	0	1	0	0.0735	0.0296	0.656	0.1502	企鹅
0	1	1	1	0	0	0	0	0	0	0.3394	0.4203	0.0317	0.0135	豹，虎

神经网络的工作方式是将学习分布到不同的连接权重中，即将它所学到的知识分布在几条连接权重上，这种方式使得神经网络对损坏具有了弹性，类似生物大脑的运行方式，也就是说，如果若干连接权重遭受了一定损害，都不太可能彻底破坏神经网络良好的工作能力。神经网络也可以表现得相当好。这就是它的容错性。

神经网络的局限性有：隐藏层节点个数没有理论依据；激活函数的选择一般使用 S 型函数，除方便计算外，没有特别的理论依据；梯度下降法只是针对局部而言，对整体来说却不一定是最快速下降方法；学习速率采用确定值，太大可能导致学习过程振荡，太小会造成学习的周期过长；初始权值的选取较为敏感，不同值对神经网络的训练是有影响的；具有黑箱特性，神经网络的学习内容是权重，不能转化为知识，也就是说不知道神经网络是如何以及为何会产生特定的输出的。

10.10 人工神经网络算法一般应用举例

神经网络算法本身属于分类算法，目前人工神经网络模型的用途极其广泛。基于神经网络的图像识别是由深度学习提供动力的，特别是卷积神经网络，具有许多应用场景，比如汽车中的自动驾驶。基于神经网络的语音识别模型，应用在各类语音助手中。基于神经网络的文本分类，应用在很多自然语言处理应用中，如情感分类、新闻推送等。下面举两个实例，来说明如何根据具体问题构建神经网络模型并进行训练求解。

例如，关于蚊子的分类问题。已知两类蚊子的数据如表 10-12 所示。

表 10-12 蚊子分类样本

翼长	触角长	类别	目标值
1.78	1.14	Apf	0.9
1.96	1.18	Apf	0.9
1.86	1.20	Apf	0.9
1.72	1.24	Af	0.1
2.00	1.26	Apf	0.9
2.00	1.28	Apf	0.9
1.96	1.30	Apf	0.9
1.74	1.36	Af	0.1
1.64	1.38	Af	0.1
1.82	1.38	Af	0.1
1.90	1.38	Af	0.1
1.70	1.40	Af	0.1
1.82	1.48	Af	0.1
1.82	1.54	Af	0.1
2.08	1.56	Af	0.1

这里一共有 15 个训练样本，分为 Apf、Af 两种类别，用于分类的属性有两个，即翼长和触角长。同时，表 10-12 中也给出了不同类别所对应的目标值。其中，Apf 类目标值取为 0.9，类别 Af 目标值取为 0.1。

输入数据有 15 个，即 $p=1, \cdots, 15$；$j=1, 2$ 对应 15 个输出。根据这个问题构建神经网模型，首先确定网络结构，包括需要确定输入层、中间层、输出层，每层的节点应取多少个。用于分类的属性有两个，即有两个输入值，这属于二分类问题，可设一个输出节点。最后建立的神经网络结构如图 10-40 所示：有两个输入节点；一个中间层，中间层两个节点；一个输出层节点。

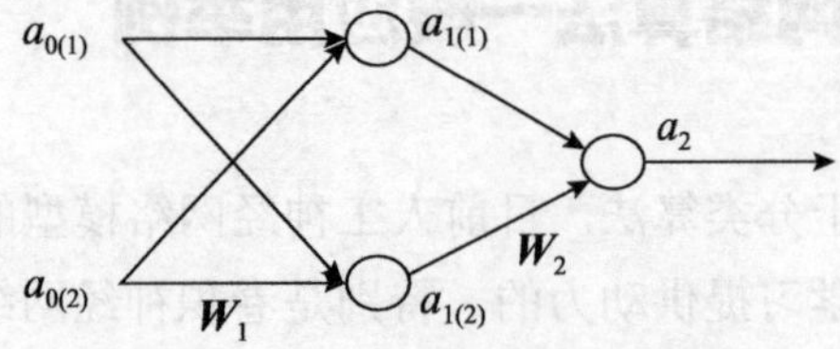

图 10-40 二分类问题神经网络结构

设 t 为实际目标值，规定当 $t_{(1)}=0.9$ 时表示属于 Apf 类，$t_{(2)}=0.1$ 表示属于 Af 类。

设两个权重系数矩阵分别为 $\boldsymbol{W}_1$ 和 $\boldsymbol{W}_2$。

$$\boldsymbol{W}_1=\begin{pmatrix} w_{1(1,1)} & w_{1(1,2)} & w_{1(1,3)} \\ w_{1(2,1)} & w_{1(2,2)} & w_{1(2,3)} \end{pmatrix}$$

$$\boldsymbol{W}_2=\begin{pmatrix} w_{1(1,1)} & w_{2(1,2)} & w_{2(1,3)} \end{pmatrix}$$

$\boldsymbol{W}_1$ 是输入层节点到中间层节点的连接权，如 $w_{1(1,2)}$ 表示输入层节点 1 到隐藏层节点 2 之间的连接权。应用中通常用这种矩阵形式表示权重，注意矩阵中最后一列，即 $w_{i(j,3)}$ 这一列表示节点的阈值，如 $w_{1(1,3)}$ 表示中间层第 1 个节点 $a_{1(1)}$ 的阈值，$w_{2(1,3)}$ 是输出层节点 a_2 的阈值。

在这个分类问题中，设中间层节点 1 和 2 的输入值为 $u_{1(1)}$ 和 $u_{1(2)}$，计算公式如下：

$$u_{1(1)}=w_{1(1,1)}a_{0(1)}+w_{1(1,2)}a_{0(2)}-\theta_{1(1)}$$

$$u_{1(2)}=w_{1(2,1)}a_{0(1)}+w_{1(2,2)}a_{0(2)}-\theta_{1(2)}$$

$$a_{1(1)}=f(u_{1(1)}),a_{1(2)}=f(u_{1(2)})$$

式中，$a_{1(1)}$、$a_{1(2)}$ 是中间层两个节点的输出，同时作为输出层节点的两个输入；θ_i 为阈值；f 为激励函数。考虑计算机编程，让这个输入表达更整齐一些，令 $a_{0(3)}=-1$, 作为神经元的一个固定输入，$w_{1(j,3)}=\theta_j\ (j=1,2)$，把阈值作为固定输入神经元相应的权系数。

这样，中间层节点的输入 $u_{1(1)}$ 和 $u_{1(2)}$ 可表示为以下两个计算式。

$$u_{1(1)}=w_{1(1,1)}a_{0(1)}+w_{1(1,2)}a_{0(2)}+w_{1(1,3)}a_{0(3)}=\sum\nolimits_{j=1}^{3}w_{1(1,j)}a_{0(j)}$$

$$u_{1(2)}=w_{1(2,1)}a_{0(1)}+w_{1(2,2)}a_{0(2)}+w_{1(2,3)}a_{0(3)}=\sum\nolimits_{j=1}^{3}w_{1(2,j)}a_{0(j)}$$

取激励函数为 S 型函数，则中间层节点输出 $a_{1(i)}$ 为

$$a_{1(i)}=f(u_{1(i)})\quad\frac{1}{1+\exp(-u_{1(i)})},i=1,2$$

同理，$a_{1(3)}=-1$，$w_{2(1,3)}=\theta$，则

$$u_{2(1)}=\sum\nolimits_{j=1}^{3}w_{2(1,j)}a_{1(j)}$$

$$a_{2(1)}=\frac{1}{1+\exp(-u_{2(1)})}$$

设置完这些函数形式之后，具体算法如下。

①令 p=0，这里用来标记样本，表示未代入样本数据训练之前初始的 w。随机给出两个

权矩阵的初值；如果用MATLAB软件实现，可以调用rand函数，使 $w_{1(0)}$=rand（2，3），$w_{2(0)}$=rand（1，3）。

②根据输入数据利用公式算出网络的输出：根据前面设置的中间层节点输入值公式 $u_{1(1)}$ 和 $u_{1(2)}$，代入激活函数计算中间节点的输出 $a_{1(1)}$ 和 $a_{1(2)}$。

$$u_{1(1)}=w_{1(1,1)}a_{0(1)}+w_{1(1,2)}a_{0(2)}+w_{1(1,3)}a_{0(3)}=\sum_{j=1}^{3}w_{1(1,j)}a_{0(j)}$$

$$u_{1(2)}=w_{1(2,1)}a_{0(1)}+w_{1(2,2)}a_{0(2)}+w_{1(2,3)}a_{0(3)}=\sum_{j=1}^{3}w_{1(2,j)}a_{0(j)}$$

$$a_{1(i)}=f(u_{1(i)})\frac{1}{1+\exp(-u_{1(i)})}，\ i=1,2$$

同理，计算输出层节点的输入值 $u_{2(1)}$ 和输出值 $a_{2(1)}$。

取 $a_{1(3)}=-1$，则有

$$u_{2(1)}=\sum_{j=1}^{3}w_{2(1,j)}a_{1(j)}$$

$$a_{2(1)}=\frac{1}{1+\exp(-u_{2(1)})}$$

③前向计算完成后，开始计算输出层节点误差，即输出节点的实际目标值减去计算输出，乘以这个节点激活函数S型函数的导数值。

$$f(x)=\frac{1}{1+\mathrm{e}^{-x}}，\ f'(x)=\frac{\mathrm{e}^{-x}}{(1+\mathrm{e}^{-x})^2}$$

$$\begin{aligned}\delta_{2(1)}&=(t_{(1)}-a_{2(1)})f'(u_{2(1)})\\&=(t_{(1)}-a_{2(1)})\exp(-u_{2(1)})/[1+\exp(-u_{2(1)})]^2\end{aligned}$$

④取 $\eta=0.1$（学习率为0.1，这个大小可以调整，也可以取其他正数）。

计算完输出节点误差后，将其代入公式中，更新中间层到输出层的权重 w_2^{p+1}。注意，这里的 p 是样本标号，循环控制量。

$$w_{2(1,j)}^{p+1}=w_{2(1,j)}^{p}+\eta\delta_{2(1)}^{p+1}a_{1(j)}^{p+1}，\ j=1,2,3$$

⑤同理，使用公式计算中间层节点误差，以及更新输入层节点到中间层节点的权重 w_1^{p+1}。这就完成了一次权重的训练过程。

$$\delta_{1(i)}^{p+1}=(\delta_{2(1)}^{p+1}w_{2(1,i)}^{p+1})\exp(-u_{2(1)})/[1+\exp(-u_{2(1)})]^2$$

$$w_{1(i,j)}^{p+1}=w_{1(i,j)}^{p}+\eta\delta_{1(i)}^{p+1}a_{0(j)}^{p+1}$$

⑥令 p=p+1，转②。

注意仅计算一圈15个样本 p=1，2，…，15是不够的，应直到各权重变化很小，达到停止条件时停止。本例中，共计算了147圈，迭代了2205次。最后的计算结果是以下两个矩阵中的值。

$$\boldsymbol{W}_1=\begin{pmatrix}-5.5921 & 7.5976 & 0.5765\\ -0.5787 & -0.2875 & -0.2764\end{pmatrix}$$

$$\boldsymbol{W}_2=\begin{pmatrix}-8.4075 & 0.4838 & 3.9829\end{pmatrix}$$

训练结束后，神经网络中使用的各输入、输出模型的解，也就是把这些权重和阈值参数代入，得到以下各表达式。训练过程结束后，可以使用这个模型，输入蚊子的翼长和触角长两个属性值，根据输出值对其进行分类。

$$u_{1(1)} = -5.5921a_{0(1)} + 7.5976a_{0(2)} - 0.5765$$

$$u_{1(2)} = -0.5787a_{0(1)} - 0.2875a_{0(2)} + 0.2764$$

$$a_{1(i)} = f(u_{1(i)})\frac{1}{1+\exp(-u_{1(i)})}，i = 1, 2$$

$$u_{2(1)} = -8.4075a_{1(1)} + 0.4838a_{1(2)} - 3.9829$$

$$a_{2(1)} = \frac{1}{1+\exp(-u_{2(1)})}$$

第 11 章 生成式人工智能

11.1 生成式人工智能概述

生成式人工智能（AI-generated content）是一种基于算法和模型生成文本、图片、声音、视频、代码等内容的技术。不同于传统 AI 的分析功能，生成式 AI 能学习并生成具有逻辑的新内容。

案例：AIGC 可以根据文字内容生成图片，如图 11-1 所示。根据图像绘制的文字描述，即“绘制出能表现 2025 年央视春晚主题的图片，并在图片上给出‘蛇年大吉，巳巳如意’八个大字”，AIGC 模型会生成相应图片。与传统数据处理技术不同，该图片并不是互联网或数据库中存在的图片，而是由 AI 模型自动生成的。

图 11-1 文心一言根据文字描述生成的图片

从生成内容层面，AIGC 可以应用于以下 5 个技术场景，具体如表 11-1 所示。

表 11-1 AIGC 场景概述

AIGC 技术场景	内容
文本生成	包括非交互式文本（结构化写作、非结构化写作和辅助性写作）和交互式文本（聊天机器人、文本交互游戏等）生成
音频生成	包括语音克隆、文本生成特定语音、生成乐曲、歌曲等
图像生成	包括图像编辑工具和图像自主生成（即 AI 绘画）
视频生成	包括视频属性编辑、视频自动剪辑和视频部分编辑
多模态生成（文本、图像、视频间跨模态生成）	包括根据 prompt 提示生成创意图像、拼接图片素材生成视频、文字生成视频、图像 / 视频转换为文本等

1. 文本生成

基于 NLP 的文本内容生成根据使用场景可分为非交互式文本生成与交互式文本生成。非交互式文本生成包括摘要 / 标题生成、文本风格迁移、文章生成、图像生成文本等。交互式文本生成主要包括聊天机器人、文本交互游戏等。

2. 音频生成

音频生成技术较为成熟，在 C 端产品中也较为常见，如语音克隆，将人声 A 替换为人声 B。此外，还可应用于文本生成特定场景语音，如数字人播报、语音客服等。此外，可基于文本描述、图片内容理解生成场景化音频、乐曲等。

3. 图像生成

图像生成根据使用场景可分为图像编辑修改与图像自主生成。图像编辑修改可应用于图像超分、图像修复、人脸替换、图像去水印、图像背景去除等。图像自主生成包括端到端的生成，如真实图像生成卡通图像、参照图像生成绘画图像、真实图像生成素描图像、文本生成图像等。

4. 视频生成

视频生成与图像生成在原理上相似，主要分为视频编辑与视频自主生成。视频编辑可应用于视频超分（视频画质增强）、视频修复（老电影上色、画质修复）、视频画面剪辑（识别画面内容，自动场景剪辑）。视频自主生成可应用于图像生成视频（给定参照图像，生成一段运动视频）、文本生成视频（给定一段描述性文字，生成内容相符视频）。

5. 多模态生成

以上四种模态可以进行组合搭配，进行模态间转换生成。如文本生成图像（AI 绘画、根据 prompt 提示语生成特定风格图像）、文本生成音频（AI 作曲、根据 prompt 提示语生成特定场景音频）、文本生成视频（AI 视频制作、根据一段描述性文本生成语义内容相符的视频片段）、图像生成文本（根据图像生成标题、根据图像生成故事）、图像生成视频。

总之，生成式人工智能领域专注于开发能够生成与现实世界数据高度相似的合成数据的算法和模型。这种生成逼真且新颖数据的能力在娱乐、医疗、金融等多个行业中具有重要意义。生成式人工智能为图像合成、文本生成、音乐创作，甚至类人聊天机器人等应用开辟了全新的途径。

11.2 AIGC 的发展历程

生成模型在人工智能（AI）领域有着悠久的历史，可以追溯到 20 世纪 50 年代。随着前馈神经网络、专家系统和概率论等技术的发展，AI 开始具备生成顺序数据（如语音和时间序列）的能力。然而，直到 2012 年卷积神经网络（CNN）在 ImageNet 竞赛中的突破，推动了深度学习技术在多个领域的应用，生成式 AI 进入快速发展阶段，生成模型的性能才有了显著的提升。根据生成技术，可以将 AIGC 分为两个阶段：决策式 / 分析式 AI 时代和生成式 AI 时代。

11.2.1 决策式 / 分析式 AI 时代

这一阶段的 AI 技术主要聚焦于辅助决策和数据分析，核心目标是帮助人类更好地理解数据、制订决策，而非自主生成内容。此时的 AI 仍依赖于规则和模型驱动，缺乏大规模生成能力。

1. 关键技术

专家系统：基于固定规则和逻辑推理，用于特定领域的决策支持，如医疗诊断系统（MYCIN）和工业控制系统。

统计机器学习：如决策树、支持向量机（SVM）、K 近邻（KNN）等，主要用于分类和回归分析。

早期自然语言处理（NLP）：基于 n-gram 和隐马尔可夫模型的语言处理，应用于机器翻译和文本分类。

知识图谱和数据挖掘：以结构化数据为核心，强化关系建模和数据查询。

2. 应用场景

商业智能（BI）：为企业提供数据可视化和报表分析工具。

推荐系统：如亚马逊的商品推荐，基于用户行为和协同过滤算法。

机器翻译初步应用：Google Translate 的统计机器翻译阶段。

基础自动化：自动生成简单财报摘要或天气预报文本，但生成能力有限。

3. 局限性

这一阶段的 AI 技术依赖规则与数据标签，无法处理复杂的非结构化数据；缺乏创造力，无法生成复杂、多样的内容。

11.2.2 生成式 AI 时代

2012 年被视为深度学习的里程碑，随着大数据和算力的爆发式增长，AI 开始具备生成复杂内容的能力。2017 年，Vaswani 等人提出了 Transformer 架构，改变了自然语言处理（NLP）和计算机视觉（CV）领域。Transformer 架构取代了传统的 RNN 和长短期记忆网络（LSTM），能够更高效地处理长距离依赖关系，成为各类生成模型的核心骨干。以 OpenAI 为代表的公司推出了一系列大语言模型，特别是 GPT 系列模型，推动着生成式人工智能飞速发展。

GPT 系列模型关键时间点如下。

GPT-1（2018 年）：首次展示了大规模无监督学习在文本生成中的潜力。

GPT-2（2019 年）：显著提升文本生成能力，因潜在滥用风险，最初未完全开放。

GPT-3（2020 年）：参数规模达到 1750 亿，推动文本生成技术的革命性进步。

ChatGPT（2022 年）：基于 GPT-3.5 模型，首次向公众开放，促进 AIGC 的普及化。

GPT-4（2023 年）：多模态生成能力显著提升，支持文本、图像等多形式的内容生成。

随着深度学习和大模型技术的不断演进，AIGC 将在未来继续深刻影响内容创作。在虚拟化方面，AIGC 将深度嵌入元宇宙、VR、AR 等虚拟场景，提升互动和沉浸体验；在数智融合大数据和智能算法方面，实现更精准的个性化生成和智能决策；在国产化方面，中国一直致力于实现生成式人工智能的自主可控技术生态持续发展，缩小国产大模型与国际大模型中间差距，形成具有本土特色的 AIGC 生态。

11.3 AIGC的核心技术

11.3.1 基础模型

AIGC 的基础模型是构建其技术的核心组件，它们通过算法和模型的学习和推理能力，实现对自然语言和其他形式内容的自动生成和理解，其主要模型如表 11-2 所示。

表 11-2 AIGC 基础模型

模型名称	提出时间	应用场景
变分自编码器（VAE）	2013 年	图像生成、语音合成
生成式对抗神经网络（GAN）	2014 年	图像生成、语音合成
扩散模型 +	2015 年	图像生成
Transformer	2017 年	语言模型
Vision Transformer（ViT）	2020 年	视觉模型

1. 变分自编码器

变分自编码器（variational auto encoder，VAE）是一种生成模型，广泛应用于数据生成、降噪、图像重构等任务，是以自编码器结构为基础的深度生成模型。

（1）自编码器：一类在半监督学习和非监督学习中使用的人工神经网络，其功能是通过将输入信息作为学习目标，对输入信息进行表征学习，生成与训练数据类似的数据。

自编码器在降维和特征提取等领域应用广泛，基本结构是通过编码（encoder）过程将样本映射到低维空间的隐变量，然后通过解码（decoder）过程将隐变量还原为重构样本，如图 11-2 所示。

图 11-2 中自编码器包含两个部分：编码器和解码器。编码器模块用于学习数据的特征，它把一个数据集合，有损编码为低维的码本 $\boldsymbol{h}$，然后依据码本 $\boldsymbol{h}$，解码器重构回 x。如果将编码和解码过程看作函数映射 f 和 g，自编码器模型的目标函数就是寻找使得输入和输出最接近的 f 和 g。可以利用神经网络来拟合这两个函数，目标如下：

$$f,g=\arg\min_{f,g}\|\boldsymbol{X}-g[f(\boldsymbol{X})]\|^2$$

由于两个函数的映射空间是对称的。因此，可以利用对称的神经网络来拟合函数。图 11-2 中采用了对称的隐藏层为 3 层的多层感知机来实现函数的模拟。

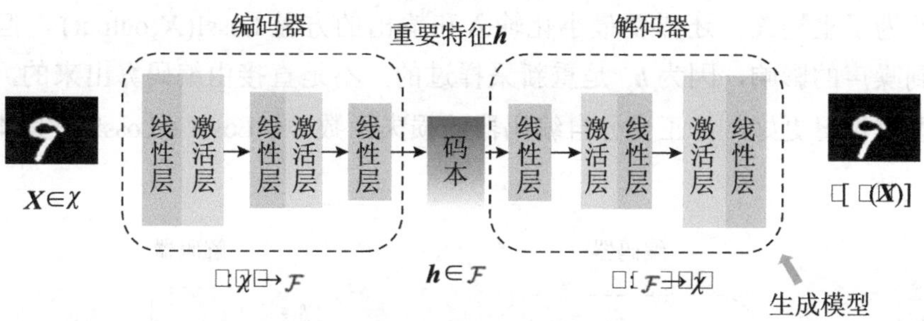

图 11-2　自编码器

这里解码器被看成生成模型，但是这个生成模型无法用来生成任意数据，因为需要用 x 编码获得码本 $\boldsymbol{h}$。如果将两个满足正态分布的随机变量分别作为码本 $\boldsymbol{h}$ 输入基于 MINIST 数据集训练的解码器中，如图 11-3 所示，会发生什么？

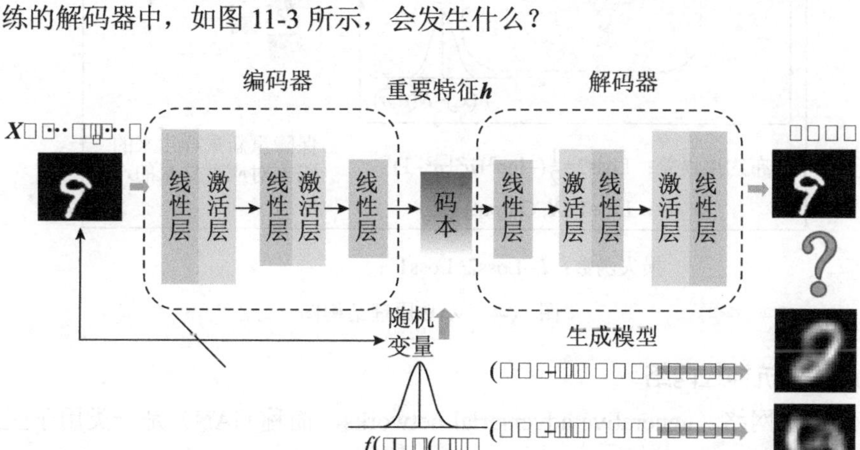

图 11-3　自编码器解码器用作生成模型

图 11-3 中给出模型输出结果，可视化后输出了两张类似手写体数的图像。但是又不是数。这是为什么呢？这是因为在自编码器中，码本 $\boldsymbol{h}$ 应该是由输入 x 得到，而我们输入的随机向量与输入 x 没有关系，所以得不到正常的图片。如果想要利用满足分布的随机变量生成正常图片，就需要增加一些限制，迫使生成的隐含向量粗略遵循一个标准的正态分布，这就是变分自编码器 VAE。

（2）变分编码器。从上面叙述可知，如果编码器生成码本是满足某一分布，那么只要在这个分布中随机采样，得到的随机向量 $\boldsymbol{h}$ 作为解码器的输入，就可以得到满足需求数据规则的输出，这就是变分编码器，与传统自编码器相比，VAE 在生成的多样性和生成质量方面具有优势。

问题：经过重新采样出来的码本，是不是还对应着原来的数据集合 x？

解决方案：假设 $\boldsymbol{X}$ 中的每个元素 x_k 都满足正态分布 $P(Z|x_k)$，用神经网络来拟合 x_k 对应正态分布的均值和方差，然后从这个专属分布 $P(Z|x_k)$ 中采样一个 $\boldsymbol{h}_k$ 出来，然后经过一个生成器得到 $\boldsymbol{h}_k$ 的输出。此时 $\boldsymbol{h}_k$ 是 x_k 分布的采样，因此生成器能够把 x_k 还原。为实现这一目标，定义分布约束误差 Loss2 为

$$\text{Loss2}=\frac{1}{2}(-\ln\sigma^2+\mu^2+\sigma^2-1)$$

同时，为了重构 $\boldsymbol{X}$，还需要最小化输入和输出的方差 $\text{Loss1}(\boldsymbol{X},\text{output})$，但是这个重构过程受到噪声的影响，因为 $\boldsymbol{h}_k$ 是重新采样过的，不是直接由编码算出来的，所以为了使最终模型重构得更好，修正变分自编码器的损失函数 $L=\text{Loss1}+\text{Loss2}$，具体如图 11-4 所示。

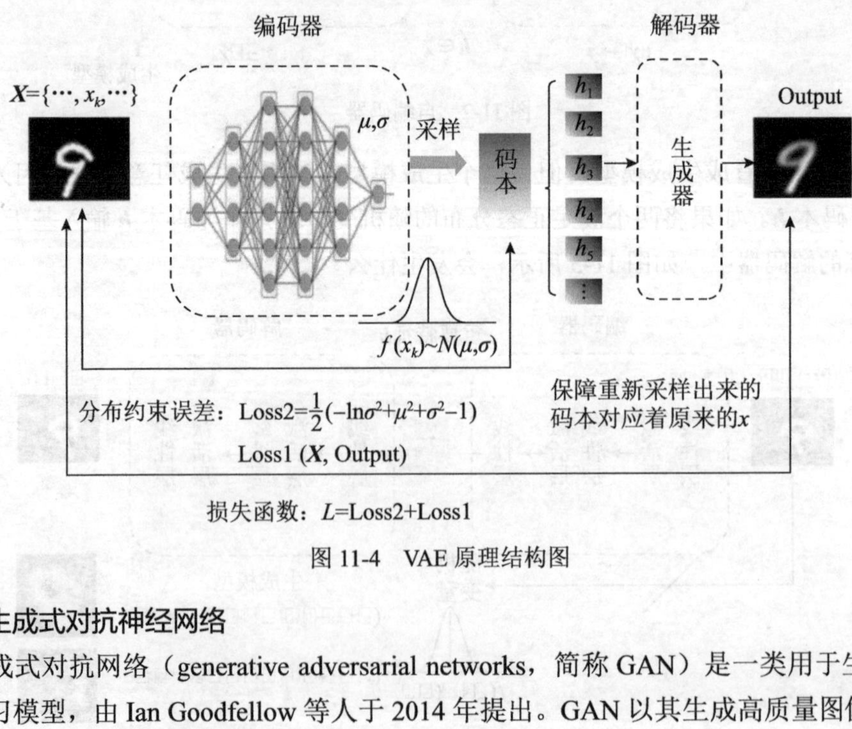

图 11-4　VAE 原理结构图

2.生成式对抗神经网络

生成式对抗网络（generative adversarial networks，简称 GAN）是一类用于生成数据的深度学习模型，由 Ian Goodfellow 等人于 2014 年提出。GAN 以其生成高质量图像和其他数

据的能力而闻名，尤其在图像生成、视频生成和数据增强等领域得到了广泛应用。GAN 的核心思想是使用两个模型进行博弈，旨在通过两个神经网络，即生成器（generator）和判别器（discriminator）的相互对抗来进行学习，使生成的数据越来越接近真实数据。

GAN 的基本原理基于博弈论中的二人零和博弈，即生成器和判别器通过竞争与合作的方式，促使模型不断进步。生成器负责生成虚假数据，而判别器则负责区分真实数据和生成器生成的数据。在训练过程中，生成器试图生成尽可能真实的数据以欺骗判别器，而判别器则努力提高自身识别真伪的能力。这种竞争与合作的过程促使生成器不断改进生成能力，判别器也不断提高辨别能力，直至达到平衡状态。

（1）GAN 网络结构。GAN 由生成器和判别器两部分组成，如图 11-5 所示。生成器接收一个随机噪声向量作为输入，通过神经网络逐步生成数据，如图像或文本。其目标是生成尽可能接近真实数据分布的虚假数据。判别器接收来自生成器的数据或真实数据，并通过神经网络输出一个二元结果，表示输入数据是真实的还是虚假的。其任务是辨别生成器生成的数据和真实数据的差异。

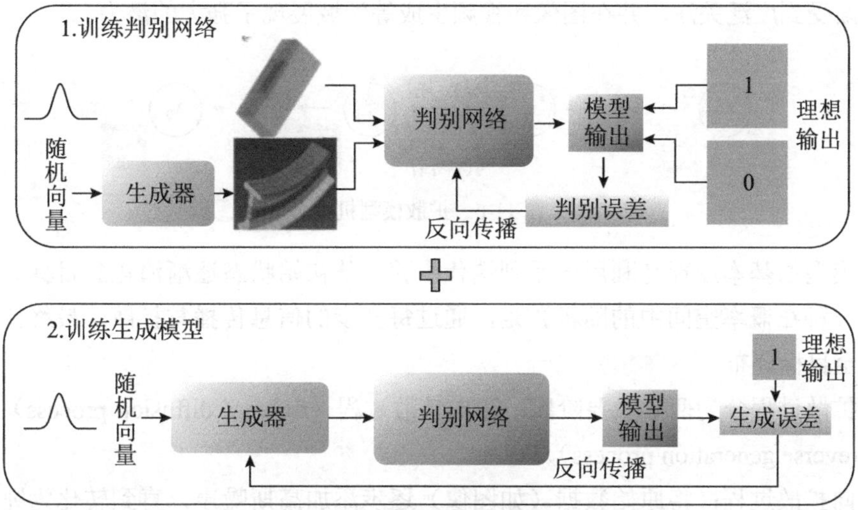

图 11-5 GAN 网络结构

（2）GAN 网络训练。GAN 的训练过程基于一个极小极大损失函数，目标是找到一个生成器和判别器的平衡点，即纳什均衡点。在训练中，判别器会尝试最大化其正确分类真实样本和生成样本的概率，而生成器则尝试最小化判别器识别其生成数据为假的概率。损失函数通常为

$$\min_G \max_D V(D,G) = E_{x\sim P_{\text{data}}(x)}[\ln D(x)] + E_{z\sim P_z(z)}[1-\ln D(G(z))]$$

式中，$D(x)$ 表示判别器判断真实数据的概率；$D(G(z))$ 表示判别器判断生成数据为真实的概率；$P_{\text{data}}(x)$ 是真实数据的分布；$P_z(z)$ 是生成器的输入噪声的分布。

GAN 的训练过程是一个二元极小极大博弈问题。训练时生成器和判别器交替更新，通过反向传播来优化损失函数。判别器的权重更新通过真实数据和生成数据的对比来优化，使其能够准确判断真假数据。生成器则试图使判别器“犯错”，即生成更接近真实的样本来

降低判别器的准确率。

缺点：GAN 的训练往往非常不稳定，容易导致模型崩溃或模式崩塌，因此通常需要优化和调参。

3. 扩散模型

扩散模型（diffusion model）是一种生成模型，其核心思想是通过逐步扩散数据，使其转化为噪声分布，再利用反向过程从噪声中逐步还原出原始数据。这种方法在图像、音频等生成任务中展现了优异的效果，尤其在高分辨率图像生成上表现突出。

扩散模型的概念最早源于统计物理学中的玻尔兹曼机（Boltzmann machines），即一种基于能量函数的概率模型。玻尔兹曼机通过蒙特卡洛采样不断更新样本状态，以逼近目标分布。然而，玻尔兹曼机在实践中难以训练，逐渐被更易优化的生成模型替代。随着深度学习的进步，Hinton 等人于 2015 年提出了一种新的扩散模型，即基于隐式扩散的变分推断（variational inference with implicit diffusion，VID）模型，如图 11-6 所示。VID 通过学习数据生成与推断过程并结合扩散过程，在图像生成任务中取得了显著的性能提升。此后，扩散模型逐渐受到广泛关注，并在图像和视频生成等领域展现了强大的潜力。

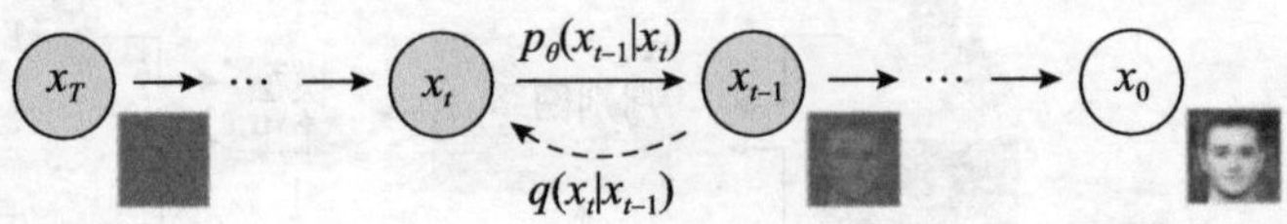

图 11-6　扩散模型机理

扩散模型的基本原理是利用一系列迭代步骤，从初始状态逐渐演化到目标分布。可以将其视为一种在概率空间中的随机游走，通过每一步的信息传播与扩散，最终使初始分布逐步收敛至目标分布。

（1）扩散过程分为两个主要阶段：正向扩散过程（forward diffusion process）和反向生成过程（reverse generation process）。

①正向扩散过程：将原始数据（如图像）逐步添加高斯噪声，直到转化为纯噪声。这个过程通常设计为多个离散的时间步，每一步都向数据中注入少量噪声，使数据逐渐丧失结构和特征，最终形成接近于正态分布的噪声数据。

②反向生成过程：从纯噪声开始，逐步去噪并还原回原始数据。这个反向过程被设计为一个可学习的概率模型，使用深度神经网络来预测如何去除噪声，逐步生成逼真的数据。

在正向扩散过程中，先设定 x_0 为原始数据，x_t 表示在第 t 步添加噪声后的数据，则在正向扩散过程中，每一步添加少量的高斯噪声可以定义为

$$q(x_t \mid x_{t-1}) = \mathcal{N}(x_t; \sqrt{1-\beta_t}\, x_{t-1}, \beta_t I)$$

式中，β_t 是控制噪声添加强度的超参数。经过 T 步之后，x_T 将接近一个各向同性的高斯噪声。

在反向生成过程中，模型学习从 x_T 逐步去噪，得到 $x_{T-1}, x_{T-2}, \dots, x_0$，还原出数据 x_0，生成过程的模型通常定义为

$$p_\theta(x_{t-1} \mid x_t) = \mathcal{N}(x_{t-1}; \mu_\theta(x_t, t) \textstyle\sum_\theta(x_t, t))$$

式中，μ_θ 和 $\sum_\theta$ 是神经网络的参数，依赖于时间步 t 和当前的噪声数据 x_t，通过训练来优化模型参数 θ。

（2）扩散模型的损失函数。扩散模型的损失函数通过极大似然估计推导出，但通常转化为一个基于噪声预测误差的损失形式：

$$L_{\text{simple}}(\theta) = E_{x_0,\ \epsilon \sim \mathcal{N}(0,I),t}[\|\epsilon - \epsilon_\theta(x_t, t)\|^2]$$

式中，ϵ 是正向扩散过程中添加的噪声，取自标准正态分布；$\epsilon_\theta(x_t, t)$ 是神经网络预测的噪声。这个损失函数的目标是让模型尽可能准确地预测加入到 x_t 中的噪声值，以便在反向生成过程中准确去噪。

（3）扩散模型的优缺点。

①优点。

高质量生成：扩散模型在生成清晰且高质量的图像方面表现出色，与 GAN 和 VAE 相比，其生成图像的质量往往更高。

稳定性好：由于采用逐步生成的方法，扩散模型的训练过程相对稳定，不容易出现 GAN 中的模式崩塌问题。

无条件和有条件生成的灵活性：可以轻松加入条件输入（如文本描述），从而生成特定内容，广泛应用于从文本到图像生成等任务。

②缺点。

计算资源消耗大：扩散模型的多步生成过程导致计算开销较大，训练和推理速度较慢。

复杂的超参数调整：扩散模型的性能与超参数（如步数和噪声比例）密切相关，优化和调整这些超参数比较复杂。

推理时间长：在反向生成过程中需要经过大量步数去噪，导致生成过程较为缓慢，不适合实时应用。

（4）扩散模型的应用。

图像生成：如文本到图像生成、图像修复、图像超分辨率。

数据增强：在少样本任务中生成更多样本以提升模型表现。

音频和视频生成：在音频、视频生成领域同样应用广泛，尤其适合生成高保真、长时间的音频和视频。

扩散模型已成为生成模型的一个重要分支，在生成质量上达到了非常高的水准。

4. Transformer

Transformer 模型是 Google 在 2017 年提出的一种深度学习架构，主要用于自然语言处理任务，尤其是机器翻译。Transformer 引入了自注意力（self-attention）机制，实现了在序列数据中全局信息的并行处理，使其在长序列建模和并行化方面具有显著优势。Transformer 模型现已成为生成式预训练模型（如 GPT 和 BERT）的基础。

（1）Transformer 的模型机理。

Transformer 模型的结构主要包括编码器和解码器，它们各由多个堆叠的自注意力层和前馈神经网络层组成。Transformer 完全基于注意力机制，而不依赖于循环神经网络（RNN）或卷积神经网络（CNN）。这里引入自注意力机制概念。自注意力机制允许模型在处理每个单词时，能够关注序列中的其他单词，从而获取上下文信息。具体来说，自注意力机制通过计算每个单词对其他单词的相似度（称为注意力权重）来决定其重要性。每个单词会生成一个查询（Query）、键（Key）和值（Value）向量，计算如下：

$$\text{Attention}(\boldsymbol{Q},\boldsymbol{K},\boldsymbol{V})=\text{softmax}\left(\frac{\boldsymbol{Q}\boldsymbol{K}^{\text{T}}}{\sqrt{d_k}}\right)\boldsymbol{V}$$

式中，$\boldsymbol{Q}$ 是查询矩阵；$\boldsymbol{K}$ 是键矩阵；$\boldsymbol{V}$ 是值矩阵；d_k 是键向量的维度，用于缩放。

Transformer 中采用了多头注意力（multihead attention）机制，将自注意力分成多个头，每个头有不同的查询矩阵、键矩阵和值矩阵，生成多个不同的上下文表示，这样做的目的是让模型能够关注序列中的不同部分。然后通过将多个头的输出连接并投影到目标维度，得到多头注意力的输出。

在 Transformer 模型中，位置编码代表输入在序列中的位置信息，通过正弦和余弦函数生成固定的向量，嵌入序列中，以此传递输入序列的位置顺序；每个自注意力层之后，Transformer 使用一个前馈神经网络，将每个位置单独地进行非线性变换，通常采用 ReLU 激活函数。在每个自注意力层和前馈层之后，Transformer 使用残差连接和层归一化，帮助模型训练并解决梯度消失问题。

Transformer 模型包括编码器和解码器两个部分。其中，编码器是由自注意力层和前馈网络层堆叠而成；编码器的每一层会产生包含上下文信息的序列表示。而解码器的结构类似于编码器，但解码器还包含一个用于捕获编码器输出信息的“编码器 - 解码器注意力”层，帮助模型将编码器生成的信息逐步解码为目标序列。

（2）Transformer 的误差函数。

Transformer 通常使用交叉熵损失函数来衡量模型预测输出序列与真实序列之间的差异。假设目标序列为 $y=\{y_1,\cdots,y_T\}$，模型输出为 $\hat{y}=\{\hat{y}_1,\cdots,\widehat{y_T}\}$，则交叉熵损失定义为

$$L(\theta)=-\sum_{t=1}^{T}y_t\ln(\hat{y}_1)$$

式中，θ 为模型参数，目标是最小化损失函数，使模型预测的输出序列尽可能接近真实序列。

（3）Transformer 的优缺点。

①优点。

并行化能力强：由于注意力机制允许对所有序列位置进行并行计算，Transformer 在处理长序列时更高效。

长距离依赖建模能力：自注意力机制使模型能够灵活关注长距离的依赖关系，有助于捕获复杂的上下文。

无位置信息丢失：通过位置编码，Transformer 能够灵活地学习序列顺序而不受固定顺序影响。

模块化设计：编码器和解码器层的堆叠设计使得Transformer可以灵活扩展，适用于多种任务。

②缺点。

计算资源需求大：多头注意力和自注意力机制导致计算量较大，尤其在处理长序列时需要大量内存和计算资源。

难以处理超长序列：对于特别长的序列（如超过1000个单词），Transformer的内存需求显著增加，可能难以适用。

对位置编码敏感：虽然位置编码解决了位置信息问题，但与循环结构相比，仍可能在部分任务中表现不稳定。

扩展性问题：标准Transformer的计算复杂度随序列长度增加而呈平方级增长，因此在超长序列应用中存在扩展性问题。

（4）Transformer的应用。

Transformer在自然语言处理中广泛应用于机器翻译、文本生成、摘要提取等任务，同时也被扩展应用到计算机视觉、语音处理和多模态任务中。基于Transformer的模型，如BERT、GPT、T5等已经在各类任务上取得了先进的效果，使Transformer成为深度学习领域的重要基石。

5.Vision Transformer

Vision Transformer（ViT）是一种将Transformer架构应用于计算机视觉任务的模型，由Google于2020年提出。与传统的卷积神经网络（CNN）不同，ViT直接将图像分割成若干块，将这些块视作“词汇”并通过Transformer的自注意力机制建模，如图11-7所示。ViT在图像分类等任务上表现出色，尤其在大规模数据集上可以与CNN竞争甚至超越CNN性能。

（1）ViT的模型机理。

ViT的设计理念是通过将图像转换为一系列图像块（patch），并将这些块作为Transformer的输入，从而摒弃卷积操作。

图像分块（image patching）：ViT将输入图像分割成一系列小的非重叠块。例如，给定大小为 $H\times W$ 的图像，首先将其分成 N 个 $P\times P$ 的块，每个块都可以看作一种“图像词汇”。这样，原图就转化为 $N=\dfrac{H\times W}{P^2}$ 个块，每个块作为Transformer的一个输入“词”，具体模型步骤如下。

首先将每个图像块展平为一维向量并通过线性投影层转换为固定维度的特征表示，这些特征被称为块嵌入（patch embedding）。这些投影后的块嵌入可以看作文本中的词向量。

然后，ViT使用可学习的位置编码将块的位置信息添加到嵌入中，使模型能够感知各块在图像中的空间位置。每个块嵌入和位置编码组合后的序列作为Transformer编码器的输入。编码器中的每个自注意力层和前馈网络层会对图像块进行注意力计算，逐步融合全局上下文信息。

ViT 在输入序列的开头加入一个分类标记（类似于 BERT 中的 [CLS] 标记），其最终输出用来进行分类决策。该标记聚合了整个图像的信息，用于最终的分类。

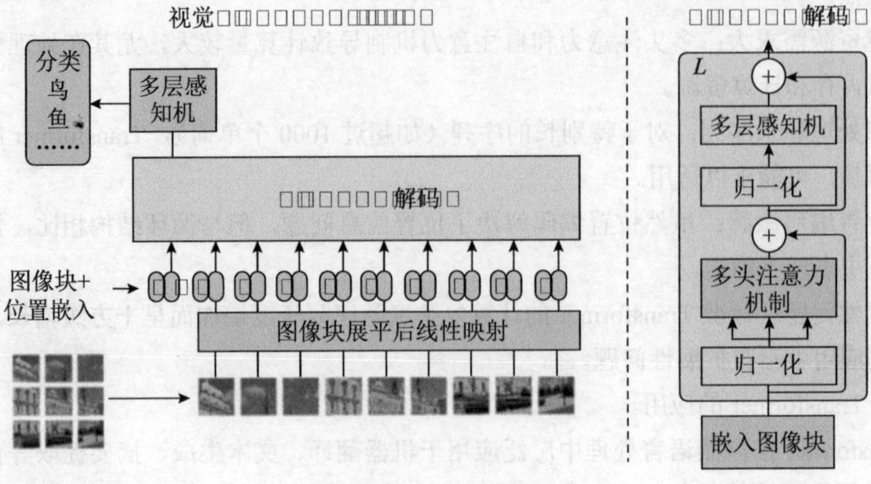

图 11-7 ViT 模型

（2）误差函数。

ViT 的训练过程与 CNN 类似，使用交叉熵损失函数作为分类任务的误差函数。假设模型预测的类别概率分布为 $\hat{y}$，真实类别标签为 y，则交叉熵损失定义为

$$L = -\sum_{i=1}^{C} y_i \ln(\hat{y}_i)$$

式中，C 是类别总数；y_i 是第 i 类的真实标签；$\hat{y}_i$ 是模型输出的第 i 类的概率。交叉熵损失用于优化 ViT 模型的参数，使模型对分类任务的预测更准确。

（3）ViT 的优缺点。

①优点。

强大的全局建模能力：自注意力机制使 ViT 能够更好地捕捉图像中的全局关系，尤其适合长距离依赖的建模。相比卷积操作，自注意力机制的感受野可以覆盖整个图像，因此对复杂图像具有更强的理解力。

数据效率在大规模数据集上更佳：在较大的数据集（如 ImageNet-21k）上，ViT 训练效果优异。数据规模越大，ViT 的性能越突出，甚至在某些任务上可以超过 CNN。

参数可扩展性：Transformer 编码器的模块化结构使 ViT 易于扩展，可以灵活调整层数和隐藏维度以适应不同规模的模型需求。

②缺点。

数据依赖性强：ViT 在小数据集上表现不佳，训练稳定性较低。相比 CNN，ViT 更依赖于大量的数据或预训练，较小的数据集可能导致过拟合或训练困难。

计算复杂度高：自注意力机制的计算复杂度为 $O(N^2)$，对图像的块数非常敏感。较高的计算成本限制了 ViT 的扩展性，尤其在高分辨率图像和较小块尺寸下计算需求显著增加。

缺乏空间局部性建模：CNN 具有天然的局部性感受野，但 ViT 完全依赖自注意力机制，可能在某些任务上忽略图像的细节结构或局部特征。通常，ViT 需要结合数据增强或与 CNN 结合来弥补这一缺陷。

（4）ViT 的应用与扩展。

ViT 主要用于图像分类任务，但近年来其变种和改进模型（如 Swin Transformer、DeiT 等）已应用于目标检测、语义分割等视觉任务。ViT 的模块化和灵活性使其易于扩展和调整，以适应不同的计算机视觉需求。随着高效注意力机制的引入和硬件算力的提升，ViT 及其改进版在视觉领域的应用前景广阔。

11.3.2 预训练大模型

虽然过去各种模型层出不穷，但是生成的内容偏简单且质量不高，远不能够满足现实场景中灵活多变的高质量内容生成的要求。预训练大模型的出现使 AIGC 发生质变，诸多问题得以解决。大模型在 CV/NLP/ 多模态领域成果颇丰，表 11-3 中列出了部分在这些领域内的主流预训练大模型。

表 11-3 主流预训练大模型

计算机视觉预训练大模型	自然语言处理预训练大模型	多模态预训练大模型
YOLO 系列	谷歌 LaMDA	OpenAI 的 CLIP+DALL-E
微软 Florence	OpenAI 的 GPT 系列	微软的 GLIP
PaddlePaddle（飞桨）	阿里的 Qwen	百度文心一言

1. 计算机视觉预训练大模型

（1）YOLO（You Only Look Once）系列模型。YOLO 是目标检测领域的经典代表，自 2016 年首次发布以来，经历了多次迭代和技术革新，逐渐发展为目标检测领域的主流技术之一。从 YOLOv1 的实时检测突破，到 YOLOv8 的全新架构和多任务能力，每一次更新都推动了目标检测技术的进步。因其高速度和良好精度，在工业界和学术界广泛应用，无论是在智能交通、工业检测，还是在医疗影像、无人驾驶等领域，YOLO 模型都展现了强大的应用潜力。

（2）Florence。Florence 是微软在 2021 年 11 月提出的视觉基础模型。Florence 采用双塔 Transformer 结构。文本采用 12 层 Transformer，视觉采用 Swin Transformer。通过来自互联网的 9 亿个图文对，采用统一对比学习（unified contrastive learning）机制将图文映射到相同空间中。其可处理的下游任务包括图文检索、图像分类、目标检测、视觉问答以及动作识别。

（3）PaddlePaddle（飞桨）。PaddlePaddle 是百度自主研发的国产开源深度学习框架，在计算机视觉领域提供了丰富的预训练大模型和工具套件。这些模型在大规模数据集（如 ImageNet、COCO）上预训练，广泛应用于图像分类、目标检测、实例分割、姿态估计等任务。飞桨特别针对中文场景和国产硬件进行了优化，推动了国产 AI 生态的发展。

2. 自然语言处理预训练大模型

（1）LaMDA。LaMDA 是谷歌在 2021 年发布的大规模自然语言对话模型，如图 11-8 所示。LaMDA 的训练过程分为预训练与微调两步。在预训练阶段，谷歌从公共数据中收集了 1.56T 数据集，将其输入 LaMDA 模型，以进行自监督学习，让其对自然语言有初步认识。

到这一步，通过输入 prompt 能够预测上下文，但是这种回答往往不够准确，需要二次调优。谷歌的做法是让模型根据提问输出多个回答，将这些回答输入到分类器中，输出回答结果的安全性（Safety）、敏感性（Sensible）、专业性（Specific）以及有趣性（Interesting）。根据这些指标进行综合评价，将评价从高分到低分进行排列，从中挑选出得分最高的回答作为本次提问的答案。

图 11-8　LaMDA 对话系统原理

（2）ChatGPT。ChatGPT 系列模型是由 OpenAI 开发的基于 GPT（generative pre-trained transformer）架构的自然语言处理模型，专注于对话生成、任务处理和智能问答。随着每一代模型的迭代，ChatGPT 在语言理解、上下文记忆、多模态处理等方面不断取得突破，逐渐成为人工智能领域的重要标杆。ChatGPT 系列基于 Transformer 架构，引入了人类反馈强化学习（human feedback reinforcement learning，HFRL）和自注意力机制，与之前的对话模型相比，ChatGPT 具有如下特点。

a. 主动承认错误：若用户指出其错误，模型会听取，并优化答案。

b. 敢于质疑：对用户提出的问题，如存在常识性错误，ChatGPT 会指出提问中的错误。如提出“哥伦布 2015 年来到美国时的情景”，ChatGPT 会指出，哥伦布不属于这一时代，并调整输出，给出准确答案。

c. 承认无知：对于非常专业的问题或超出安全性范围的，如果 ChatGPT 不清楚答案，会主动承认，而不会一本正经地“胡说八道”。

d. 支持连续多轮对话：ChatGPT 能够记住先前对话内容，并展开多轮自然流畅对话。

e. 从 GPT-4 开始，ChatGPT 支持文本 + 图像输入，具备视觉理解和生成能力；通过集成 DALL-E 3，实现根据文本描述生成高质量图像；同时支持文本到语音的生成。

（3）阿里的 Qwen。阿里千问大模型（Qwen）是由阿里巴巴达摩院开发的通用人工智能大模型，旨在为各行业提供强大的自然语言处理和多模态处理能力。千问模型在文本生成、代码理解、视觉语言处理等多个领域表现出色，是国产大模型生态中的重要代表。

Qwen 模型使用阿里巴巴积累的海量文本数据进行预训练，数据涵盖新闻、百科、社交媒体、代码等多种领域。模型支持在特定任务和领域进行微调，提升模型在专业任务上的性能。模型内部采用强化学习策略，能够结合人类反馈强化模型生成质量，使其更加符合人类期望。与国外模型相比，Qwen在中文处理能力方面表现更为出色。未来，千问大模型将继续在行业定制化、多模态融合和国产化生态方面深化发展，推动人工智能技术在各行各业的广泛应用。

3. 多模态预训练大模型

CLIP和DALL-E是OpenAI开发的两款开创性多模态模型，分别在视觉-语言理解和文本生成图像领域取得了重要突破。这两款模型不仅推动了人工智能在图像生成和跨模态理解方面的发展，也为AIGC技术的普及奠定了基础。CLIP采用了对比学习（contrastive learning），通过最大化图文对之间的相似性来进行模型训练。DALL-E系列模型则在文本到图像生成领域展现了强大的创意能力，用户可以使用CLIP搜索相关图像，然后使用DALL-E进行创意编辑和生成，CLIP的图文嵌入能力可以用来评估DALL-E生成图像与文本描述的一致性，确保生成结果符合用户期望。从文本描述到图像生成，再到图像的语义理解和修改，CLIP和DALL-E实现了AIGC创作闭环。

11.3.3 AIGC服务

1. 基础层（模型服务）

基础层为采用预训练大模型搭建的基础设施。由于开发预训练大模型技术门槛高、投入成本高，因此，该层主要由少数头部企业或研发机构主导。如谷歌、微软、Meta、OpenAI、DeepMind、Stability.ai等。基础层的产品形态主要包括两种：一种为通过受控的api接口收取调用费；另一种为基于基础设施开发专业的软件平台收取费用。

2. 中间层（二次开发）

该层与基础层的最主要区别在于，中间层虽不具备开发大模型的能力，但是可基于开源大模型等开源技术进行改进、抽取或模型二次开发。该层为在大模型的基础上开发的场景化、垂直化、定制化的应用模型或工具。在AIGC的应用场景中基于大模型抽取出个性化、定制化的应用模型或工具满足行业需求。如基于开源的Stable Diffusion大模型所开发的二次元风格图像生成器，满足特定行业场景需求。中间层的产品形态、商业模式须与基础层保持一致。

3. 应用层（客户端应用）

应用层是主要基于基础层与中间层开发，面向客户端的场景化工具或软件产品。应用层更加关注用户的需求，将AIGC技术切实融入用户需求，实现不同形态、不同功能的产品落地。可以通过网页、小程序、群聊、APP等不同的载体呈现。

总结：基础模型与预训练大模型的发展，促使AIGC迎来质变期与大规模应用期，未来随着核心技术的演进、产品形态的丰富、场景应用的多元化、生态建设的日益完善，AIGC将充分释放应用价值与商业潜力。

11.4 大模型框架

大模型（如 GPT、BERT、CLIP、DALL-E 等）的部署需要高效的框架来优化推理性能，降低延迟，提升并发处理能力。以下是当前主流的大模型部署框架，涵盖了从模型转换、优化到推理服务的全流程，适用于不同规模和场景的部署需求。

11.4.1 LangChain

LangChain 是一个专为大语言模型设计的开源框架，支持将多个模型和工具集成到复杂的任务链中。它提供了灵活的组件来构建链式任务流程、智能体系统和工具调用接口，适用于自然语言处理、知识检索和自动化任务执行。

1. 开发背景

LangChain 发布年份：2022 年。

设计目的：简化与大语言模型的交互，特别是多步骤任务的处理，可将 GPT、BERT 等大模型组合在一起，构建复杂任务流程，扩展 LLM 的应用场景。

兼容模型：支持 OpenAI GPT 系列、Anthropic Claude、Cohere、Hugging Face Transformers 等多种大模型。

2. 核心理念

链式思维（chain of thought）：将复杂任务分解为一系列有序的步骤（链），每个步骤由大模型或工具处理。

多智能体协作：支持多个智能体在链中协同工作，模拟人类专家协作解决问题的模式。

工具集成（tool integration）：允许模型调用外部工具，如数据库、API、Python 代码执行器等，扩展模型能力。

记忆与上下文（memory and context）管理：提供短期记忆和长期记忆支持，帮助模型在多轮对话中保持上下文一致。

3. LangChain 的安装与配置

（1）安装 LangChain 的代码如下：

```
pip install langchain
```

（2）安装依赖（如 OpenAI API）的代码如下：

```
pip install openai
```

（3）配置 API 密钥（以 OpenAI 为例）的代码如下：

```
import os
os.environ["OPENAI_API_KEY"]= "your_openai_api_key"
```

4. LangChain 实战示例

（1）构建简单的任务链。需求：输入一个问题，模型生成答案并格式化输出。

```
from langchain.llms import OpenAI
from langchain.chains import LLMChain
from langchain.prompts import PromptTemplate

llm = OpenAI(model_name="gpt-3.5-turbo", temperature=0.7)
prompt = PromptTemplate.from_template("你是一名智能助手，请帮我按照提示回答以下问
题：{question}")
chain = LLMChain(llm=llm, prompt=prompt)
response = chain.run("人工智能的未来发展趋势是什么？")
print(response)
```

（2）构建多步骤任务链（SequentialChain）。需求：输入主题，生成文章大纲，然后基于大纲撰写完整文章。

```
from langchain.chains import SequentialChain
from langchain.chains import LLMChain
from langchain.prompts import PromptTemplate
from langchain.llms import OpenAI

llm = OpenAI(model_name="gpt-3.5-turbo", temperature=0.7)
# 步骤 1：生成文章大纲
outline_prompt = PromptTemplate(template="为以下主题生成一篇文章大纲：{topic}",
input_variables=["topic"])
outline_chain = LLMChain(llm=llm, prompt=outline_prompt, output_
key="outline")

# 步骤 2：根据大纲撰写文章
content_prompt = PromptTemplate(template="根据以下大纲撰写文章：{outline}",
input_variables=["outline"])
content_chain = LLMChain(llm=llm, prompt=content_prompt, output_
key="text")

# 构建多步骤任务链
multi_step_chain = SequentialChain(
    chains=[outline_chain, content_chain],
    input_variables=["topic"],
    output_variables=["outline", "text"]
)

# 执行任务链
result = multi_step_chain.run("可持续能源的发展")
print(result["text"])
```

11.4.2 AutoGen

AutoGen 是一个开源框架，用于构建和管理多智能体系统，如图 11 9 所示，专为与大语言模型（LLM）交互设计。它支持多个智能体之间的协作，自动完成复杂任务，如代码生成与优化、数据分析、多轮对话系统等。通过多智能体协作，AutoGen 能够将复杂任务自动拆解为子任务，提高效率和灵活性。

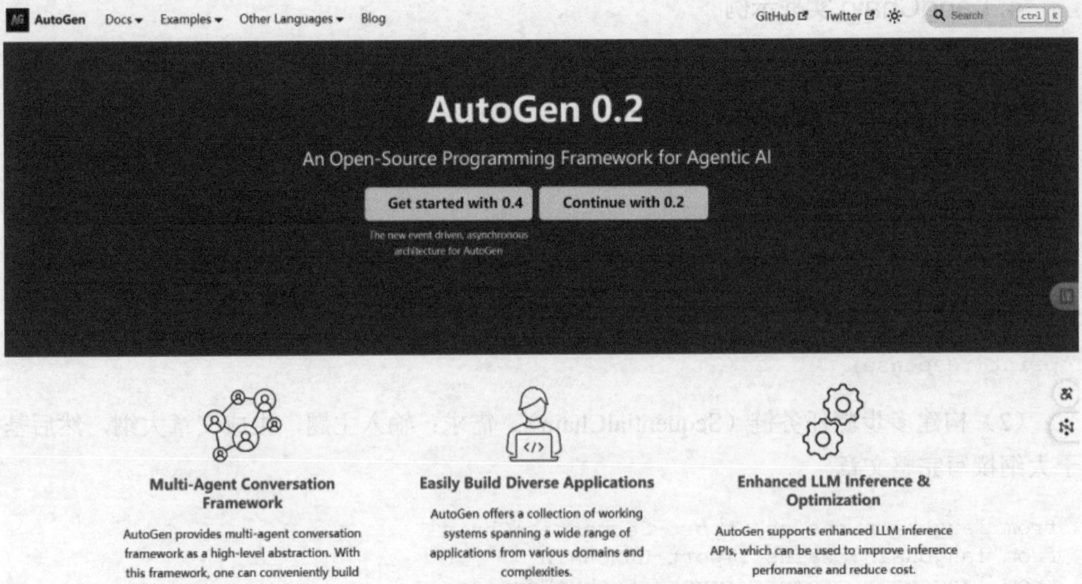

图 11-9　AutoGen 下载界面

1. 开发背景

发布年份：2023 年。

设计目的：简化复杂任务自动化，支持多模型协作，提高大语言模型的实际应用能力。

兼容模型：支持 OpenAI GPT 系列（如 GPT-4）、Anthropic Claude、Cohere 等主流大语言模型。

2. 核心理念

多智能体协作：通过定义不同角色的智能体，分工协作完成复杂任务，模拟人类专家团队的工作模式。

任务自动化：将复杂任务拆分为子任务，智能体之间自动协调并优化任务执行。

多轮对话与反馈机制：智能体可以在多轮对话中交流，批评、修正彼此的输出，逐步优化结果。

3. AutoGen 的安装与配置

（1）安装 AutoGen 的代码如下：

```
pip install pyautogen
```

（2）安装依赖（如 OpenAI API）的代码如下：

```
pip install openai
```

（3）配置 API 密钥（以 OpenAI 为例）的代码如下：

```
import os
os.environ["OPENAI_API_KEY"] = "your_openai_api_key"
```

4. AutoGen 示例

构建简单的多智能体对话系统。需求：创建一个简单的多智能体系统，模拟用户与助手代理的对话，完成代码生成任务。

```
from autogen import AssistantAgent, UserProxyAgent

# 定义助手代理(Assistant Agent)
llm_config_Programer={
    "config_list":[{"model":"qwen2.5-coder-1.5b-instruct",
               "base_url"
               "https://dashscope.aliyuncs.com/compatible-mode/v1",
               "api_key":"your api_key","cache_seed":None}]

}
assistant = AssistantAgent(
    name="Code_Assistant",
    llm_config=llm_config_Programmer
)

# 定义用户代理(User Proxy Agent)
user_proxy = UserProxyAgent(
    name="User",
    code_execution_config={        "last_n_messages": 3,
        "work_dir": "groupchat",
        "use_docker": False,
    },  # 允许代码执行
)
# 启动对话，由用户代理提出任务，由助手完成请求
user_proxy.initiate_chat(
    assistant,
    message="请写一个 Python 程序，计算斐波那契数列的前 20 项。",
    n_rounds=2  # 定义对话轮数
)
```

总结：大模型的部署需要根据模型规模、硬件资源、应用场景选择合适的部署框架。对于高性能需求，可以选择 TensorRT、Triton Inference Server；需要跨平台兼容性的，可以使用 ONNX Runtime；若需要分布式部署和自动化扩展，则 Ray Serve 和 DeepSpeed 是理想选择。对于多模型协作和复杂任务自动化，AutoGen 和 LangChain 提供了强大的支持。企业级部署可选择 Amazon SageMaker、Google Cloud AI Platform 等云服务，快速实现大规模应用落地。

11.5 AIGC 的应用场景

11.5.1 AIGC 在传媒行业的应用

随着人工智能生成内容技术的不断发展，传媒行业的内容生产和传播方式发生了深刻变革。从内容采集到编辑制作，再到播报分发，AIGC 技术在每个环节中都展现出显著的优势，极大地提高了工作效率，降低了运营成本，并拓展了内容创作的可能性。AIGC 技术进

行内容生成并利用 AI 进行内容分析，形成了一个完整的智能传媒生态系统，即通过利用大语言模型和多模态生成技术，自动创作文本、图像、视频、音频等多种形式的内容，实现 AI 内容生成；应用自然语言处理、计算机视觉等技术，对内容进行理解、审核、优化和智能分发，具体如下。

1. 文本创作环节：多模态数据转换和智能创作

（1）语音转写与实时文本生成。借助语音识别技术，将采访、会议、电话等语音信息实时转换为文本，大幅度降低人工转写的工作量，加快新闻采编流程。这种技术在突发新闻报道和实时发布会中尤为重要，能够确保第一时间获取信息并快速加工发布。

技术支持：基于 ASR（automatic speech recognition）技术，如 Google Speech-to-Text、科大讯飞语音识别。

案例：新华社和人民日报使用语音转写技术处理大量现场采访素材，提高新闻发布的时效性。路透社将实时语音识别与自动文本生成相结合，直接生成简要新闻稿件。

（2）智能写作机器人。采用智能写作机器人自动生成新闻稿件，尤其适用于财经、体育、天气等结构化数据驱动的领域。这些机器人可以快速处理数据并生成标准化报道，提升新闻写作的时效性与规模化能力。

技术支持：基于大语言模型（如 GPT-4、T5），结合特定领域的数据接口（如股市、气象数据）。

案例：美联社使用 AI 自动撰写财报新闻，减少了 90% 的人工撰写时间。今日头条推出的智能写作工具，自动生成新闻摘要和简讯，提高信息流更新速度。

2. 编辑环节：智能优化内容制作与视频处理

（1）视频画质修复与增强。AIGC 技术在视频处理领域的应用，尤其在视频画质修复与增强方面表现突出。通过 AI 模型，可以有效提升旧视频的清晰度、色彩和细节表现，使视频质量达到高清或超高清标准。

技术支持：基于深度学习的图像增强技术，如超分辨率（super-resolution）重建、GAN（生成对抗网络）。

案例：人民日报社使用 AIGC 技术对历史视频资料进行修复，使珍贵的历史影像焕发新生；央视频在 2022 年冬奥会期间，利用 AI 技术对赛事录像进行清晰度提升和画质增强。

（2）智能视频剪辑与场景识别。通过 AIGC 技术实现智能视频剪辑，自动识别视频中的关键场景、人物和事件，进行高效的内容编辑与重组。这种技术不仅能提升剪辑效率，还能确保内容的连贯性和观赏性。

技术支持：结合计算机视觉和自然语言处理，实现视频中的场景识别、人物追踪和动作检测。

案例：人民日报社开发的智能云剪辑师，可以自动匹配字幕、追踪人物并修复画面抖动，有效提高短视频生产效率。央视频在 2022 年冬奥会期间，使用 AI 智能剪辑系统自动生成冰雪赛事集锦，极大缩短了从录制到发布的时间。

3. 播报环节：AI 合成主播与虚拟主持的创新突破

（1）AI 合成主播：自动化新闻播报的革新。

AI 合成主播技术实现了新闻领域中实时语音合成和人物动画生成的突破。只需输入文本，系统即可生成包含自然语音、唇动和面部表情的新闻播报视频。这些 AI 主播在视觉效果上几乎与真人无异，且能够 24 小时不间断工作，显著降低了人力成本。

其技术支持有以下几种。

①语音合成（TTS）：如 Tacotron 2、WaveNet，生成自然流畅的语音。

②表情与唇动同步：基于 DeepFake 和 GAN 技术，实现面部表情和唇形与语音的高度一致。

③人物动画生成：结合 3D 建模和动作捕捉技术，生成逼真的虚拟人物动画。

案例：新华社 AI 合成主播是全球首个 AI 新闻主播，能够不间断播报新闻，广泛应用于财经、体育、天气等领域。央视新闻在重大活动期间，如冬奥会，使用 AI 主播进行实时报道，提升了播报的时效性和多样性。

（2）AI 虚拟主持人与观众实时互动节目。

AIGC 技术不仅局限于新闻播报，还广泛应用于娱乐节目主持和电商直播。AI 虚拟主持人可以与观众实时互动，解答问题，甚至可以根据观众情绪调整播报风格，增强用户体验。

其技术支持有以下几种。

自然语言生成（NLG）与对话系统：如 GPT 模型，生成个性化的互动回复。

情感识别：结合用户反馈，动态调整主持风格和内容。

3D 虚拟现实技术：为虚拟主播提供更加逼真的视觉效果。

案例：哔哩哔哩（B 站）和淘宝直播已引入虚拟主播，进行娱乐直播和产品推介，提升用户互动体验。湖南卫视在综艺节目中使用虚拟主持人，为观众带来全新的视听体验。

11.5.2 AIGC 在影视行业的应用

目前，AI 技术日新月异，迭代更新速度很快，在影视行业掀起了一场巨大变革，已经实现了影视行业全产业链覆盖，全面提升了影视全产业链效率，具体如下。

1. 在前期创作阶段

AIGC 可通过对海量剧本进行学习，并按照预定风格生成剧本，创作者可进行二次筛选与加工，激发创作灵感，缩短创作周期。

案例：2016 年 6 月，纽约大学利用人工智能生成了电影剧本 *Sunspring*。2020 年，美国查普曼大学的学生利用 GPT-3 创作了剧本《律师》，并将其制作成短片。在国内，则是由部分垂直领域的科技公司提供人工智能剧本生成的服务，如海马轻帆、文心一言、阅文妙笔、讯飞智作等。海马轻帆支持剧本、网文、剧本杀等文本的智能评估，目前已评测包括但不限于《你好，李焕英》《误杀》《传闻中的陈芊芊》等经典项目，同时也提供小说转剧本、智能写作等功能。

目前全球范围内已有超过 200 个 AI 剧本软件供创作者使用，例如以下几种。

（1）Sudowrite（基于 GPT 模型）。

简介：Sudowrite 是一款专为作家和编剧设计的 AI 写作助手，擅长故事构思、角色发展和对话生成。

特点："Story Engine" 功能可自动生成完整的故事结构和章节安排；支持快速润色和改写，帮助提升剧本质量。

适用场景：适合小说、剧本创作者及内容编辑者使用。

（2）Plotagon（AI 动画剧本创作工具）。

简介：结合剧本创作与动画制作，用户可以通过输入剧本文本自动生成角色动画。

特点：自动将剧本转换为动画短片，提供即时可视化反馈；支持个性化角色设定和声音合成。

适用场景：短视频制作、动画剧本创作、教育培训视频。

（3）ScriptBook（剧本数据分析与评分）。

简介：ScriptBook 不仅可以生成剧本，还可以对已有剧本进行数据分析和评分，预测市场表现。

特点：基于剧本内容分析观众偏好、票房潜力和市场风险；提供剧本的性别平衡、情感走向等多维度分析。

适用场景：作为电影制片人、编剧团队在创作和投资决策中的辅助工具。

2. 中期拍摄阶段

可通过人工智能合成虚拟场景，将无法实拍或成本过高的场景生成出来，提升视听体验。比如，在拍摄前，进行大量场景素材收集与建模制作虚拟场景，演员在绿棚中进行拍摄，根据实时人员识别与抠图技术，将人物嵌入至虚拟场景中进行融合，生成最终视频。

（1）虚拟场景合成与生成。

AI 驱动的虚拟场景生成技术可以通过算法自动创建复杂的数字环境，使得拍摄团队无须实地取景即可获得高度逼真的视觉效果。

其技术支持有以下几种。

文本生成图像：如 DALL-E2、Stable Diffusion，可根据剧本描述生成逼真的场景视觉素材。

3D 建模与渲染：结合 GAN（生成对抗网络）和 NeRF（神经辐射场），创建可与真实世界媲美的三维场景。

虚拟现实（VR）与增强现实（AR）：通过虚拟环境交互，使演员能够更好地与虚拟场景融合。

案例：《曼达洛人》使用 AI 生成的虚拟环境和 LED 大屏技术，取代了传统绿幕拍摄，创造了全新的科幻场景，如图 11-10 所示。

图 11-10 虚拟场景合成

(2) 绿幕拍摄与实时抠像技术。

在中期拍摄中，演员通常在绿幕（green screen）或蓝幕（blue screen）前表演，后续通过 AI 技术将其与虚拟背景进行无缝融合。与传统的抠像技术相比，AI 驱动的实时人员识别与抠图技术在精度和速度上具有显著优势。

其技术支持有以下几种。

深度学习抠像算法：如 U-Net 和 DeepLab，可自动识别和分离前景人物与背景。

实时人物跟踪与姿态识别：使用 OpenPose、MediaPipe 等技术，实现高精度的动作捕捉和实时定位。

AI 驱动的光影匹配：通过 AI 调整光影、色彩和透视，使人物与虚拟场景融合得更加自然。

案例：央视频在 2022 年冬奥会期间使用 AI 实时抠像技术，将运动员动态与虚拟背景无缝融合，提升赛事转播的视觉体验。

3. 后期制作阶段

在影视和媒体制作的后期制作阶段，人工智能生成内容技术正逐渐成为核心工具，助力提升视频质量、优化编辑流程，并确保内容合规。通过 AI 技术，可以实现视频画质增强与修复、敏感内容处理以及自动化视频剪辑，极大提高后期制作的效率和精度。

(1) 视频画质增强与修复。

AIGC 技术在后期制作中的重要应用之一是视频画质增强。无论是修复老旧影片，还是提升现代视频的视觉质量，AIGC 技术都能提供超越传统工具的效果。

其技术支持有以下几种。

超分辨率重建：使用深度学习算法（如 ESRGAN、Real-ESRGAN）提升视频分辨率，使模糊的视频变得清晰。

去噪（denoising）与去模糊（deblurring）：AI 自动识别视频中的噪点和模糊区域，进行细节恢复。

色彩校正与增强（color grading）：AI 自动调整色彩平衡和饱和度，使画面更加生动逼真。

帧插值技术（frame interpolation）：利用 AI 在帧之间生成过渡画面，提高视频流畅度，适用于老旧影片的帧率提升。

案例：2021 年 3 月，马栏山视频文创园区首席技术专家周苏岳通过 5G 云、4K、AI 修复上色等技术手段，让《雷锋》从黑白变成了彩色。记者们观看了数字修复影片《雷锋》展示片，虽然只有短短 4 分钟，但原先的黑白电影已经成为了彩色电影，雷锋的形象扑面而来，更加富有现代感。“太精彩了，让人过目不忘”“彩色电影，看起来有了不一样的感受”，记者们纷纷感慨，修复技术让老电影焕发新魅力。“传承红色基因，讲好雷锋故事，要用年轻人喜闻乐见的方式呈现”，周苏岳通过带领技术团队和志愿者，用产教融合的方式践行雷锋精神，活化雷锋形象，历经 90 多天完成上色修复工作。

（2）敏感内容处理：人脸替换与人声替换。

为确保内容合规或满足特定需求，AIGC 技术可以在后期阶段对视频中的敏感人员进行处理，包括人脸替换和人声替换，而且操作精准且自然，避免影响观感。

①人脸替换（deepfake and face swapping）。

在后期制作时，替换视频中的劣迹艺人或不再适用的演员，保持视频的可用性。或者在广告、宣传片中为品牌代言人或演员替换面部特征，满足市场需求。

其技术支持有以下几种。

深度伪造技术（deepfake）：使用生成对抗网络自动识别并替换视频中的人脸。

人脸重建与嵌入：AI 根据光线、角度和表情调整替换人脸，使其与原视频无缝融合。

案例：《速度与激情 7》在演员保罗 • 沃克去世后，使用 AI 技术进行人脸替换，完成未拍摄的部分。

②人声替换（voice cloning and dubbing）。

在后期制作时，替换敏感人员的声音，确保合规性。或在多语言版本中快速生成高质量配音，节省人工配音时间。

其技术支持有以下几种。

语音克隆（voice cloning）技术：使用 Tacotron 2、WaveNet 等技术合成新声音，或将原声音转换为不同音色。

语音合成与配音（text-to-speech，TTS）：AI 将文本自动转换为自然流畅的语音，可用于重新配音或修改对话。

案例：大型纪录片《创新中国》关注我国前沿的科学突破以及科技热点，讲述了中国科学家的创新故事。作为一部讲述创新的纪录片，在制作中也实现一大创新，即解说部分全程利用人工智能配音。《创新中国》选择了一个绝佳的“声音模板”——《肖申克的救赎》《海绵宝宝》的配音员李易的声音。纪录片通过人工智能技术，令这位 2013 年就已经去世的配音大师的声音在片中重现。这令《创新中国》成为世界上首部利用人工智能模拟人声完成配音的纪录片。

11.5.3 AIGC 在电商行业的应用

人工智能生成内容技术正在深刻改变电商行业的各个环节，从商品展示到虚拟主播带货，再到交易场景的智能化升级，AIGC 为电商平台提供了更具创新性和个性化的解决方案。这些技术不仅提高了购物体验，还提升了运营效率和销售转化率。

1. 商品展示环节

（1）AIGC 生成 3D 商品模型。

AIGC 技术可以将 2D 商品图片或简单描述自动生成高质量的 3D 模型，用于商品展示。这些 3D 模型能够提供全方位的产品视角，让消费者在 360° 的视图中查看商品细节，提升购物决策的信心。其技术支持有以下几种。

文本生成 3D 模型（text-to-3D）：通过 AI 模型（如 DreamFusion、Point-E）将产品描述转化为 3D 模型。

自动建模与渲染技术：基于 GAN 和深度学习算法，AI 自动识别产品特征并生成真实感模型。

多模态输入生成：结合产品图片、视频和文字描述，多模态数据融合提升模型的真实感。

案例：阿里巴巴的淘宝和天猫平台已经引入了 3D 商品展示，特别是在家居和服饰品类上，让消费者可以更直观地感受商品的尺寸和质感，如图 11-11 所示。

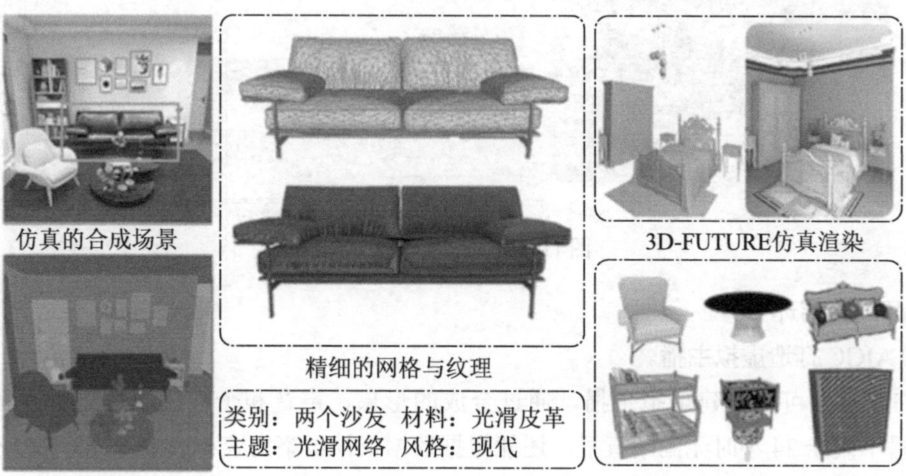

图 11-11 AIGC 生成 3D 商品模型

亚马逊 在部分商品页面提供 3D 旋转模型，让用户可以全方位查看商品细节，提升转化率。

（2）虚拟试衣与试用。

AIGC 技术通过虚拟试衣和试用功能，让消费者在购买前可以模拟穿戴或使用效果，尤其在服装、眼镜、化妆品等领域广泛应用。

其技术支持有以下几种。

人脸识别与姿态检测：结合计算机视觉和深度学习，自动捕捉用户面部或身体特征，进行虚拟试戴或试穿。

AR 增强现实技术：与 AI 生成内容结合，实现更加真实的虚拟试穿体验。

虚拟肤色和材质模拟：AI 根据用户肤色、光线条件自动调整试妆效果。

案例：ModiFace 是由欧莱雅（L'Oréal）收购的一家领先的增强现实和人工智能生成内容的技术公司，该公司专注于美容行业的虚拟试妆和个性化服务。通过其创新的技术，ModiFace 为全球消费者提供了沉浸式、互动性强的虚拟美妆体验，改变了传统的化妆品购买和使用方式。ModiFace 不仅提供虚拟试妆，还利用 AIGC 技术为用户生成个性化妆容建议和护肤方案，基于用户数据和偏好进行精准推荐，如图 11-12 所示。

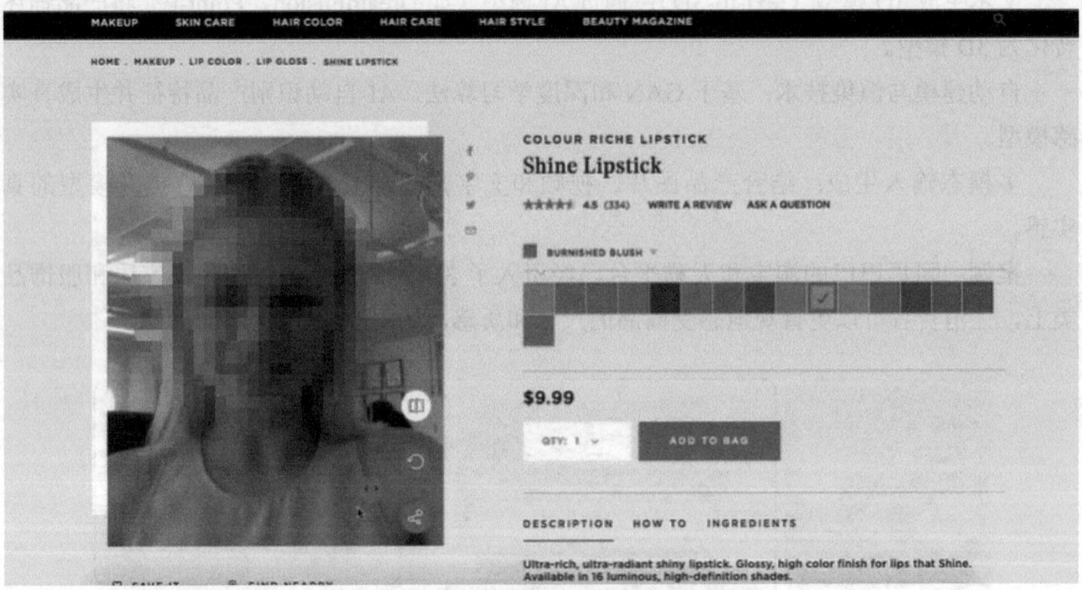

图 11-12　虚拟化妆品试用

2. 商品介绍环节

（1）AIGC 打造虚拟主播。

AIGC 技术可以创建虚拟主播，通过合成的形象、声音和个性化表达进行直播带货。虚拟主播不仅能 24 小时无间断直播，还能根据数据反馈调整内容和风格，提升带货效果。

其技术支持有以下几种。

人脸与语音合成（Deepfake and TTS）：结合 GAN 和语音合成技术（如 Tacotron 2、WaveNet），生成自然的主播形象和声音。

自然语言生成（NLG）与个性化脚本：AI 自动生成产品介绍脚本和互动内容，根据观众反馈调整直播节奏和风格。

实时表情与动作捕捉：AI 模型跟踪虚拟主播的面部表情和肢体动作，使其与直播内容高度同步。

案例：2023 年，超写实虚拟主播令颜欢一出道就受到业界关注，除了精良生动的制作水平外，另一大被人津津乐道的特点在于独特的“女侠”定位，她是业内首个主打武侠风格的虚拟人物。武侠在中国有巨大的受众，用户群跨越年龄、阶层和性别，这给令颜欢走红奠定了群众基础。出道后一周，她在抖音的粉丝就突破了 60 万，全网视频播放量破亿，这样的数据让很多人类主播可望而不可及。很多人以为令颜欢会像传统虚拟主播一样持续输出短视频内容，2023 年 2 月 22 日，她却出乎意料地在抖音做了一场直播。从抖音平台的数据来看，令颜欢这场直播观看人次突破 152.7 万，点赞数千万（1528.5 万），涨粉 12 万。

（2）智能客服与个性化服务。

AI 驱动的智能聊天机器人可提供个性化购物咨询和售后服务，通过自然语言处理与消费者进行流畅对话，提升服务效率和用户满意度。

其技术支持有以下几种。

自然语言处理：如 BERT、GPT，实现语义理解和智能对话。

情感分析与用户画像：AI 根据用户输入分析情感倾向，调整交流风格，提供个性化推荐。

跨平台无缝服务：聊天机器人可嵌入电商平台、社交媒体、APP 等多个渠道，提供统一的购物体验。

案例：淘宝智能客服小蜜已经成为消费者的贴心助手。在淘宝 APP、网页版、直播以及客服中心等多个场景都能找到小蜜的身影。小蜜能够运用自然语言处理、机器学习等先进技术理解消费者咨询内容，并给出合适回应。同时，小蜜还具备智能识别和情感分析能力，能够根据消费者情绪和需求提供个性化服务建议。此外，淘宝还为商家提供了基于 AI 大模型的客服机器人服务，如店小蜜客服机器人。这款机器人能够为商家提供 24 小时不间断的服务，特别适合日均接待量较低的商家使用。它不仅能够高效解决重复性咨询，减轻人工压力，还能根据用户历史行为提供个性化推荐，帮助商家优化产品结构和营销策略。

3. 商品体验环节

AIGC 技术推动线上与线下购物场景的融合，例如通过 AI 生成的虚拟秀场或数字产品展示，消费者可以在线上体验线下购物的沉浸感，甚至在现实世界中通过增强现实（AR）技术体验虚拟商品。

其技术支持有以下几种。

虚拟秀场与数字时装：AIGC 可生成数字时装和虚拟走秀，帮助品牌进行在线展示。

增强现实（AR）与混合现实（MR）：结合 AIGC 技术，将虚拟商品投射到现实环境中，提升购物体验。

案例：2022 年，亚马逊与 Snap 合作以提供增强现实时尚体验，使消费者可以通过数字方式试戴不同品牌和款式的眼镜，并促成购买。亚马逊表示，两家公司建立了 3D 资产标准，使亚马逊内容库能与 Snap AR Try-On 技术集成；不仅如此，亚马逊技术与 Snap 镜头兼容，支持共享和动态更新 3D 资产和产品信息，从而为消费者提供关于产品选择、产品细节等可用资料。亚马逊时尚总裁 Muge Erdirik Dogan 表示，目前，有数百万消费者在亚马逊商店跨品类采用亚马逊 AR 购物技术进行虚拟试戴眼镜，该体验模式无疑是客户的最爱，他们很高兴与 Snapchat 合作，进一步扩大时尚品牌与数字消费者的互动，从而推进 AR 购物的发展。该虚拟试戴购物方式使 Snapchat3.63 亿日活用户能基于亚马逊时尚网站接触到数千款眼镜。

11.5.4 AIGC 在其他行业的应用

人工智能生成内容技术以其强大的文本生成、图像创作、音频合成和多模态融合能力，正广泛渗透到多个行业，推动创新和效率的提升。除了在电商、传媒等领域的广泛应用，AIGC 在教育、医疗、金融、制造业、游戏、法律等行业也展现出巨大的潜力，改变了传统的业务模式和工作流程，如表 11-4 所示。

表 11-4 AIGC 在其他行业应用典型案例

行业	应用	典型案例
教育领域	个性化学习与智能辅导	Quizlet：使用 AIGC 技术为学生生成个性化的复习卡片和测验题，帮助不同层次的学生高效学习。 Khan Academy’s Khanmigo：作为 AI 教学助手，帮助学生解答疑难问题，甚至进行个性化的学习路径规划。Duolingo：语言学习平台利用 AIGC 技术生成个性化课程和练习，提高学习效率
医疗行业	智能诊断与个性化医疗	Google Health：利用 AIGC 技术生成医学影像，辅助乳腺癌筛查，显著降低误诊率。 PathAI：使用 AIGC 技术分析病理图像，辅助医生提高诊断准确性。 Babylon Health：AI 驱动的健康助手，利用 AIGC 技术提供症状分析、初步诊断和健康建议
金融行业	智能投顾与风险管理	Betterment、Wealthfront：使用 AIGC 技术为用户提供自动化、个性化的投资建议。 支付宝 AI 理财顾问：根据用户的消费和投资历史生成个性化理财建议，提升用户财富管理体验
制造业	智能设计与自动化生产	宝马（BMW）：利用 AIGC 技术自动生成汽车外观和内饰设计原型，提高设计创新效率。 耐克（Nike）：使用 AIGC 自动生成鞋类设计样式，优化产品开发流程。 西门子（Siemens）：通过 AIGC 技术模拟制造流程，优化生产线布局，提高生产效率。 通用电气（GE）：利用 AIGC 进行设备预测维护和故障检测，减少停机时间

续表

行业	应用	典型案例
法律行业	智能合同与法律咨询	Ross Intelligence：利用 AIGC 技术自动生成法律文书和案件分析，辅助律师工作。 摩根大通 COIN 平台：自动生成和审核合同文件，提升法律合规效率。 DoNotPay：利用 AIGC 技术提供自动化法律咨询，帮助用户处理日常法律事务。 eBay 在线仲裁：使用 AI 技术处理买卖纠纷，提高仲裁效率

总之，AIGC 技术正以惊人的速度改变各个行业的生产和服务模式，从教育到医疗，从金融到制造业，再到游戏、法律和房地产，AIGC 提供了前所未有的创新能力和效率提升。未来，随着 AIGC 技术的不断成熟和多模态融合，其应用范围将进一步扩展，推动更多行业的数字化和智能化转型。

第三部分
商业大数据分析案例

第 12 章 电商品类货量预测及分仓规划

12.1 问题分析

本案例来源于 2024 年 MathorCup 数学应用挑战赛——大数据竞赛的赛题。

电商企业在各区域的商品存储主要由多个仓库组成的仓群承担，其中存储的商品主要按照属性（品类、件型等）进行划分和打标，便于进行库存管理。图 12-1 是一个简化的示意，商品品类各异，件数众多，必须将这些商品分散到各个仓库存储。品类分仓规划决定各商品存放在哪些仓库问题，合理的品类分仓规划对提升每个仓的管理效率、降低总体仓储成本至关重要。

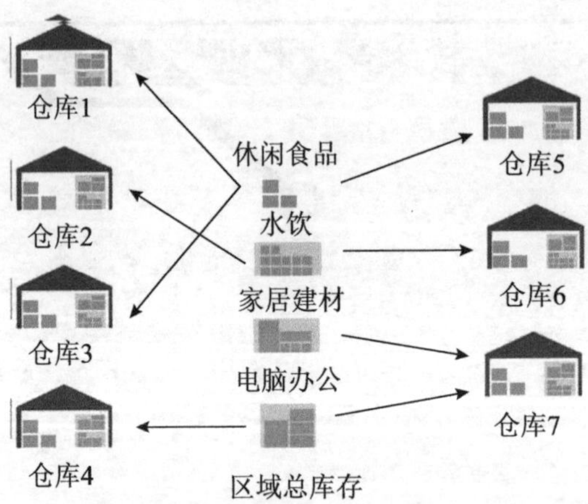

图 12-1 品类分仓规划示意

准确的仓储货量预测是品类分仓规划的重要依据，准确的预测结果能够预见性地决定未来的仓储资源使用决策，以提前规划仓储资源，减少冗余场地的投入。一般来说，该场景需要预测两个目标，分别为库存量和销量。其中，库存量为该品类在全部仓库所需存放的总库存，分仓结果中受到仓库的仓容限制；销量为该品类在全部仓库所需打包出库的总量，分仓结果中受到产能限制。

在得到未来各品类的预测货量后，各个品类的分仓规划是供应链规划者的重要研究问题。若将品类集中存放在数量较少的仓库中，则将超过该仓的仓容及产能上限，造成履约问题；若同一品类分在多个仓库中，则会显著增加仓库数量，增大品类库存的管理难度及总成本。此场景需考虑的上限包括两个，分别为仓容上限和产能上限。其中，仓容上限为某仓库可以存放的最高库存量，产能上限为某仓库一天可以出库的最高销量。另外，若将相似的品类（使用品类关联度衡量相似性）放在同一个仓库中，同一订单中的商品更可能集中出货，可以在实际履约中减少包裹数量，从而降低履约成本。

合理的品类分仓方案应该同时考虑仓群的复杂度，以及单仓仓容和产能约束，给出最优的分仓结果须综合考虑以下指标。

①仓容利用率：单仓总库存量 / 仓容上限。

②产能利用率：单仓总出库量 / 产能上限。

③总仓租成本：使用仓库的仓租成本之和。

④品类分仓数：单品类存放的仓库数量。

⑤品类关联度：存放在同一仓库的所有品类之间的关联度之和。

附件内容
扫码下载

现有一个仓储网络，包含 140 个仓库以及 350 种品类，附件 1 及附件 2 分别为各品类的历史库存量及销量，附件 3 为不同仓库相关信息（仓租日、成本、仓容上限、产能上限），附件 4 为不同品类之间的关联度（表中未出现的品类组合关联度设为 0），附件 5 为不同品类的相关信息（品类编码、件型）。基于以上数据，完成以下问题。

问题 1：建立货量预测模型，对该仓储网络 350 个品类未来 3 个月（对于该案例来说，为 2023 年 7 ～ 9 月）每个月的库存量及销量进行预测，其中库存量根据历史每月数据预测月均库存量即可；销量须给出未来每天的预测结果。

问题 2：假设当前限定每个品类只能放在一个仓库中，即一品一仓，各品类之间基于问题 1 的预测结果建立规划模型，综合考虑多个业务目标，求得品类的分仓方案，包括应使用哪些仓库，使用的仓库须存放哪些品类的库存。

12.2 货量预测模型构建

问题 1 的目标是预测每个品类未来 3 个月（2023 年 7 ～ 9 月）的月均库存量和每天的销量。库存量预测是基于历史每月数据，而销量需要每天预测。因此，需要分别为库存量和销量建立预测模型。首先处理库存量的预测。库存量是月均的，所以每个品类每个月的库存量历史数据可以用来训练时间序列模型。可能的模型包括 ARIMA、SARIMA（考虑季节性）、指数平滑法（如 Holt-Winters），或者机器学习模型，如随机森林、LSTM 等。由于数据的时间范围只有一年（12 个月），可能季节性不是很明显，但如果有月度周期性，SARIMA 可能适用。不过，对于每个品类来说，可能数据量较少，所以需要选择适合小样本的模型。

12.2.1 数据预处理

首先须对数据进行预处理。

1. 数据清洗与整合

加载附件 1.csv，获取 350 个品类历史库存量（2022 年 7 月～2023 年 6 月），按月份记录。将月份列转换为日期格式（如 datetime 类型），将月份设为时间序列索引。检查并填补缺失月份的数据，常用方法包括前向填充（ffill）和插值。加载附件 5.csv，获取每个品类高级分类（如 high_category1）和件型（如 B）。将此类信息作为外部变量，用于分组或特征工程。然后合并附件 1 和附件 5，按品类关联高级分类和件型属性。

2. 特征工程

时间特征：提取月份、季度等时间库存量变化和销量变化特征，以捕捉季节性和趋势性。

品类特征：对高级品类和级别进行独热编码（one-hot encoding），将类别信息转化为数值特征。

滞后特征：创建滞后库存量特征，如前 1 月、前 2 月、前 3 月的库存量，以捕捉时间依赖性。

移动平均：计算库存量的移动平均（如 3 个月移动平均），以平滑数据波动。

其他特征：根据需要，考虑添加其他相关特征，如促销活动、节假日影响等，以提高模型的预测能力。

12.2.2 库存预测模型

1. 模型选择

时间序列模型：由于每个品类仅 12 个月的数据，优先选择轻量级模型（如 Holt-Winters 指数平滑、SARIMA），适用于具有季节性和趋势性的品类。

外部变量引入：将高级分类和件型编码为分类变量，结合 SARIMA 模型。

机器学习模型：随机森林、梯度提升树（如 XGBoost、LightGBM），适用于多特征的预测。

深度学习模型：长短期记忆网络，适用于捕捉复杂的时间依赖关系。

2. 模型训练与验证

按品类分割数据，对每个品类单独建模。使用前 9 个月数据（2022 年 7 月～2023 年 3 月）作为训练集，后 3 个月数据（2023 年 4～6 月）作为验证集。通过网格搜索优化 SARIMA 参数（p、d、q）和季节性参数（P、D、Q、m）。

使用评估指标如平均绝对误差（MAE）、均方根误差（RMSE）等，确保预测的准确性。对每个品类选择最佳模型的预测结果作为最终预测值。

案例：以品类 category225 为例，其历史库存量呈现稳定趋势，使用 Holt-Winters 模型预测其未来三个月的库存量。由于数据时间跨度为 2022 年 7 月 ～ 2023 年 6 月（共 9 个月），不足 2 个完整的季节性周期（24 个月），无法使用 Holt-Winters（带季节性）模型。用 Holt 线性趋势模型（不包含季节性）预测 category225 未来 3 个月的库存量。

实现代码如下所示。

```
import pandas as pd
import matplotlib.pyplot as plt
from statsmodels.tsa.holtwinters import Holt

# 读取数据文件
file_path = "./mnt/data/附件1.csv"
df = pd.read_csv(file_path, encoding="gbk")

# 过滤出 category225 的数据
df_category225 = df[df["品类"] == "category225"].copy()

# 确保数据按时间排序
df_category225["月份"] = pd.to_datetime(df_category225["月份"],
format="%Y/%m/%d")
df_category225 = df_category225.sort_values("月份")

# 提取时间序列库存量数据
inventory_series = df_category225.set_index("月份")["库存量"]

# 使用 Holt 线性趋势模型(不含季节性)
model_holt = Holt(inventory_series, initialization_method="estimated")

# 训练模型
holt_fit = model_holt.fit()

# 预测未来 3 个月
future_steps = 3
future_dates = pd.date_range(start=inventory_series.index[-1],
periods=future_steps+1, freq='MS')[1:]
forecast_holt = holt_fit.forecast(steps=future_steps)

# 构建预测结果表
forecast_df_holt = pd.DataFrame({"月份": future_dates, "预测库存量":
forecast_holt})

# 显示预测结果
print(forecast_df_holt)
```

预测结果如下：

```
2023年7月: 2,820,000
2023年8月: 2,790,000
2023年9月: 2,760,000
```

12.3 销量预测模型

12.3.1 销量预测流程

1. 数据整合

读取数据：加载附件 2.csv，获取 350 个品类的历史日销量数据，将日期列转换为日期格式（如 datetime 类型）。加载附件 5.csv，获取每个品类的高级品类和件型信息，将日期设为时间序列索引。检查并填补缺失日期的数据，常用方法包括填零和前向填充。数据合并：将附件 5.csv 中的高级品类和件型信息与销量数据合并，形成完整的数据集。

2. 特征工程

时间特征：提取星期几、是否为周末、是否为节假日等时间相关特征，以捕捉日销量的周期性和异常性。

品类特征：对高级品类和件型进行独热编码。

滞后特征：创建滞后销量特征，如前 1 天、前 7 天的销量，以捕捉短期和长期依赖性。

移动平均：计算销量的移动平均（如 7 天移动平均），以平滑数据波动。

其他特征：根据需要，考虑添加其他相关特征，如促销活动、天气数据等，以提高模型的预测能力。

3. 模型选择

时间序列模型：Prophet，适用于具有明显趋势和季节性的时间序列数据。

机器学习模型：XGBoost、LightGBM，适用于多特征的日销量预测。

深度学习模型：LSTM，适用于捕捉复杂的时间依赖关系。

4. 模型训练

针对每个品类，使用历史日销量数据训练不同的模型。采用交叉验证（如时间序列交叉验证）评估模型性能，选择表现最优的模型。使用评估指标如 MAE、RMSE 等，确保预测的准确性。

5. 验证与调整

使用训练好的模型预测未来 90 天（2023 年 7 ～ 9 月）的每日销量。对每个品类选择最佳模型的预测结果作为最终预测值。

引入节假日修正因子（如促销期销量提升 20%）进行调整，并可通过 Prophet 模型捕捉日销量的季节性和节假日效应。

12.3.2 一品一仓分仓方案

在限定每个品类只能存放在一个仓库（一品一仓）的前提下，需综合考虑仓容、产能、仓租成本、品类关联度等目标，建立优化模型求解分仓方案。核心约束为每个仓库的仓容和产能上限，优化目标为最小化总仓租成本、最大化品类关联度，并尽可能减少使用仓库数量。

12.3.3 模型构建

1. 数据加载与预处理

从 result.xlsx 的月库存预测结果表单中读取每个品类的 7 ～ 9 月库存量预测。从 result.xlsx 的日销量预测结果表单中读取每个品类 7 ～ 9 月的日销量预测，并计算总销量（如 7 ～ 9 月每日销量之和）。

加载附件 3.csv，提取每个仓库的仓容上限、产能上限和仓租日成本。计算每个仓库在 3 个月内的总仓租成本（仓租日成本 ×90 天）。

加载附件 4.csv，构建品类之间的关联度矩阵。未出现的品类组合关联度设为 0。对于每个品类，计算 7 ～ 9 月的总库存量（3 个月库存量之和）。

2. 决策变量

$x_{ik} \in \{0,1\}$：品类 i 是否分配到仓库 k。

$y_k \in \{0,1\}$：仓库 k 是否被使用。

3. 目标函数

最小化总仓租成本：$\sum_k y_k \cdot 仓租日成本_k$。

最大化品类关联度：$\sum_k \sum_{i<j} 关联度_{ij} \cdot x_{ik} \cdot x_{jk}$。

通过权重 α 将多目标转化为单目标：

$$\text{Minimize} \sum_k y_k \cdot 仓租日成本_k - \alpha \sum_k \sum_{i<j} 关联度_{ij} \cdot x_{ik} \cdot x_{jk}$$

4. 约束条件

一仓一品：$\sum_k x_{ik} = 1, \forall i$。

仓库使用逻辑：$y_k \geqslant x_{ik}, \forall i, k$。

仓容约束：$\sum_i S_i \cdot x_{ik} \leqslant 仓容上限_k \cdot y_k, \forall k$。

产能约束：$\sum_i D_i \cdot x_{ik} \leqslant 产能上限_k \cdot y_k, \forall k$。

由于问题规模较大（140 仓库，350 品类），精确求解不可行，可采用启发式方法，如遗传算法、模拟退火、贪心算法等。

数据预处理部分代码如下所示。

```
import numpy as np
import pandas as pd
import random
# 读取数据
file_warehouse = "./mnt/data/附件3.csv"    # 仓库数据
file_category = "./mnt/data/附件4.csv"    # 关联度数据
df_warehouse = pd.read_csv(file_warehouse, encoding="gbk")
df_category = pd.read_csv(file_category, encoding="gbk")
# 提取仓库信息
warehouses = df_warehouse["仓库"].tolist()
warehouse_capacity = dict(zip(df_warehouse["仓库"], df_warehouse["容量上限
"]))
```

```
warehouse_rent = dict(zip(df_warehouse["仓库"], df_warehouse["仓租日成本"]))
warehouse_production = dict(zip(df_warehouse["仓库"], df_warehouse["产能上限
"]))
# 提取品类关联度
category_pairs = list(zip(df_category["品类1"], df_category["品类2"], df_
category["关联度"]))
```

12.3.4 模型求解

1. 启发式算法设计

以遗传算法为例，进行算法设计。

a. 编码：每个个体表示一个分仓方案，即一个长度为350的数组，每个元素表示对应品类分配的仓库编号。

b. 适应度函数：综合考虑总仓租成本、关联度等因素，可能还要惩罚违反约束的解决方案。例如，适应度 =– 总仓租成本 + α·总关联度 –β·（仓容违反总量 + 产能违反总量）。或者，只有当解决方案满足所有约束时，才计算其适应度，否则将被淘汰。

c. 交叉和变异操作：在遗传算法中进行交叉和变异操作，生成新的解决方案。

d. 选择操作：根据适应度选择优秀的个体进入下一代。

这种方法需要调整参数（如 α、β），并且计算量较大，但可以处理大规模问题。

2. 算法实现步骤

步骤1：参数初始化。

```
num_categories = 350          # 品类总数
num_warehouses = len(warehouses)   # 仓库数量
pop_size = 100                # 种群大小
generations = 200             # 迭代次数
mutation_rate = 0.1           # 变异概率
alpha = 10                    # 关联度权重
beta = 500                    # 约束惩罚权重
```

步骤2：初始化种群、定义适应度函数。

```
# **初始化种群**
def initialize_population():
    return [np.random.choice(warehouses, num_categories).tolist() for _ in
    range(pop_size)]

# **定义适应度函数**
def fitness(individual):
    warehouse_load = {w: 0 for w in warehouses}             # 仓库当前货量
    warehouse_utilization = {w: 0 for w in warehouses}   # 仓库当前产能
    total_rent = 0
    total_association = 0
    constraint_violation = 0

    # 计算仓库负载
    for category, assigned_warehouse in enumerate(individual):
        warehouse_load[assigned_warehouse] += 1       # 假设每个品类占1单位空间
```

```
        warehouse_utilization[assigned_warehouse] += 1  # 生产量同理

    # 计算仓租成本
    for w in warehouses:
        total_rent += warehouse_load[w] * warehouse_rent[w]  # 货量 * 租金单位
        # 计算约束惩罚(容量和产能)
        if warehouse_load[w] > warehouse_capacity[w]:
            constraint_violation +=(warehouse_load[w] - warehouse_capacity[w])
        if warehouse_utilization[w] > warehouse_production[w]:
            constraint_violation +=(warehouse_utilization[w] - warehouse_
            production[w])

    # 计算品类关联度总和
    for c1, c2, assoc in category_pairs:
          idx1, idx2= int(c1.replace("category", "")), int(c2.replace
("category", ""))
        if individual[idx1] == individual[idx2]:  # 若两个品类在同一仓库
            total_association += assoc

    # 适应度计算
    fitness_value = - total_rent + alpha * total_association - beta *
    constraint_violation
    return fitness_value
```

步骤3：迭代优化，通过选择、交叉、变异等方式逐步改进解。通过控制循环次数、设置终止条件，最后得到最优分仓方案分配结果。

```
for gen in range(generations):
    # 计算适应度
    fitness_scores = [fitness(ind) for ind in population]
    # 选择
    selected_population = selection(population, fitness_scores)
    # 交叉
    new_population = []
    for i in range(0, pop_size, 2):
        child1, child2= crossover(selected_population[i], selected_population[i+1])
        new_population.extend([child1, child2])
    # 变异
    population = [mutation(ind) for ind in new_population]
    # 输出每 10 代的最优适应度
    if gen % 10 == 0:
        best_fitness = max(fitness_scores)
        print(f"Generation {gen}: Best Fitness = {best_fitness}")
# **最终最优方案**
best_solution = population[np.argmax(fitness_scores)]
print("最优分仓方案：", best_solution)
```

第 13 章 旅游评论情感分析案例

旅游行业是一个高度依赖客户体验和口碑的行业，而游客的在线评论是潜在顾客决策的重要依据。因此，旅游评论数据情感分析已经成为现代旅游企业提升服务质量和品牌形象的重要工具。情感分析（sentiment analysis）通过对旅游评论中情感的自动化分析，帮助企业获取客户反馈、识别服务问题，并制订改进策略。

13.1 旅游评论数据采集

在文本情感分析的研究中，数据采集及预处理是非常重要的步骤，本案例数据采集及预处理步骤及具体方法如图 13-1 所示。

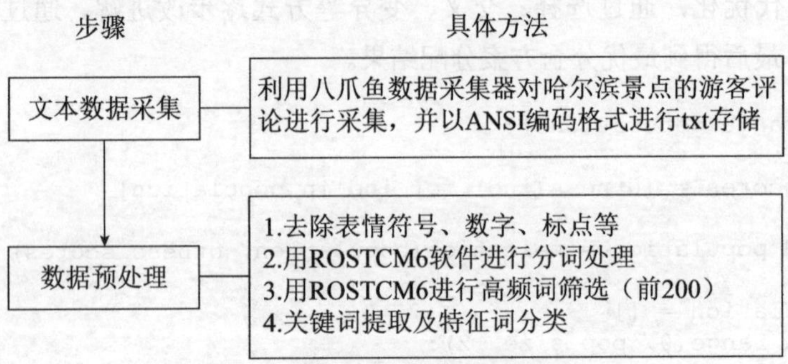

图 13-1 数据采集与预处理流程及方法

本案例利用八爪鱼数据采集器从携程、同程和马蜂窝三个旅游出行网站上对哈尔滨市的冰雪大世界、东北虎林园、太阳岛风景区、圣索菲亚大教堂、亚布力新体委滑雪场和中央大街六个景点的游客评论进行数据采集，共采集到 12466 条评论数据。

13.2 旅游评论数据预处理

13.2.1 关键词提取

1. 清洗文本数据

在进行自然语言处理和文本挖掘等任务时，原始的文本数据通常需要进行清洗。文本清洗的主要目的是去除无用或有干扰性的信息，以及对不同形式的文本数据进行格式化处理，从而提高模型的准确性。清洗文本数据包括去除特殊字符、HTML 标签、数字和符号等，只保留有效的文字内容。具体操作：处理网络爬虫获取的网页内容，需要去除其中包含的 HTML 标签。并且所采集到的原始文本数据中包含图片、视频等非文本元素，也需要将其去除。因为要进行情感分析任务，所以需要将文本中的 URL 链接、特殊符号、数字等过滤或替换成特殊字符再去除。统一将所有文本转化为小写或大写，避免由字母大小写造成的歧义。

2. 分词

分词是指将连续无间隔的语言文字序列按照一定规则拆分成一个个有实际意义的词汇单元。分词的主要目的是方便计算机处理自然语言文本，并将其转换为可以被计算机所理解和运算的形式。其具体作用如下。

①提高自然语言处理效率。由于自然语言存在丰富多样的词组合，通过采用分词技术可极大地提高运算速度及机器学习的准确性。

②方便关键词提取。通过对文本进行分词处理，可以更加方便快捷地提取文本中的关键词，帮助进行文本分类、聚类等任务。

③优化信息检索。在文本处理过程中，信息检索是非常重要的一个环节。将文本转化为计算机所能理解的格式，可以极大地提升搜索引擎的精度和效率。

④呈现更好的文本内容。分词后生成的结构化文本更容易被人们理解和使用，以便人们查看、编辑、生成摘要等功能。

总之，分词是处理自然语言文本的必要步骤，能够方便计算机处理自然语言处理任务，在本章做情感分析的步骤中尤为重要。使用 ROSTCM6 等分词工具将文本分词，将文本中的连续字符序列划分为有意义的词汇单元。

3. 去除停用词

停用词通常是指在处理自然语言时文本中出现频率很高，但却没有实际含义和作用的一些词语，如的、了、是等。这些词通常不会对文本的情感分析、主题提取、语意理解等任务产生实质性的影响，却会干扰自然语言处理算法的运算速度和效果。事先将这些停用词从文本中去除，能提高后续处理的效率。

因此，去除停用词能提高自然语言处理算法的执行效率，减小数据量，同时也能提升分类、关键词提取等任务的准确度。首先需要建立一个包含所有停用词的列表。这些词源可以从免费的停用词库中获取，也可以运用专业知识按照适当的场景进行筛选。在进行文本处理时，将停用词列表中的单词过滤掉即可。

4. 进行关键词高频词提取

对经过分词的文本数据用 ROSTCM6 统计每个词语出现的次数，并按照词频从高到低排序。选取词频最高的前 200 个高频词语作为关键词，见表 13-1 ～表 13-6。

表 13-1 冰雪大世界评论关键词及词频（前十）

冰雪	大世界	方便	滑梯	排队	哈尔滨	晚上	冰雕	漂亮	项目
2525	2086	1511	1298	1168	1038	943	938	899	794

表 13-2 东北虎林园评论关键词及词频（前十）

老虎	东北虎	孩子	好玩	惊险	值得	距离	东北	虎园	有趣
1520	452	266	256	238	210	207	206	182	166

表 13-3 圣索菲亚大教堂评论关键词及词频（前十）

教堂	哈尔滨	建筑	亚大	索菲	索菲亚	风格	漂亮	历史	正教
1637	892	818	383	373	326	239	215	214	185

表 13-4 太阳岛风景区评论关键词及词频（前十）

太阳岛	哈尔滨	公园	景区	景点	松花江	俄罗斯	风景区	风景	松鼠
869	317	210	195	177	177	176	164	146	142

表 13-5 亚布力新体委滑雪场评论关键词及词频（前十）

教练	滑雪	滑雪场	亚布力	小费	好玩	小时	服务	体验	开心
557	485	300	197	185	162	158	153	133	130

表 13-6 中央大街评论关键词及词频（前十）

大街	中央	哈尔滨	建筑	步行街	风格	特色	地方	俄罗斯	风情
954	818	810	492	277	210	177	165	158	153

13.2.2 特征词分类

从关键词词频可以看出，游客对于哈尔滨各景点的评价使用的关键词主要是名词，其次是形容词和动词。因此按照词性进行特征词分类，将文本中的词语按照其词性属性进行划分和分类，并从不同词性的角度提取特征词，可以更好地挖掘文本信息，区分不同种类的词汇，以及对文本数据进行深入探索。

同一篇文本中出现的不同词性的词语代表了不同的含义和语义，因此通过对不同词性类别的词汇进行分类并提取特征，可以更好地理解文本的内涵和构成。按照不同词性进行特征词分类，可以针对不同的词汇类别采用不同的特征提取方法，比如对名词词性的词汇重点关注它们所指的事物或实体，而对动词词性的词汇则可以着重关注它们所表示的动作或行为。这样可以更充分地利用文本的信息，得到更准确的推断结果。对于名词，选择常用名词或专业术语；对于形容词，则考虑其情感两极性，并选择正向形容词或负向形容词；对于动词，选择常见动词或具有情感色彩的动词。

依据词性对各关键词进行特征词提取并进行分类：

（1）名词主要是景点名称、景点特色建筑以及景点服务等特征性词，比如“哈尔滨”“松花江”“步行街”“教练”等，见表 13-7。

（2）形容词主要是游客在游览景点后的个人感受以及景点给予游客的视觉感受，比如“好玩”“开心”“漂亮”“惊险”“值得”等，见表 13-8。

（3）动词主要是游客在景点感受到的对他们产生了深刻印象的项目和游客对游览过程的部分感受，比如“滑滑梯”“滑雪”“排队”“体验”等，见表 13-9。

表 13-7 名词特征词表（二十例）

哈尔滨	冰雪	松花江	步行街	教练	大教堂	景色	大世界	冰雕	东北虎
公园	亚布力	公园	老虎	夜晚	文化	服务	太阳岛	大街	建筑

表 13-8 形容词特征词表（二十例）

好玩	开心	遗憾	惊险	值得	漂亮	壮观	舒服	有趣	喜欢
美丽	脏乱	清新	郁闷	真美味	好吃	真不错	很差	生气	风情

表 13-9 动词特征词表（二十例）

滑滑梯	滑雪	排队	体验	尝试	投喂	观看	游览	俯瞰	乘坐
动手	拍照	沟通	花费	购买	堵塞	坐船	学习	滑冰	听音乐

13.3 情感词典分析

通过 R 语言代码使用 Hownet 情感词典和 NTUSD 情感词典对采集到的游客评论进行情感分析，将每个单词与情感词典中的情感词条逐个比对，分别统计文本中出现积极、中性、消极情感词汇的数量及百分比，最终得出文本的情感极性。对情感百分比进行归纳、统计和分析，以获得对文本整体情感极性的清晰理解和定量评估。可以得出游客对哈尔滨的情感意象如下。

（1）评论数据中的积极情绪主要集中在以下几个方面。

①冬季雪景：游客对哈尔滨市冬季雪景的评价非常高，认为这是哈尔滨市最具特色的旅游资源之一。

②美食体验：游客普遍对哈尔滨的美食赞誉有加，认为哈尔滨的饮食文化具有独特的魅力，不容错过。

③滑雪滑冰体验：哈尔滨以其优越的冰雪场条件，吸引了众多滑雪滑冰爱好者前来体验。游客普遍对滑雪滑冰体验评价很高。

④文化底蕴：游客普遍对哈尔滨市的文化气息评价非常好，喜欢哈尔滨“东方小巴黎”的风情氛围，也被哈尔滨本土文化所感染。

（2）消极评论主要集中在以下几个方面。

①交通拥堵：由于哈尔滨市人流量大，车流量大，部分游客反映哈尔滨市的交通拥堵

问题比较突出。

②环境卫生问题：与其他城市相比，哈尔滨市容整洁度及环境卫生问题比较突出，少数游客对此表示不满。

③服务质量：部分游客反映哈尔滨市部分景点服务质量一般甚至较差，需要进一步提升和改善。

综上所述，通过 Hownet 情感词典和 NTUSD 情感词典的分析，可以得出大多数游客对哈尔滨市的情感评价是积极的，而负面情感主要集中在交通拥堵、环境卫生和服务质量等问题上，其他的中性感知属于认知意象范围。同时认知形象与情感形象有较强的正向相关性，认知意象多为积极时，情感意象也会多为积极。

分析结果显示，本文件中数据共 528 条，其中消极情绪为 42 条，积极情绪为 486 条，总体呈现为积极情绪＞消极情绪。

根据 R 语言代码运行后得到情绪占比结果数据。所得具体数据如表 13-10 所示，综合结果见表 13-11。

表 13-10 游客对哈尔滨市的情感意象情绪具体数据

名称	积极情绪	中性情绪	消极情绪
中央大街	87.56%	11.44%	1.00%
亚布力新体委滑雪场	83.58%	12.94%	3.48%
太阳岛	85.00%	13.00%	2.00%
圣索菲亚大教堂	87.56%	9.95%	2.49%
东北虎林园	84.08%	11.44%	4.48%
冰雪大世界	80.60%	14.43%	4.98%

表 13-11 游客对哈尔滨市的情感意象情绪综合结果

项目	积极情绪	中性情绪	消极情绪
分析结果	84.73%	12.20%	3.07%

由分析结果可知，游客对哈尔滨市的情感意象占比分别是：积极情绪占比最多，占 84.73%；中性情绪占比是 12.20%；消极情绪占比最少，占 3.07%。游客对哈尔滨市的情感意象呈积极状态。

第 14 章 上市公司股票波动分析案例

14.1 上市公司股票数据采集

获取上市公司股票数据可以通过多种方式，包括使用 API、金融数据服务平台或者开源的 Python 库，表 14-1 中给出一些常用方法和工具，适合不同需求的数据获取。

表 14-1 股票数据采集常用工具

获取方式	名称	数据
开源 Python 库	yfinance	适用于全球市场，包括美股、港股等
	Tushare	中国 A 股数据
股票数据 API	Alpha Vantage	全球市场的股票、加密货币、外汇等数据
	Quandl	全球市场和宏观经济数据

本章以 yfinance 为例，介绍上市公司股票数据采集流程。yfinance 是一个用于从雅虎财经（Yahoo Finance）获取股票市场数据的 Python 库。它简单易用，适合进行股票价格、成交量、股息等金融数据的获取和分析。

（1）安装 yfinance：在命令行或终端中运行以下命令来安装 yfinance。

```
pip install yfinance
```

（2）导入库：导入库的代码如下。

```
import yfinance as yf
import pandas as pd
```

（3）获取股票数据。

①获取单只股票的历史数据。以苹果公司（AAPL）为例，获取其历史股票数据。

```
ticker = yf.Ticker("AAPL")
# 获取近5年历史数据
data = ticker.history(period="5y")
# 显示前5行数据
print(data.head())
# 获取苹果公司从2020-01-01到2024-12-31的数据
data = ticker.history(start="2020-01-01", end="2024-12-31")
print(data.head())
```

参数说明如下。

```
period：数据的时间跨度，可以是 "1d"(1天)、"5d"(5天)、"1mo"(1个月)、"1a"(1年)等。
```

```
start：开始时间。
"end"：结束时间
```

②获取多只股票的数据。可以使用 yfinance.download（）方法，同时下载多家公司的数据。但是需要提供这些公司的股票代码（ticker symbol）。可以从雅虎财经或纳斯达克官网下载股票代码列表 CSV 文件，批量获取数据（注意：由于 API 限制或网络问题，获取大量数据会超时，可以将股票列表分批获取）。

```
# 读取纳斯达克股票代码(假设文件为 nasdaq_tickers.csv，列名为 'Symbol')
tickers_df = pd.read_csv('nasdaq_tickers.csv')
tickers = tickers_df['Symbol'].tolist()
# 批量获取前50家公司数据(为了防止超时，示例中取前50个)
data = yf.download(tickers[:50], start="2020-01-01", end="2024-12-31")
# 显示数据
print(data.head())
```

14.2 AutoGen智能体

AutoGen 是 Microsoft 推出的一个开源平台，主要用于创建和管理自动化对话代理。这些代理可以完成多种任务，比如回答问题、执行函数，甚至与其他代理进行交互。与传统的数据分析不同，本节主要介绍如何通过配置 AutoGen 中的关键组件 Conversation Agent 和工作流，实现利用大语言模型进行自动化股票波动分析。

14.2.1 AutoGen 智能体分析

和大多数智能体设计一样，AutoGen 使用了大语言模型作为逻辑单元。它通过调用 OpenAI 的 Python SDK 来访问 LLM 服务。因此，任何部署了 OpenAI Compatible API 的 LLM 都可以无缝对接到 AutoGen，如国内 Qwen 大语言模型等。对话智能体（Conversable Agent）是 AutoGen 中的基本智能体类型，其他如助理智能体（AssistantAgent）或用户代理智能体（UserProxyAgent）都是基于此类实现的，如图 14-1 所示；同时可以利用 GroupChat 类来组织智能体之间对话，形成联合对话（Joint chat）和分层对话（Hierarchical chat）。

1. Conversable Agent

（1）初始化。通过初始化 Conversable Agent 时提供的 config_list 来配置 LLM 赋予智能体智能。config_list 包含三个基本属性，“model”对应模型名称，“api_key”对应 LLM 平台提供的 key（通过平台注册获取），“base_url”对应调用 LLM 模型的网址。

```
config_list = [
    {
        "model": AZURE_OPENAI_CHAT_DEPLOYMENT_NAME,
        "api_key": AZURE_OPENAI_API_KEY,
        "base_url": AZURE_OPENAI_ENDPOINT,
    }
```

```
]
agent = ConversableAgent("chatbot",llm_config={"config_list": config_list})
```

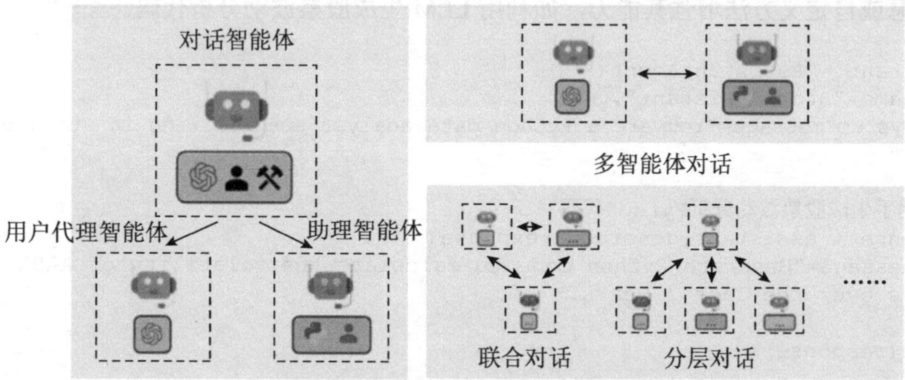

图 14-1　AutoGen 多智能体对话示意

（2）generate_reply。generate_reply 是 Conversable Agent 的核心功能之一。此函数会根据接收到的消息和配置，通过一系列注册的处理函数和回复生成函数，来产生一个回复。例如：

```
reply = agent.generate_reply(messages=[{"content": "你好", "role":
"user"}])
print(reply)  # 你好，有什么可以帮助你的？
```

2. UserProxyAgent

UserProxyAgent 类的定义：这是一个模拟人类用户交互的智能体代理类，主要接收用户输入并根据 input_func（输入函数）来处理输入，其核心功能如表 14-2 所示。

表 14-2　UserProxyAgent 核心功能

核心功能	功能说明
__init__ 方法	实例初始化，其中 input_func 用于获取用户输入的函数，可以是同步函数或异步函数；self._is_async 判断 input_func 是同步的还是异步的
produced_message_types 属性	产生的消息类型：TextMessage 和 HandoffMessage 两种类型
_get_input 方法	获取用户输入
on_messages 方法	处理接收到的消息并根据 input_func 请求用户输入

3. AssistantAgent

AssistantAgent 是使用默认系统消息配置的对话的子类，也被称为助理智能体，旨在用 LLM 解决任务，包括建议 Python 代码块和调试，它的职责是对问题进行分析、推理、归纳、总结，同时生成解决问题的代码（如何需要）。

AssistantAgent 是 Agent 类的一个子类，专门用于执行任务型的操作，如数据分析、信息查询或特定领域的知识问答。它可以与 UserProxyAgent 进行交互，模拟用户与助手之间的对话；支持与其他智能体（如 DataAgent、AnalysisAgent 等）协作，形成多轮对话和任务分配流程。

AssistantAgent 可以处理复杂的任务，例如数据处理、代码生成和逻辑推理。可以通过系统消息或自定义方法增强其能力，如利用 LLM 生成股票波动分析代码。

```
assistant = AssistantAgent(
    name="StockAssistant",
    system_message="You are a Python data analyst specializing in stock market
data."
)
# 让助手生成股票波动分析Python代码
response = assistant.generate_response(
    message="Generate Python code to calculate the volatility of AAPL stock
prices over the last 3 years."
)
print(response)
```

AssistantAgent 还可以与多个智能体协作，处理复杂的工作流任务。例如，数据采集、清洗、分析和可视化可以分别由不同的助手智能体完成。

14.2.2 GroupChat 对话类

当遇到一个复杂问题时，需要创建多个 UserProxyAgent 或者多个 AssistantAgent，智能体之间通过交互解决复杂问题。GroupChat 是 AutoGen 框架中的一个核心类，用于组织和管理多个智能体之间的多轮对话。它允许多个智能体协作解决问题、分享信息或完成复杂任务，模拟真实世界中的团队协作场景。GroupChat 允许多个智能体在一个共享的会话环境中进行交流和协作。每个智能体可以根据上下文做出响应，形成多轮对话，逐步推动任务的完成。GroupChat 适用于需要多智能体协作的场景，如数据收集、分析、讨论、决策等。

GroupChat 的基本结构如下。其中，agents 为参与对话的智能体列表，通常包含 AssistantAgent 和 UserProxyAgent；messages 接收作为对话的起点初始消息；max_rounds 设置对话的最大轮数，避免无限循环；stop_on_finish 标志是否自动停止对话。

```
group_chat = GroupChat(
    agents,                    # 参与对话的智能体列表
    messages=None,             # 初始消息列表，可选
    max_rounds=5,              # 对话的最大轮数，防止无限循环
    stop_on_finish=True        # 当任务完成时是否自动结束对话
)
```

GroupChat 类中利用 next_agent() 方法控制特定智能体在特定轮次的回复，适用于需要严格控制流程的场景。append（AgentName）方法和 remove（AgentName）在对话过程中动态添加或移除智能体，适应不同的任务需求。

14.3 基于AutoGen的自动化股票波动分析

14.3.1 基于 AutoGen 自动化股票波动分析流程

基于 AutoGen 实现自动化的苹果公司股票的波动分析，数据来源分为两种情况。

（1）对本地已保存的数据进行分析。

（2）利用智能体自动从 yfinance 收集数据进行分析。

AutoGen 协同工作流程如图 14-2 所示，结合业务需求，首先需要指定推理所用 LLM 模型，然后确定智能体数量、类型和角色，最后使用 GroupChat 组织工作流，最终输出苹果公司股票波动的分析结果。

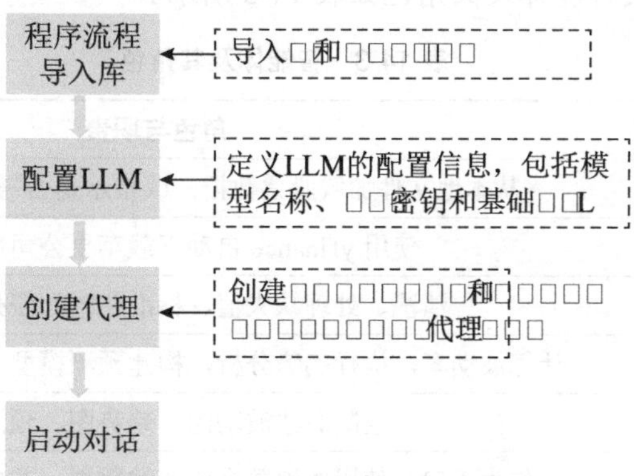

图 14-2　AutoGen 协同工作流程

在本节中，采用阿里 Qwen 模型作为智能体推理模型，用户可以通过注册登录大模型服务平台百炼获取 API 接口 key，并定义 LLM 配置信息。

```
llm_config_Programer={
    "config_list":[{"model":"qwen2.5-coder-1.5b-instruct",

"base_url":"https://dashscope.aliyuncs.com/compatible-mode/v1",
            "api_key":"sk-f52fa00fc28740f2a1723bd0657ebb91",
            "cache_seed":None}]
}
```

14.3.2 智能体设置

上市公司股票价格波动分析业务流程如图 14-3 所示，由于数据来源分为线上和线下两种，因此需要根据请求采用不同的智能体进行数据采集，数据采集后进行数据清洗与格式化，然后进行波动率分析、趋势检测和预测，最后给出结果可视化与展示。

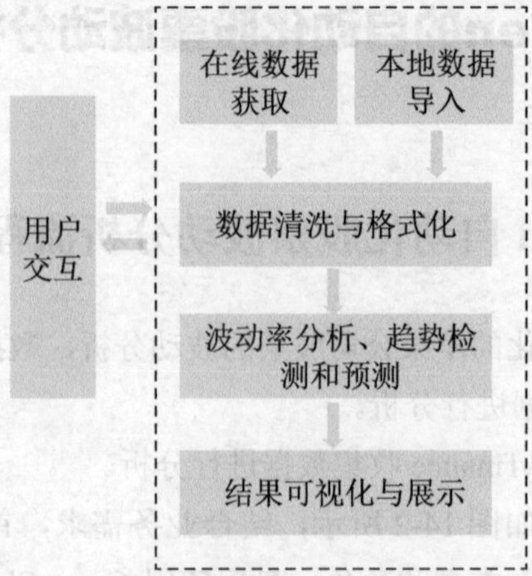

图 14-3 上市公司股票价格波动分析业务流程

根据业务流程，定义智能体及其角色如表 14-3 所示。

表 14-3 智能体及其角色

智能体名称	角色与职责
数据加载智能体	从本地文件加载股票数据，或指示是否需要在线收集数据
数据采集智能体	使用 yfinance 自动下载苹果公司股票数据
数据清洗智能体	清洗、处理缺失值，标准化时间序列数据格式
数据分析智能体	计算波动率，执行趋势分析，构建预测模型（如 ARIMA/LSTM）
结果可视化智能体	绘制股票波动图、趋势图、预测图等
用户交互智能体	作为入口，使用本地数据或在线数据，并协调各智能体工作

1. 智能体配置代码

智能体配置代码如下。

```
# 用户交互智能体，负责确定数据来源
user_agent = UserAgent(
    name="user",
    system_message="""You are a user requesting stock price analysis for AAPL.
Specify if you want to use 'local' data or fetch 'online' data."""
)

# 数据加载智能体(本地数据)
data_loader = AssistantAgent(
    name="data_loader",
    system_message="You load AAPL stock data from a local file.",
    llm_config=llm_config_qwen
)

# 数据采集智能体(在线数据)
data_collector = AssistantAgent(
    name="data_collector",
    system_message="You collect AAPL stock data from yfinance.",
    llm_config=llm_config_qwen
)
```

```
# 数据清洗智能体
data_cleaner = AssistantAgent(
    name="data_cleaner",
    system_message="You clean and format the AAPL stock data.",
    llm_config=llm_config_qwen
)

# 数据分析智能体
data_analyzer = AssistantAgent(
    name="data_analyzer",
    system_message="You analyze AAPL stock price volatility and trends.",
    llm_config=llm_config_qwen
)

# 结果可视化智能体
data_visualizer = AssistantAgent(
    name="data_visualizer",
    system_message="You visualize the analyzed AAPL stock data.",
    llm_config=llm_config_qwen
)
```

2. 解析工作流与智能体协作

由于股票波动分析是复杂任务，涉及多个智能体，因此需要使用 GroupChat 组织多个智能体协作完成任务。首先需要用户交互智能体接收初始指令（使用本地数据或在线数据），根据指令调用数据加载智能体或数据采集智能体；获取数据后，将其传递给数据清洗智能体进行处理；清洗后的数据交由数据分析智能体进行波动率和趋势分析；分析结果交给结果可视化智能体，生成图表展示；最终结果返回给用户交互智能体，反馈给用户。具体代码如下所示。

```
# 创建GroupChat
group_chat = GroupChat(
    agents=[user_agent, data_loader, data_collector, data_cleaner, data_analyzer,
data_visualizer],
    messages=["Please analyze the stock price of AAPL using local data."],
# 初始消息，可修改为 "online"
    max_rounds=10
)
# 启动对话
group_chat.start()
```

14.3.3 股票波动自动分析结果

对代码进行测试如下。

（1）首先用户交互智能体解析任务，并将其广播到 GroupChat 类。

（2）数据采集智能体收到消息后，准备响应。

（3）根据接收到的信息，数据采集智能体利用大模型推理任务执行过程，并生成在线数据采集的 Python 代码。

（4）数据采集智能体推理解决任务的过程，并将该消息提交给 GroupChat 实例，数据分析智能体和结果可视化智能体接收消息。

（5）将消息传递给用户交互智能体，用户交互智能体执行代码，最后得到如图 14-4 所示的股票价格趋势图，并同时给出分析结论。

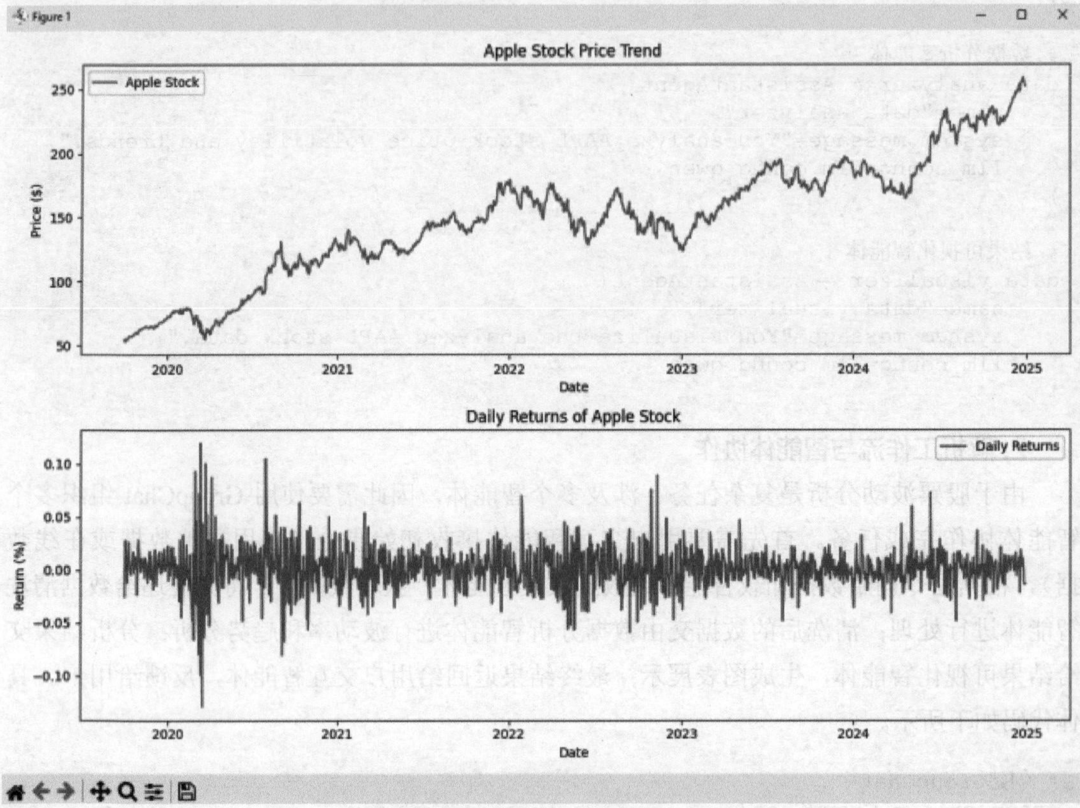

图 14-4　数据可视化智能体推理股票价格趋势图